中国居民食物消费
与农业水土资源需求
平衡机制研究

许 菲◎著

中国财经出版传媒集团

经济科学出版社
Economic Science Press

·北京·

图书在版编目（CIP）数据

中国居民食物消费与农业水土资源需求平衡机制研究／
许菲著. -- 北京：经济科学出版社，2024. 11.
ISBN 978 - 7 - 5218 - 6437 - 3

Ⅰ. F126. 1；S279. 2

中国国家版本馆 CIP 数据核字第 2024NQ3450 号

责任编辑：汪武静
责任校对：蒋子明
责任印制：邱　天

中国居民食物消费与农业水土资源需求平衡机制研究

ZHONGGUO JUMIN SHIWU XIAOFEI YU NONGYE SHUITU
ZIYUAN XUQIU PINGHENG JIZHI YANJIU

许 菲 著

经济科学出版社出版、发行　新华书店经销
社址：北京市海淀区阜成路甲 28 号　邮编：100142
总编部电话：010 - 88191217　发行部电话：010 - 88191522
网址：www. esp. com. cn
电子邮箱：esp@ esp. com. cn
天猫网店：经济科学出版社旗舰店
网址：http：//jjkxcbs. tmall. com
固安华明印业有限公司印装
710 × 1000　16 开　17.5 印张　270000 字
2024 年 11 月第 1 版　2024 年 11 月第 1 次印刷
ISBN 978 - 7 - 5218 - 6437 - 3　定价：78. 00 元
（图书出现印装问题，本社负责调换。电话：010 - 88191545）
（版权所有　侵权必究　打击盗版　举报热线：010 - 88191661
QQ：2242791300　营销中心电话：010 - 88191537
电子邮箱：dbts@ esp. com. cn）

本书得到：

2023 年国家自然科学基金重点项目"保障食物安全多元目标的需求端干预策略研究"（72333003）；2024 年浙江科技大学技术咨询项目（浙科科-KJ-2024-523）；2022 年浙江科技大学科研启动基金项目（F701107M01）联合资助。

前言
Preface

现阶段，我国的农业水土资源正面临来自供需两端越来越严重的挑战。长期以来，为满足城乡居民不断提升的物质生活需要，整个农食系统产业链条存在对资源环境的过度开发和使用现象，食物系统可持续的生产空间日趋收缩。居民的饮食消费正对前端的农业水土资源消耗和后端的营养健康构成严重的双重压力。

在生产端，我国在探索农业资源有效管理和高效利用上的努力从未停止，能否在供给侧找到资源可持续利用的有效路径是已有研究所关注的焦点问题。事实上，我国农食系统受水资源以及耕地资源人均占有量低、资源分布与生产布局不协调的基本格局制约，供给侧的农食系统水土资源管理可以挖掘的潜力小、难度大、成本高。

在需求端，以膳食结构调整为抓手，改善居民健康并缓解不断增长的资源环境压力已经逐渐形成了国际社会的广泛共识。EAT-Lancet 委员会（2019）基于对地球边界（资源环境边界）及人类健康边界的系统研究指出，食物是改善人类健康及地球资源可持续性的最强杠杆，即便生产技术、食物损失及浪费情况不改变，膳食结构的优化也将在带来健康裨益的同时减少资源用量。

然而，既有文献鲜有给出具体的行动方案。首先，已有研究大都集中于食物系统的两端，或是讨论食物消费对居民健康的影响，或是估计食物消费带来的水土资源需求变化，很少同时考察食物消费之于居民膳食健康及资源可持续利用的联动影响。其次，尽管有文献讨论了社会经济因素如何通过改变食物消费影响对资源环境的压力，但这些因素要么是慢变量，要么是内生于其他外部条件，自身缺乏可调节性。

本书的核心目标在于探索中国居民膳食结构改善与农食系统水土资源可持续利用之间的平衡机制，强化经济社会因素与资源环境之间关联性分析，找到对食物消费结构有显著影响且可调节的外在因素，进而找到同时改善人类饮食健康与资源可持续利用的行动方案，为从需求端寻求改善居民营养健康、缓解食物消费水土资源需求压力的有效途径提供科学依据和实践建议。

我们将具体回答四个问题：一是中国居民家庭的食物消费以及农食系统水土资源供需现状是什么？二是收入、家庭人口结构、价格等社会经济因素对膳食结构与农业自然资源需求的联动影响机制是什么？三是收入和人口因素对膳食结构与农业自然资源需求的影响作用有多大？四是价格因素能否在居民膳食健康与农业水土资源需求的平衡机制中发挥作用？其中，对第一、第二以及第三个问题的回答，将有助于预测和判断我国未来食物需求量和结构的变化对农食系统水土资源需求的影响；对第四个问题的回答则有助于探索利用可调节的价格工具，实现同时改善人类饮食健康与资源可持续利用的行动方案。

与大量现有关于食物消费与水土资源需求的文献相比，本书至少有以下四个方面的不同。

一是本书通过食物需求系统的构建，分析食物需求变化对农业自然资源的影响，在社会经济因素与资源环境之间建立一个桥梁，从食物消费需求端探索居民膳食健康和农食系统资源之间的平衡机制与可能的行动方案。已有研究大都集中于食物系统的两端，或是讨论食物消费对居民健康的影响，或是估计食物消费带来的水土资源需求变化，很少同时考察食物消费之于居民膳食健康及资源可持续利用的联动影响。另外，我们将上游的社会经济与家庭人口特征因素对食物消费的影响，与下游的食物消费对农业自然资源的影响结合了起来，从而可以动态地理解经济发展面临的农业自然资源需求压力。这不仅可以使我们在微观层面上分析各种社会经济因素变化如何通过影响食物消费量与消费结构而影响水土资源需求，还可以使我们超越传统的对食物安全的界定，使食品安全可以在资源环境安全的维度上得到更深刻的理解。

二是构建了农食系统生产性土地足迹账户，支持基于生产力提升与食物消费动态变化的农地需求分析。以往有关生态足迹的研究更多是在大生态框架下的讨论，对农食系统生产性土地使用和需求分析的针对性不足。由于供给侧生产结构、产区布局的调整以及生产能力的提升，基于静态的土地均衡因子测算的最终估计结果将与现实情况有较大偏差。本书以国家农食系统生产用地及其生产力为依据，动态估计了农食系统范畴各类产品生产用地均衡因子，以支撑对农食系统生产性土地需求的动态分析。

三是本书所用数据包括了过去研究中关注不足的在外消费。我国居民在外饮食消费已经成为家庭食物消费不可或缺的部分。然而，在关于食物消费，特别是关于食物消费与资源环境之间关系的研究中，在外消费鲜被涵盖，这严重制约了人们对食物消费及其对自然资源影响的研究和认知的完整性，甚至可能因此得出完全不同的结论。

四是在实证方法上，在对居民家庭的食物消费的实证分析中，我们运用了一致估计的 2-Step QUAIDS 模型。本书将居民家庭在外消费部分观测值中常常存在某些商品消费支出为零的现象，不做处理将可能导致模型参数估计不一致和有偏问题。我们将两阶段一致估计方法（Shonkwiler & Yen，1999）与 QUAIDS 模型嵌合起来解决这一问题，在研究方法上更加科学合理，所得结论也更加可靠。

本书主要结论表明：（1）未来一段时间内，关系公众健康与支持农食系统资源可持续使用的膳食结构调整方向具有一致性，需求端存在改善膳食结构与降低农食系统资源需求的平衡机制，从消费端进行农食系统自然资源需求管理具有可行性。（2）价格在平衡机制中作用的实证及模拟分析表明，价格工具在改善公众膳食结构与降低水资源需求两个方面的作用力具有一致性，对在家消费的肉类食品进行价格管理，可以在降低农食系统水土资源需求的同时，推动居民膳食结构的均衡化。（3）城市居民家庭的膳食结构将持续发生以肉类以及水果消费占比上升为特征的变化，一方面将进一步推升农食系统水土资源需求压力，另一方面由于对当前消费占比本就偏低包括乳制品在内的其他食物的挤出，居民膳食结构的失衡程度将进一步加大，公众健康水平受到潜在影响。（4）收入增长、老龄化、家庭规模及结构对食物消费以及水土资源需求影响显著。居民食物消费水足迹及农地足迹都随收入上升呈现递减式上升的发展趋势，收入的增长在不同阶段将对食物消费水需求和土地需求产生不同影响。另外，人口老龄化对食物消费水土资源需求有显著负影响，认识并利用这一自然趋势，将十分有助于更加科学动态地应对水资源压力。（5）在外消费已经成为家庭食物消费不可或缺的部分，一定程度上拉升并延长了居民食物消费水土资源需求的增长趋势。忽略在外消费将造成对食物消费水需求和农地需求的低估，并可能出现对未来食物消费农食系统资源需求变化趋势的误判。

目录
Contents

第**1**章

导　论

1.1 研究背景与意义

农业生产性自然资源是人类赖以生存的物质基础。1950 年以来，世界粮食与其他农产品产量增加的重要因素是土地灌溉面积的增长，水土资源对农业生产的重要性由此可见一斑，然而农业生产所依赖的水资源以及耕地正面临着日渐短缺的严重挑战，因此，对农食系统自然资源的管理不善将会加剧对未来食物供给的威胁（Johnson，1999；Brown et al.，1998）。与此同时，快速变化的食物消费需求不仅持续加大农食系统自然资源供求矛盾，还对人类健康构成新的威胁。随着经济社会的快速发展，我国居民饮食消费在过去的四十多年间发生了巨大的变化（以谷物类直接消费的下降和动物类产品消费的快速上升为主要表征）。有研究表明，畜禽肉类需求增长已经成为我国食物消费水需求压力的最主要来源（Liu et al.，2008）。同时，由于膳食结构不均衡，特别是肉类产品的大量摄入，超重、肥胖等健康问题日益凸显（程广燕等，2015；蒋乃华等，2002），并逐渐成为我国居民健康的最主要威胁。据《中国居民营养与慢性病状况报告（2020 年）》所示，城乡各年龄组居民超重肥胖率继续上升，18 岁及以上居民超重率和肥胖率分别为34.3% 和16.4%，与 2015 年发布结果相比分别上升4.2 个与4.5 个百分点，6～17 岁儿童青少年超重率和肥胖率分别为 11.1% 和7.9%，6 岁以下儿童超重率和肥胖率分别为 6.8% 和 3.6%；国家统计局数据显示，2022 年我国城市居民人均畜禽肉类消费量占比高达 12.1%[1]，远超过 2016 年《中国居民膳食指南》（以下简称《指南》）推荐的 4.3% 的成人均衡膳食标准[2]。

对于我国这样人口众多、资源相对稀缺的国家而言，研究食物消费对水土资源影响的意义更是不言而喻。这主要有两个重要原因，一是从供给角度而言，我国水资源（特别是可再生的淡水资源）以及耕地资源十分有限；二是与食物供给密切相关的农业仍是我国水资源使用最大的部门（2022 年农业用水占总用水量的 63.0%），因此，食物消费直接关系到我国淡水资源以及耕地资源的供需安全。改革开放以来，中国用占世界 7%~8% 的土地创造了养活世界 1/5 人口的奇迹。然而，成绩的背后是巨大的物质投入和被忽视的资源环境代价。如何在满足人类食物需求上升与结构升级的同时，有效保护农业自然资源、实现经济社会可持续发展，已经成为学术界和政府必须共同面对的问题，这在当前推进农业供给侧结构性改革的历史背景下更加重要。然而，供给侧结构性改革应该怎么改？在当前农产品市场从全面供不应求的矛盾逐渐向结构性矛盾转移的大环境下，需要对食物消费水土资源需求及其背后的影响因素进行充分的研究。

可持续的生产与消费模式是关乎社会与自然和谐发展的重要因素（Wood & Garnett，2009）。中国目前的饮食结构变化趋势，在一定时期内仍要发展下去；另外，长期以来，我国农业生产过程中过度开发与生态环境透支问题严重，必须考虑资源需求变化背后的经济社会因素及其影响机制，通过营造良好的政策环境拓宽农业水土资源管理途径，以支持和谐可持续的社会经济发展。

1.2 研究目标及假设

1.2.1 研究目标

本书的核心目标在于探索中国居民膳食结构改善与农食系统水土资源可

---

[1] 《中国统计年鉴2022》，www.stats.gov.cn/sj/ndsj/2022/indexch.htm.
[2] 此处给出为 2400 千卡/天的热量需求水平下的膳食均衡模式。

持续利用之间的平衡机制，强化经济社会因素与资源环境之间关联性分析，找到对食物消费结构有显著影响且可调节的外在因素，进而找到同时改善人类饮食健康与资源可持续利用的行动方案，为从需求端寻求改善居民营养健康、缓解食物消费水土资源需求压力的有效途径提供科学依据和实践建议。

为实现本书的既定目标，回答上述研究问题，本书设置了如下研究内容：

（1）系统梳理和分析我国居民食物消费以及农食系统水土资源使用的变迁路径与发展特征。通过纵向的发展路径梳理以及与亚洲其他国家及地区间的横向对比，初步考察我国食物消费未来的发展趋势。使用生态学资源足迹方法，核算我国历年农食系统的水土资源足迹，结合水土资源使用效率、结构变化、区域异质性以及政策等供给侧影响因素分析，揭示我国农食系统水土资源供需两侧的现实情况，为进一步分析食物消费背后的资源安全奠定基础。

（2）分析膳食结构与农业自然资源平衡机制。析出居民食物消费水足迹及生产性土地足迹的食物消费结构特征，讨论膳食结构调整与农食系统资源管理的可行性。重点考察收入、家庭人口结构、价格等社会经济因素对膳食结构与农业水土资源需求的联动影响机制，从食物消费需求端探索居民膳食健康和农食系统资源之间的平衡机制。

（3）分析社会经济因素及其对居民消费与农食系统资源需求压力的影响效应。运用居民家庭的饮食消费调查的微观数据，通过构建需求系统模型，实证分析部分社会经济因素变化如何影响食物消费，模拟社会经济因素变化对我国未来食物消费农食系统自然资源需求的变化趋势的影响，在此基础上讨论主要社会经济因素对居民食物消费资源需求的影响作用。

（4）模拟从需求端利用价格工具实现水土资源需求的有效管理与膳食结构改善的影响路径。在均衡膳食的约束下，模拟价格因素在膳食结构与农业自然资源平衡机制中的作用及影响路径，对不同的干预方案进行综合评估，形成政策建议。

1.2.2　研究界定

本书主要讨论农食系统水土资源的使用以及需求情况，因此对水足迹（包括生产足迹和需求足迹）的核算仅限于主要食物产品，具体见附表1

产品目录与编码。另外，对土地足迹的核算仅限于农食系统内部生产性土地类型（耕地、果园、牧草场等），不涉及一般生态足迹核算中的建筑用地和能源用地。

1.2.3 研究假设

第一，收入对膳食结构与食物消费农食系统资源需求的影响。不同收入水平往往意味着不同的生活水平，处在不同生活水平的人们对食物消费需求不同。收入增长通常带来的不只是食物消费总量的上升，还导致显著的饮食结构变化，表现为谷物类食物消费占比逐渐下降，而肉蛋奶动物产品消费占比逐渐上升，这种变化在发展中国家经济高速增长时期尤为显著，也包括我国。考虑不同食物之间水足迹以及农地足迹的差异较大，收入的增长在不同阶段将对食物消费水需求和土地需求产生不同影响，这种影响在较长时间内有可能是非线性变化的。

第二，人口老龄化对膳食结构与食物消费农食系统资源需求的影响。与收入增长同时发生的是我国人口结构的快速老龄化。国家统计局发布的《2016 年国民经济和社会发展统计公报》显示，2016 年我国 60 岁及以上人口占比达到 16.7%，联合国发布的《世界人口展望：2015 年修订版》中预测到 2050 年，该比例将进一步达到 36.5%。与收入效应不同的是，很多研究表明人口老龄化会对动物食物的需求成负向影响，由于动物食品具有更高的水足迹，这将带来单位质量食物消费水足迹的下降。由于不同年龄层人口营养以及热量需求的差异，老龄化将从对食物消费量与消费结构上的影响，最终对我国的食物消费水需求产生下拉作用。

第三，平衡膳食结构与农业水土资源需求的价格机制。价格弹性差异与不同食物之间的单位资源足迹差异，为利用价格机制平衡居民膳食健康与农食系统资源需求提供作用空间。对于同一消费量下的不同类别食物消费资源需求差异较大，理论上可以利用不同食物之间的补充替代关系，在个体均衡膳食的约束下，通过对具有较大水土足迹的食物价格进行加价干预（补贴或税收工具）或者对具有较低水足迹食物价格进行降价干预，实现居民健康与农食系统自然资源需求之间的平衡与可持续。

基于以上，本部分研究假设如下：

假设 1：在技术、环境以及其他社会经济因素不变的情况下，收入增长带来的食物消费需求变化将引起食物消费农食系统自然资源需求的变化。

假设 2：在技术、环境以及其他社会经济因素不变的情况下，人口老龄化带来的食物消费量与消费结构的变化，将引起食物消费农食系统自然资源需求发生改变。

假设 3：在技术、环境以及其他社会经济因素不变的情况下，由于不同食物之间水土足迹差异较大，可以通过对不同食品价格进行干预，实现居民膳食结构调整与降低食物消费资源需求的双赢目标。

1.3　数据来源及相关概念界定

1.3.1　数据来源

水资源区域环境指标数据主要由历年《中国统计年鉴》及国家统计局地区年度数据整理，包含了 31 个省（区、市）2004～2018 年共 15 年的相关统计指标。本书选取的我国农产品水足迹的核算成果，具有很高的权威性。本书所用各种农产品的水足迹系数取自梅肯和霍克斯特拉在 2010 年发布的《水资源研究系列（Value of Water Research Report Series）》的报告 47 以及报告 48 的研究成果，两个报告分别测算了不同国家及地区的单位重量的各种农产品水足迹，测算时间段为 1996～2005 年，选取的主要农产品对应的水足迹系数详见本书附表 1。水足迹的概念是该系列报告主要作者霍克斯特拉教授于 2002 年提出，并且在 2011 年，由霍克斯特拉教授编写的《水足迹评价手册》正式出版，该手册为国际上第一本关于水足迹的评价手册，包含了水足迹的核算、可持续性评价以及响应方案的制定。其他数据来源于历年《中国统计年鉴》、历年《中国城市（镇）生活与调查年鉴》以及联合国粮食及农业组织（FAO）等公开数据。

表 1-1 为从附表 1 中截取的部分内容，在此，我们对本书水足迹核算

具体操作做简单说明。例如，对于肉类中的猪肉产品的水足迹核算时，我们从第三层开始对猪内脏、剔骨猪肉、带骨猪肉以及其他猪肉制品按照我国居民的消费量进行加权平均，可以得到我国居民每千克猪肉的消费水足迹，同样地，可以得到我国居民每千克牛肉、羊肉、禽肉的消费水足迹；进一步地，对于第一层的肉类食品水足迹，同样将第二层的肉类食品水足迹按照消费量加权平均即得。另外，本书微观调研数据所用食物消费数据同样也分三层，第一层包含了 8 大类食品，分别是：谷物、肉类、蛋类、水产品、蔬菜、水果、乳制品以及豆类，具体信息见附表 2。

表 1 - 1 　　　　　　（部分）主要农产品信息及水足迹

产品名称、分类及对应代码					我国各产品水足迹（立方米/吨）			
第一层	第二层	第三层	FAO 编码	产品编码（HS）	水足迹计算最终使用的产品编码（HS）	绿水	蓝水	灰水
肉类	猪肉	猪内脏	1036	020630，020641，020649，050400	020630	1153	89	148
		剔骨猪肉	1038	020319，020329	020319	5153	419	661
		带骨猪肉	1035	020311，020312，020319，020321，020322，020329	020311	5050	405	648
		猪肉/含肉量20%以上的猪肉制品	1042	160241，160242，160249	020630	1153	89	148

资料来源：梅肯和霍克斯特拉（Mekonnen & Hoekstra）（2010）。

对于农食系统生产性土地足迹的估计，本书采用了基于热量产出的均衡因子计算以及生态足迹账户的构建方法，并在农食系统内部构建了生产性土地足迹账户。我们在生产和生活中消费的各种食用农产品，其对应的生态生产性土地包括耕地、牧草地、森林和水域。本书主要分析我国农业生产用地（不包括水域）的使用情况，所涉及土地类型包括 4 类耕地（粮食生产耕地、油料生产耕地、蔬菜生产耕地以及瓜果生产耕地）、果园、牧草地、畜牧饲用粮耕地、渔业饲用粮耕地空间 8 大类。对应农业生产性用地足迹账户见第 5 章内容。

本书所用的微观数据主要来源于 2009 ~ 2012 年对我国 10 个城市的共 2023 户居民家庭的饮食消费调查。这些城市包括南京、成都、西安、沈阳、厦门、哈尔滨、太原、台州、南宁以及兰州,具有较广泛的区域覆盖面。其中,第 6 章需求系统估计所用数据不包含南京部分。样本家庭为国家统计局在各城市开展的"城市住户收入与支出调查"的样本家庭子集,采用分层随机抽样法和整群抽样法获取,其中,分层指标有区县和街道两级,在每个抽取的街道内,随机抽取样本社区,并对社区内统计局的样本家庭进行整群调查(通常每个社区有 10 ~ 25 户样本家庭)。表 1 - 2 给出了该调查的样本区域分布①。

表 1 - 2   样本分布与样本城市基本描述

样本城市	调查时间	样本家庭 (户)	常住人口 (万)	人均可支配收入 (以 2010 年为基础,元)
南京	2009 年 6 ~ 9 月	245	821	2210
成都	2010 年 6 ~ 9 月	206	1417	1707
西安	2011 年 6 ~ 9 月	212	846	1678
沈阳	2011 年 6 ~ 9 月	206	825	1715
厦门	2011 年 6 ~ 9 月	149	381	2164
哈尔滨	2012 年 6 ~ 9 月	212	1000	1491
太原	2012 年 6 ~ 9 月	202	429	1491
台州	2012 年 6 ~ 9 月	190	603	2475
南宁	2012 年 6 ~ 9 月	197	786	1730
兰州	2012 年 6 ~ 9 月	201	368	1451

1.3.2 相关概念说明及界定

生态足迹。是衡量某一地区的所有人口生活及经济生产活动所消耗的用于经济社会发展的自然资源,并用标准生态生产性土地衡量人类活动的用地需求。对于一个国家或地区而言其生态足迹就是,所有人口消费的商品背后所需的资源以及消解所有废物所需要的生态生产性土地面积。

----

① 受项目立项时间先后的影响,在各城市的调查未能在同年完成,而是分布在 2009 ~ 2012 年共 4 年间,这在一定程度上影响了城市之间的横向比较。尽管如此,为了避免调查季节差异带来的影响,所有城市的调查均安排在当年的 6 ~ 9 月份进行。

虚拟水。虚拟水是生产产品过程中的各个环节所消耗的水资源总量，"虚拟"二字的表述可以从以下两个方面进行诠释：一方面，产品并非以实体的水资源形式展现出来，但生产过程中需要水资源的投入；另一方面，说明在生产过程中消耗的水资源没有被全部包含在最终的产品之中（Hoekstra et al.，2007）。"虚拟水"侧重于从生产者角度衡量某一产品在整个生产过程中所消耗的用水资源量。

水足迹。水足迹是一种衡量水资源占用情况的综合评价指标，较之传统的"取水"指标，水足迹更为系统全面，它不仅可以作为水资源消耗量的指标，还能够反映所消耗水资源的水源类型，除此之外也提供了水污染的评价指标，因此，水足迹能够更真实地评价一个国家或地区水资源的占用情况。可以衡量从个人到国家（地区）尺度的生产、消费水资源情况，揭示生产、消费、国际贸易对水资源需求的影响。按水资源来源地，水足迹可划分为内部水足迹和外部水足迹。

国家（地区）和个人消费水足迹。消费水足迹的概念根植于人类对水生态系统的影响与其消费模式密切相关的理念之中。国家（地区）和个人消费水足迹，分别指一个国家（地区）、一个人在一定时间内消费的所有商品以及服务所需的水资源量。

食物消费水足迹。指在一定时期内人类维持一定的食物消费水平所必需的淡水资源，用以衡量人类食物消费对水资源的影响。

蓝水、绿水和灰水。在研究水足迹的时候，研究人员通常将水资源分为蓝水、绿水和灰水三种。蓝水指生产产品以及服务的过程中所使用的地表水以及被利用的地下水；绿水指参与某一产品整个生产过程中储存在非饱和土壤层，蒸发形成的雨水；灰水指将产品生产过程中形成的有害物质稀释到一定水质要求所需要的用水。

内部水足迹。内部水足迹指在一个国家（地区）所消费的该区域内生产产品及服务的水资源量，用国家（地区）内部虚拟水减去其出口产品或服务中的虚拟水。

外部水足迹。外部水足迹指进口的产品和服务的虚拟水（Hoekstra et al.，2007）。虚拟水的进出口都以商品和服务的进出口形式体现。一个国家（地区）的水足迹是其内部水足迹与外部水足迹之和。

1.4 理论基础

本书研究居民食物消费对农食系统自然资源的影响，分析居民膳食结构变化与农业自然资源需求之间的关联性，从经济学视角理出膳食健康与农食系统可持续发展的平衡机制。运用居民家庭饮食消费调查微观数据，通过建立需求系统模型，分析主要经济社会因素（包括收入增长、老龄化以及价格因素）变化情境下，居民如何改变食物消费决策，通过改变食物消费量与消费结构最终对资源需求产生影响。因此本书在消费者需求理论框架下对此进行分析，由于本书重点在于探索经济社会因素对平衡居民膳食健康与农食系统资源需求管理的平衡机制，在实证分析部分从价格机制入手，在需求端运用合理的价格机制，发挥价格对食物消费资源需求的管理作用，主要考察消费者做决策时价格变化带来的消费结构调整，将使居民单位质量的食物消费水土资源足迹产生变化，因此，此处对消费者需求理论中的收入与替代效应做具体介绍。具体理论相关介绍如下。

1.4.1 消费者需求理论

1. 消费者问题

根据微观经济学的需求理论，一个理性家庭的消费需求问题可以简单地描述为：在一定的支付能力、个体特征及自身所处的社会经济环境的约束条件下，家庭可以根据市场价格调节家庭每种消费品的购买类型与数量，并通过这种消费组合的调整实现家庭效用最大化。据此，构建如下消费理论模型：

$$U_i = U_i(q_{i1}, q_{i2}, \cdots, q_{ik} | p_{i1}, p_{i2}, \cdots, p_{ik}, exp_i, Z_i) \qquad (1-1)$$

其中，U_i 为第 i 个家庭的效用函数，q_{ij} 代表该家庭消费的第 j 种食物的数量，p_{ij} 为该种食物的市场价格，exp_i 为该家庭用于食品消费的全部支出或该家庭的可支配收入，Z_i 为一组代表该家庭其他社会经济与人口特征的变量组，如家庭性别与年龄构成、家庭规模、户主受教育水平，所处地区变量等。本书包括：收入、家庭各年龄段人口数或人口占比、户主受教育程度、户主性别、是否有家庭成员正在减肥以及地区变量。

在给定的市场价格、家庭收入等条件约束下，对式（1-1）进行家庭效用最大化求解可以导出家庭对于每种食物的最优需求方程：

$$q_{ij} = f(p_{i1}, p_{i2}, \cdots, p_{ik}, exp_i, Z_i) \qquad (1-2)$$

据此可进一步得出该家庭食物消费一系列边际效应。例如，在假定其他因素不变的条件下，食物消费支出（或收入）边际效应与第 i 种食物的边际价格效应。

2. 收入效应与替代效应

根据消费者理论，商品价格变化所引起的消费者需求变化的总效应可以分为替代效应和收入效应。替代效应反映了商品的相对价格变化带来的消费者决策的改变，收入效应反映了商品价格变动所引起消费者购买能力的变化导致的对商品需求量的影响。

在需求理论中总效应、替代效应与收入效应之间的关系，可以用下面的斯勒茨基方程（Slutsky equation）来表示：

$$\frac{\partial x_i(\boldsymbol{p}, y)}{\partial p_j} = \frac{\partial x_i^h(\boldsymbol{p}, u^*)}{\partial p_j} - x_j(\boldsymbol{p}, y)\frac{\partial x_i(\boldsymbol{p}, y)}{\partial y}, i, j = 1, \cdots, n \qquad (1-3)$$

其中，$x(\boldsymbol{p}, y)$ 为消费者的马歇尔需求，及支出给定情况下的消费者需求，$x^h(\boldsymbol{p}, u^*)$ 表示消费者的希克斯需求，其中 u^* 是在给定 $\boldsymbol{p}$ 和 y 下的消费者的效用水平。$\dfrac{\partial x_i(\boldsymbol{p}, y)}{\partial p_j}$ 即为价格 p_j 变动所带来的总效应，$\dfrac{\partial x_i^h(\boldsymbol{p}, u^*)}{\partial p_j}$ 表示替代效应，$-x_j(\boldsymbol{p}, y)\dfrac{\partial x_i(\boldsymbol{p}, y)}{\partial y}$ 表示收入效应。

3. 近乎理想的需求系统模型（AIDS model）

本书进行居民食物需求分析时采用班克斯等（1997）提出的 QUAIDS 模型。该模型是基于迪顿等（Diton et al., 1980）的 AIDS（Almost Ideal

Demand System）模型的非线性扩展形式，主要区别在于 QUAIDS 模型中加入了支出的二次项，从而允许检验模型中每种商品的支出份额与总支出之间是否存在非线性关系，因而比 AIDS 模型具有更大的灵活性。此处我们对 AIDS 模型的导出做简要介绍，对 QUAIDS 的介绍以及对其进行 2-Step 一致估计的处理方法具体见第 5 章的模型构建与估计。

AIDS 模型的构建源于对恩格尔曲线形状建模的延展，后者是以德国统计学家恩格尔的名字命名，反映了消费者所购买的某种商品的均衡数量与其收入水平之间的关系，具体可用如下方程表达：

$$w_i = \alpha_0 + \beta_i \ln m \qquad (1-4)$$

其中，w_i 为第 i 种食物的支出占系统中 n 种物品的总支出 m 的比例，为了在需求系统中引入价格因素，迪顿等（Diton et al.，1980）引入了 PIGLOG 形式的支出函数，如下式所示：

$$\ln m = (1-v)\ln(a(p)) + v\ln(b(p)) \qquad (1-5)$$

其中，$a(p)$、$b(p)$ 为价格指数，分别表示如下：

$$\ln a(p) = \alpha_0 + \sum_{k=1}^{n} \alpha_k \ln(p_k) + 0.5 \times \sum_{k=1}^{n} \sum_{j=1}^{n} \gamma_{kj} \ln(p_k) \ln(p_j)$$
$$(1-6)$$

$$\ln b(p) = \ln a(p) + \beta_0 \prod_{k=1}^{n} p_k^{\beta_k} \qquad (1-7)$$

带入支出函数有：

$$\ln m = (1-v)\ln a(p) + v\left(\ln a(p) + \beta_0 \prod_{k=1}^{n} p_k^{\beta_k}\right)$$

$$= \ln a(p) + v\beta_0 \prod_{k=1}^{n} p_k^{\beta_k}$$

$$= \alpha_0 + \sum_{k=1}^{n} \alpha_k \ln(p_k) + 0.5 \times \sum_{k=1}^{n} \sum_{j=1}^{n} \gamma_{ij} \ln(p_k) \ln(p_j)$$

$$+ v\beta_0 \prod_{k=1}^{n} p_k^{\beta_k} \qquad (1-8)$$

由式（1-8）可直接得到需求函数，根据谢泼德（Shepherd）引理，商品 i 的均衡水平下的消费量为：

$$q_i = \frac{\partial m}{\partial p_i} \qquad (1-9)$$

上式两边同乘 p_i/m 有：

$$\frac{p_i q_i}{m} = \frac{\partial m/m}{\partial p_i/p_i} \tag{1-10}$$

即：$w_i = \frac{\partial \ln m}{\partial \ln p_i}$ 由式（1-8）易得：

$$w_i = \frac{\partial \ln m}{\partial \ln p_i} = \alpha_i + \sum_{j=1}^{n} \gamma_{ij} \ln(p_j) + \beta_i v \beta_0 \prod_{k=1}^{n} p_k^{\beta_k} \tag{1-11}$$

通过式（1-8）我们可知：

$$v = \frac{\ln m - \ln a(p)}{\beta_0 \prod_{k=1}^{n} p_k^{\beta_k}} = \frac{\ln\left(\frac{m}{a(p)}\right)}{\beta_0 \prod_{k=1}^{n} p_k^{\beta_k}} \tag{1-12}$$

代入式（1-11）有：

$$w_i = \frac{\partial \ln m}{\partial \ln p_i} = \alpha_i + \sum_{j=1}^{n} \gamma_{ij} \ln(p_j) + \beta_i \ln\left(\frac{m}{a(p)}\right) \tag{1-13}$$

上式必须满足如下约束条件：

加总性：$\quad \sum_{i=1}^{n} \alpha_i = 1, \sum_{i=1}^{n} \beta_i = 0, \sum_{i=1}^{n} \gamma_{ij} = 0 \tag{1-14}$

齐次性：$\quad\quad\quad\quad \sum_{j=1}^{n} \gamma_{ij} = 0 \tag{1-15}$

对称性：$\quad\quad\quad\quad \gamma_{ij} = \gamma_{ji} \tag{1-16}$

1.4.2 水足迹理论与生态足迹理论

水足迹理论中的两个最基础且重要的概念就是虚拟水（Virtual water）以及水足迹（Water footprint）。虚拟水和水足迹在概念上有承接关系又有一定的区别。其中，虚拟水是由英国学者阿伦在研究中东和北非地区的水资源危机问题时，于20世纪90年代初提出，此后的研究中，各界学者对虚拟水概念进行了不断的完善，有了当前的通识定义：产品以及服务的虚拟水含量指，在生产产品和服务中所需要的水资源数量（Wichelns，2001；马静等，2005）。水足迹是从虚拟水的概念中发展延伸而来，2002年被学者提出，一般地，某产品的水足迹可近似等价为其虚拟水含量（Hoekstra et al.，2008；刘俊国，2008）。水足迹概念的提出，为从生产、消费、贸易以及产品供应链角度评价人类对于水资源的消耗提供了崭新的视角，引发了科学界对水资源利用的重新思考，并逐步影响着人类水资源评价和管理的思维方式。

基于已知的食物消费结构，水足迹可以通过如下公式获得：

$$FCWF_i = \sum_{i=1}^{n} \sum_{j=1}^{m} Q_{ij} \times CWF_j$$

$$= \sum_{i=1}^{n} \sum_{j=1}^{m} Q_{ij} \times (CWF_{jblue} + CWF_{jgreen} + CWF_{jgray}) \quad (1-17)$$

其中，$FCWF_i$ 表示第 i 个家庭食物消费水足迹，Q_{ij} 为该家庭中第 j 个成员消费的第 i 种食物的重量，m 为家庭成员数，n 为食物种类数，CWF_i 表示第 i 种食物的消费水足迹，CWF_{iblue}、CWF_{igreen}、CWF_{igrey} 分别表示第 i 种食物的蓝水、绿水和灰水足迹转换系数，单位为立方米/吨或升/千克。

生态足迹（ecological footprint，EF）是衡量某一地区的所有人口生活及经济生产活动所消耗的用于经济社会发展的自然资源，并用标准生态生产性土地衡量人类活动的用地需求。对于一个国家或地区而言其生态足迹就是，所有人口消费的商品背后所需的资源以及消解所有废物所需要的生态生产性土地（ecologically productive land）面积。

1.4.3 环境高山理论

环境高山理论以及环境库兹涅茨曲线（Environmental Kuznets Curve，EKC）（Panayotou，1993）都描绘了经济发展与资源环境之间的倒"U"形关系，经济增长初期导致环境恶化与资源的耗损，但随着经济社会的继续发展，资源环境开始向好，从发达国家的经验看，经济发展与水资源使用之间也存在上述关系，梅多斯在《增长的极限》一书中关于美国水资源利用的分析显示，20 世纪 80 年代之前美国取用水量保持了长期的快速增长，但在 20 世纪 80 年代之后在用水管制、技术进步以及产业转移多方面的影响下，美国整体的用水量开始下降。

1.5 文献综述

1.5.1 可持续发展与可持续消费

1972 年，在联合国人类环境会议上通过的《联合国人类环境宣言》对可持续进行了相关表述，之后可持续发展理论逐渐成为各界关注和研究的重点。对可持续发展概念进行全面解读的权威文本是 1981 年，由世界自然保护联盟所发表的《保护地球》指出"可持续发展的目的是在不超过地球支持其发展的生态系统载荷能力下，改进人们的生活质量"。1987 年，世界环境与发展委员会（WCED）将可持续发展内涵进一步定义为"既能满足现代人的需要和欲望，而又不危害后代人满足其需要的发展模式"。

"可持续消费"是可持续发展议题的重要组成部分。1994 年，联合国环境署（UNEP）将可持续消费定义为"提供服务以及相关的产品以满足人类的基本需求，提高生活质量，同时使自然资源和有毒材料的使用量最少，使服务或产品的生命周期中所产生的废物和污染物最少，从而不危害后代人的需求"。

近年来，学者们围绕可持续消费模式进行了大量卓有成效的研究（张昊等，2024；刘子兰等，2022；王建明等，2022；全世文，2020；刘文玲等，2017）。在居民的消费活动中，随着社会经济环境的变化以及生活方式的转变，消费结构的多样化特征越来越明显，而不同的消费模式意味着对资源差异化需求。在满足不断增长升级的居民消费需求的同时，关注资源环境的可持续性是当前学界关注的重点内容。

1.5.2 可持续饮食

可持续饮食试图通过弥合农业生产和环境之间的鸿沟，来实现产自可持续资源的人类健康膳食目标。可持续饮食的概念起源于 20 世纪 60 年代和 70 年代早期的环境和"生态营养"运动，进入 21 世纪之后，人们普遍认为可持续饮食符合健康饮食需求，也有益于环境，用来指通过摄入环保平价的食物，促进经济和环境的稳定，同时改善公共营养和健康状况。随着相关研究的推进，可持续饮食的重要性也日益得到国际社会的认可，可持续饮食概念得以进一步扩展，已经拓展到营养、健康、环境和经济等层面。

实现可持续食物系统和饮食的目标需要进一步了解不同人群和环境下的可持续饮食，也需要开展进一步的研究来探究可持续饮食的主要影响因素。为了提高公众对食物系统所面临挑战的认识，《柳叶刀》杂志设立了 Eat-Lanuet 食物、星球和健康委员会。该委员会于 2019 年发布了《Eut-Lancel 委员会关于可持续食物系统与健康膳食的报告》，就可持续饮食能否维持和改善人类健康这一问题进行了探讨。作为首个研究如何从可持续的食物系统中获得健康饮食的科学综述，为可持续的食物系统建立了可量化的目标。

1.5.3 食物消费及其主要影响因素研究

1. 收入增长及价格因素对食物消费的影响

当前国内有关收入对食物消费影响的研究十分丰富。问锦尚等（2024）研究表明食物消费的习惯形成效应强化了农村居民食物消费需求对于收入和食物价格变动的敏感程度。李宇等（2023）认为收入增长对脱贫农民家庭营养需求具有显著影响。赵殷钰等（2023）分析表明收入质量的提升降低了谷薯类、蛋类、水产品、豆类和坚果的摄入量与膳食宝塔推荐摄入量的偏离程度，优化了膳食结构，并显著提升了农户膳食质量，且收入质量对低收入农户膳食质量的影响更加明显。余志刚等（2023）研究指出持久收入对居民膳食健康具有显著促进作用，而收入不确定性则具有明显的抑制作用。异质性分析表明持久收入对农村居民膳食健康的促进作用更强，收入不确定性仅对城镇居民膳食健康具有抑制作用。郑志浩（2015）对我国 31 个省（区、市）的城镇住户调查汇总数据的分析表明，我国城镇居民在外消费支出占比将随收入的增长继续呈现上升趋势，另外居民食物消费结构中的动物产品占比将进一步提高，其中水产增势最为明显。吴蓓蓓等（2012）运用 QUAIDS 模型，对广东省不同收入家庭间的食物消费行为及消费结构进行了比较，研究表明低收入家庭对动物类食品的支出弹性高于中高收入家庭。从中可见，随着收入增长人们对当前需求较大的动物食品的支出弹性也将呈现下降的趋势。向晶（2012）指出，当前收入以及价格因素对我国居民食物消费的影响依然显著，但价格的作用要大于收入对粮食消费的影响作用。吴蓓蓓（2012）的研究指出，在价格与收入同比变化的情况下，城镇居民倾向于增加对动物产品的消费。赵昕东（2013）的研究表明，面对食品价格上涨，低收入家庭倾向于通过减少其他商品的消费，以维持原有的食品消费水平。而高收入家庭往往选择减少一些高档食品消费，以使得其他商品消费维持原有水平。另外，分析不同收入组的家庭福利得到的结果是，食品价格上涨对低收入家庭的影响程度要高于高收入家庭。

2. 人口结构对食物消费的影响

刘贝贝等（2019）的研究认为祖辈作为看护人对农村留守儿童的溺爱程度会促进农村留守儿童的非健康食物消费行为，从而对农村留守儿童身体健康状况产生不利影响。江金启等（2018）指出人口规模和构成、人口特征对家庭食物浪费有显著影响。钟甫宁（2012）的研究表明，人口年龄结构对粮食需求有着显著的影响，并指出我国人口结构近 20 年来的变化是人均粮食消费缓慢增长并下降的原因之一。白军飞等（2014）通过对我国 6 个城市居民家庭的微观调查数据的分析表明，人口老龄化对居民肉类消费影响显著，家庭老年人口（60 岁以上）占比上升 1% 将带来人均肉类消费量下降 0.5%；且不考虑老龄化因素将导致对未来肉类需求的高估。另外，闵师等（2014）对城市居民家庭在外肉类消费的研究表明，代际之间的在外肉类消费差异显著。向晶（2012）分析表明，不考虑人口结构因素的粮食安全分析的结果常常夸大了经济因素对粮食需求的影响。

3. 城镇化对食物消费的影响

黄季焜（1999）通过对台湾与大陆地区的住户调查数据分析表明，社会发展与城市化对居民食物消费有着重要的影响作用，并指出，如果在对未来食物消费趋势进行预测时遗漏了社会经济结构因素，收入对居民食物消费的影响作用将会被高估。钟甫宁（2012）的研究指出，城镇化对居民食物消费的影响表现在两个方面，一方面对食物消费结构中的动物产品占比有拉升作用，另一方面城镇化通过劳动市场结构的变动将降低劳动强度并降低食物需求总量。刘秀梅（2005）研究表明城镇化水平的提高将会对农村居民的动物食品的消费结构产生影响，主要表现在猪肉消费下降以及蛋类消费增加。江（Jiang et al.，2015）研究结果显示，省会城市食物消费中的油脂、肉类、蛋类、水产品、乳制品和酒类的支出弹性大于中小城市的饮食支出弹性。

1.5.4　食物消费对水土资源的影响研究

1. 食物消费如何影响资源环境

有研究指出，国家消费水足迹的决定因素主要有两个，一是消费量与消费结构，这大多取决于国家的发展阶段、人口结构与居民生活方式；二是每单位重量消费品的水足迹，在消费结构不变的情况下，单位重量消费品水足迹还取决于生产技术应用等因素（Hoekstral & Mekonnen，2012）。

需要引起注意的是，全世界动物产品的生产水足迹几乎占到农业生产水足迹的 1/3，提供同等营养含量的动物产品与农作物，动物产品水足迹更高，也就是说人们在摄入同样的营养素时，选择动物产品意味着消费掉更多的水（Mekonnen & Hoekstra，2012）。有学者量化研究了中国食物消费模式是如何影响水资源需求。研究结果显示，由于近年来中国食物消费需求与消费结构的持续调整，中国人均食物消费水需求从 1961 年的 255 立方米/人/年，增加到 2003 年的 860 立方米/人/年，这种增长很大程度上是由于近几十年动物产品消费的快速增加引起，而现代化进程的推进很可能在未来三十年内继续增加中国总的食物需水量（Liu et al.，2008）。许菲等（2018）基于 10 个城市 2023 个城市居民家庭 7 天记账式调研数据的研究结果表明，居民食物消费水足迹随收入上升呈现递减式上升的发展趋势，这意味着，随着城镇居民收入的持续增长，由食物消费所带来的水资源供需压力将会进一步加大，在 2027 年左右逐渐缓解并达到水资源需求的最高点；与收入增长作用相反，中国人口老龄化对食物消费水足迹有显著负影响。

与水足迹类似，大量研究表明，不同食品对土地资源需求有巨大差异。尤其是畜牧产品、油脂和饮料的消费对总的土地需求有很大的影响。荷兰家庭食物消费土地需求的 50% 来源于这些食品。有研究指出，与人口增长相比较改变消费模式将对食物土地需求量产生更为显著的影响（Gerbensleenes et al.，2002a）。以收入为特征的生活方式的差异带来消费模式的区别使得不同的收入阶层对土地资源的需求呈现相应的差别。余慧容等（2022）指出受膳食结构、农业生产力及人口影响，城乡居民的人均膳食耕地足迹较于 20 世纪 80 年代均有所减少，但城乡居民的总膳食耕地足迹波动中有所上升，城镇居民的总膳食耕地足迹增加，农村居民的总膳食耕地足迹有所减少。

在碳氮排放的相关研究中，不乏经济学视角的研究成果。大量研究通过环境库兹涅茨曲线的引入，纵向地比较了各经济发展阶段的环境影响路径，主流的研究结论是 KFC 曲线的倒"U"形假说。随着经济社会发展，由居民食品消费结构的改变引起的对碳排放的影响逐渐增强，整体上，城镇居民的食品消费碳排放总量要高于农村居民，我国当前阶段中的城镇居民饮食消费习惯对减少食品消费碳排放量有负向的影响，另外，城市化进程的推进以及经济的持续增长将带来人均食物碳消费量的相应增加（智静等，2009；罗婷文等，2005）。

2. 社会经济因素如何通过食物消费影响水土资源需求

我们所关注的是，在技术水平以及生态环境不变的前提下，居民食物消费随着收入增长、人口结构变化以及消费方式的转变将会如何发展？又如何进一步影响水资源的需求？

（1）收入以及经济发展因素。有研究者分析了收入变化、人口增长以及食物价格对食物消费水足迹影响及预测，研究表明居民食物消费水需求，在城乡之间及各收入阶层间都存在差异，收入增长对居民食物消费结构影响显著，调整食物消费习惯可以减轻食品生产部门对水资源需求的压力，如提倡素食减少肉类消费（许菲等，2018；袁野等，2011；Djanibekov et al.，2013）。

（2）生活方式。居民生活方式很大程度上首先是由该国家或地区所处的经济发展阶段决定的，而居民的食物消费习惯与消费决策又取决于其生活方式。一般而言，一个经济发展处于落后状态的国家或地区对资源的消费首先需要满足基本的饮食需求，其次考虑营养需求，如增加脂肪、动物源性食品和水果的消费。对于发展水平较高的国家，一定程度上意味着居民有着更高水平的生活方式，这种高层次的生活方式对食物的社会与文化属性的需求较大，如食物消费结构中咖啡、茶等饮料占比将提高，这会推升食物消费对资源的需求。虽然生活方式的转变对自然资源使用的影响已经得到了一定程度的评价，也有一些文献对居民家庭在外消费对食物消费结构的影响做了相关研究，当前居民在外消费比例越来越大。作为生活方式转变的另一个维度的视角，我们有必要将在外消费纳入生态环境评价体系，更科学地对居民生活方式的转变带来的环境资源影响进行分析。但是这一方面的研究目前还十分不足。本书利用居民家庭食物消费调查微观数据，全面地考量居民食物决策中在家在外消费的区别，更准确地评价其对水资源需求的影响，以对未来食物消费水需求的变化趋势做出可靠判断。

（3）城市化及工业化。城市化工业化的进程中，经济的快速发展以及人口增长，都将带来更大的水资源需求，居民消费水平提高、大量农村居民移居至城市，整体消费需求增长消费结构升级，在食品消费中主要体现在肉类以及蔬菜需求增长，这将使得我国用水资源供求压力进一步加大，水资源短缺问题更加凸显出来。同时，中国水资源地区之间分布不均衡，开发难度大，跨流域调水实现起来也较为困难，保障粮食等重要农产品供给与资源环境承载能力的矛盾日益尖锐。一些学者运用投入产出法，通过对包括城镇化以及生活方式的改变在内的多个社会因素与生态足迹、水足迹进行综合分析（Hubacek et al.，2009）。在中国，随着城市化与工业化的快速发展，水资源的利用发生了从低价值的农业生产用途向具有较高价值的工业生产用途转变的变化，居民户内用水不断增加。同时，水资源的缺乏限制了中国一些地区农业生产的发展以及城市化进程（Loeve et al.，

2007)。经济发展过程中必然经历一定程度的传统粗放和混合农业向工业农业系统的转变，会导致每单位动物产品的蓝水和灰水足迹的上升（Mekonnen & Hoekstra，2012）。

1.5.5 营养约束下的环境影响评估——产自可持续农食系统的健康膳食

德克斯（Deckers，2010）在对碳氮排放方面的研究中，探讨了是否应该限制动物性产品的消费以减少温室气体的排放，并指出，需要更全面将饮食健康问题纳入研究系统以更好地评估食物消费的环境影响。对中国的研究中，有学者使用中国农村微观数据，结合标准营养摄入约束，对居民饮食结构变化的土地资源需求做出分析（Zhen et al.，2010）。

《中国居民营养与慢性病状况报告（2020 年）》显示，中国居民体格发育与营养不良情况得到了良好的改善。居民膳食能量和宏量营养素摄入充足，优质蛋白摄入不断增加。成人平均身高继续增长，儿童青少年生长发育水平持续改善，6 岁以下儿童生长迟缓率、低体重率均已实现 2020 年国家规划目标，特别是农村儿童生长迟缓问题已经得到根本改善。居民贫血问题持续改善，成人、6 ~ 17 岁儿童青少年、孕妇的贫血率均有不同程度的下降。需要注意的是，与此同时，营养过剩的问题也慢慢凸显出来，《中国居民营养与慢性病状况报告（2020 年）》显示"城乡各年龄组居民超重肥胖率继续上升，18 岁及以上居民超重率和肥胖率分别为 34.3% 和 16.4%"，与 2015 年发布结果相比分别上升 4.2 个与 4.5 个百分点，"6 ~ 17 岁儿童青少年超重率和肥胖率分别为 11.1% 和 7.9%，6 岁以下儿童超重率和肥胖率分别为 6.8% 和 3.6%"。

无论是营养状况的改善还是超重现象的凸显，都是居民饮食结构与生活方式改变的表征。我国居民营养健康状况在过去的十年间发生了巨大的变化，在考虑居民食物消费结构时忽略营养问题显然放松了对家庭决策的约束条件，值得注意的是有些研究将营养标准纳入环境资源影响评价体系，更为科学地评价了饮食结构变化与水资源、土地资源之间存在的矛盾。

1.5.6 影响资源利用的供给侧因素

1. 农业生产条件

农业生产条件对水资源使用方面的研究十分丰富。田贵良等（2020），基于投入产出生产函数思想，采用三阶段 DEA 模型和 Malmquist 指数方法，以固定资产投资、总用水量、劳动力为投入指标，以地区生产总值为输出指标，对中国 30 个省份（西藏和港澳台地区除外）自 2006 ~ 2016 年的水资源利用效率进行了静态和动态分析及评价，从全要素生产率指数反映的动态变化来看，技术进步变化对全要素生产率指数有明显的影响，技术进步有利于水资源利用效率的提高，提出应在水权交易试点的基础上，因地制宜地全面推进水权交易市场建设，加大节水技术研发与推广应用，依靠市场机制，激励用水主体的节水行为。王哲（2020）针对河北省的研究表明，农业技术进步对河北省农业用水量的降低有明显推动作用，一定程度上促进了该地区的农业节水。汤洁娟（2014）对以红旗渠为代表的农田水利工程的经济效率变动的研究发现，地方政府的财政拨款规模、基建投资规模、农业信贷增速以及管理部门的组织管理水平对农田水利工程经济效率的影响较为显著。

对农户节水灌溉技术采用意愿和应用行为的研究。张华等（2020）对陕西省宝鸡峡灌区的研究发现，农业水贫困指数、能力水平和制度环境对农户节水灌溉技术采用决策具有显著正向影响，而资源禀赋和水利设施显著负向影响农户节水灌溉技术采用决策。许朗（2020）分析农户采纳节水灌溉技术决策的行为意愿和应用行为相背离的原因与机制，指出农户在节水灌溉技术采纳行为意愿决策时，忽略资金因素的知觉强度是农户决策产生背离的根本原因，而由于农户在行为意愿选择时便考虑了技术因素，技术行为意愿和行为的背离无显著性影响，应加强节水灌溉技术的资金投入透明度和降低应用操作难度。

节水灌溉和用水计量的技术水平是影响水市场建立和发育的重要内容。德里迪等（Dridi et al.，2005）通过不对称信息下水权分配和灌溉技术模型的应用，发现农民对风险的考虑导致了他们没有足够动力去引入先进灌溉技术，在这种情况下，水权交易有利于推动先进灌溉技术的引进并且使各方获益。有研究分析了澳大利亚墨累—达令流域大干旱期间灌溉用水户的做法、态度以及对于水资源管理的能力，指出可以使用水户更好地应对干旱气候的方法有如下几点，改进灌溉方法和土壤水分监测办法，克服水分配的不确定性以及提高可靠性，和更有针对性的研究帮助农户合理用水（Wei et al.，2011）。

2. 农产品生产布局

一直以来，农业生产空间差异以及农业自身"外围性"是有关农业布局问题的研究重点。农业生产差异主要的主要因素包括地理位置、资源禀赋、经济基础、气候条件、制度安排等。

21 世纪以来，农业结构与节水问题的研究成为各领域的研究热点。罗其友等（2002）从区域比较优势理论出发，对农业布局问题进行研究，构建了区域农业比较优势的相关指标体系，以实现对 12 种主要农产品的区域比较优势的定量分析，进而提出了优化我国农业生产区域布局的相关政策建议。赵雪雁（2005）、胡继连等（2006）分析了农作物种植结构对农用水资源需求量的影响，研究结果显示调整农作物种植结构，可减少作物需水量，建立节水型农业体系，促进农用水资源的优化配置与合理利用。靳雪等（2011）通过对农作物虚拟水含量指标的分析，针对中国黄淮海地区的农业区划指出应减少高耗水农作物种植面积、发展节水型农业。王爱玲等（2019）对中国农作物空间布局与农业节水的关系的研究，发现水稻、蔬菜等高耗水农作物布局与水资源禀赋条件匹配不当问题，指出对高耗水农作物布局与水资源禀赋的匹配关系进行深化研究的必要性。

关于农业生产布局问题的研究，已有文献对水资源约束与农业生产结构之间的相关影响进行了分析，但是，多数研究仍然缺乏翔实的论证和更为深入的分析。

3. 制度因素

胡晓珍等（2010）将制度因素纳入效率评价的研究证实，制度因素是地区间的技术效率水平差异的重要来源。在水资源领域，于水等（2020）

以中亚地区为研究对象的分析指出，施政效率（制度指标）显著影响当地水资源使用的脆弱性。王克强等（2011）对中国农业水资源的政策调整效应进行了模拟，揭示了不同的制度安排下的水资源使用差异，认为现阶段供给管理（水量）政策依然是控制水资源需求最有力的手段。

2002 年修订的《中华人民共和国水法》（以下简称《水法》）将水资源的保护与合理开发利用并重提到了突出位置，在内容上的修订和调整为建立水权市场，奠定了法律层面的坚实基础。《水法》第三条规定"水资源属于国家所有"。第十二条第二款规定"国务院水行政主管部门负责全国水资源的统一管理和监督工作"。将行政区域内水资源的统一管理和监督工作细化至县级以上地方人民政府水行政主管部门按照规定权限进行负责。第四十八条在法律层面明确了取水权的概念，明确界定了水资源的所有权与使用权指向，即国家掌握水资源所有权，分离使用权与所有权是水权转换的前提。

一直以来，我国的水权制度不断发展完善，学界的相关研究取得了一定成果。石玉波（2018）认为，水权转换行为中，水市场起到的仅是一种辅助作用，其表现主要是通过价格手段来实现的，尤其应用于引入市场机制的水权转换谈判过程中。田贵良等（2020）水权交易对水资源利用效率有积极的促进作用。各试点地区在水权交易市场运行后的水资源利用效率基本都得到了提高，效率排名也均明显有所上升，同时，水权试点省份中水资源利用效率提升的省份比例远高于非试点省份。蔡威熙（2020）认为水权转换制度应以实现转换和交易各方最大化利益，达到共赢效果为目标。

农业水价综合改革是实现农业节水、促进农业水资源可持续利用的有效方式，从试点改革到全范围推广，标志着我国农业水价综合改革由探索期向推进期渐进发展，分析农业水价综合改革的实际进展及现实挑战，通过综合构建评价指标体系，系统评价试点地区农业水价综合改革效应，是科学总结试点地区前期改革成果的基本要求。柴盈（2014）研究发现"常规性财政投入与行政协调""市场化水费与农民用水自治"和"农民用水自治"三组地方性制度配置能够改善政府支出绩效。目前我国农田水利事业主要驱动性制度是水价和农民组织，而支农政策导向和目标的滞后性降低了政府支出绩效。新时期的政策应该以同时深化市场化水价和发展农民用水协会为主，辅以设置常规性的财政投入制度和管水员制度。郭晓东（2013）基于甘肃省河西地区水资源开发利用现状与节水型社会建设的调查分析发现，在经济发展的过程中，随着节水技术发展及其应用水平的不断提高，经济增长的用水弹性系数将逐渐降低，用水总量呈现先增加再减少的变化趋势，在不同的水价区间，水的需求弹性具有明显的差异，要充分发挥水价在调节用水需求中的作用，必须在富有需求弹性区间提高水价。

1.5.7　虚拟资源贸易的相关研究

对于大多数经济体，经济的开放使得在封闭经济条件下的环境问题研究不再客观可靠。在经济全球化的背景下，资源贸易也引起了学术界研究者广泛的关注，学者们分别从不同的尺度核算了国家与地区或者流域的虚拟水足迹（Chen et al.，2013）。另外，也有相当多的文献用虚拟水贸易视角对可持续发展问题进行了研究，包括可持续的消费与地区的可持续农产品产量核算（Ferng，2005）。

1996～2005 年，全球平均水足迹为 9087G 立方米/年，农业生产占 92%，国际农业以及工业品贸易虚拟水总量是 2320G 立方米/年。全球人均消费水足迹为 1385 立方米/年。其中，工业化国家为 1250～2850 立方米/年，而发展中国家人均消费水足迹差异较大，范围为 550～3800 立方米/年。1997～2011 年世界平均水平的水足迹为 1240 立方米/人/年，中国为 700 立方米/人/年同时期的美国则为 2480 立方米/人/年，并在研究中指出影响一国水足迹的四个主要因素为消费数量、消费结构、作物生长条件（如天气等）以及农业生产经验水平（Hoekstra & Chapagain，2007）。中国消费的水足迹仍相对较小，且 90% 为内部水足迹，但考虑到快速增长和日益增长的水资源压力（特别是在中国北方），中国可能会越来越依赖于其领土以外的水资源（Hoekstral & Mekonnen，2012）。

中国是一个拥有超过 14 亿人口的大国，与之相矛盾的是其自然资源的相对匮乏。在中国，占世界 7% 的土地与 6% 的水资源所面临的，是全世界

1/5 人口的饮食需求，加之各地资源与生产结构布局空间上不匹配，自然资源禀赋与当地社会资源不匹配的问题比较突出。对地区间通过贸易手段实现资源的有效再分配意义重大。许长新等（2011）在区际层面建立数理分析模型，指出虚拟水贸易将引发产业间的用水转移，优化水资源配置。该项研究进一步表明，提高水价是虚拟水战略实施的根本路径依赖。根据比较优势理论，区际间虚拟水贸易过程，能够有效配置水资源，缓解缺水地区的水资源短缺问题，使得水资源能够在更大范围内发挥其经济价值，从而促进经济发展。

刘俊国等（2008）预测，到 2030 年中国食物消费水需求增量将在 407～515 立方千米/年，指出中国需要加强绿水资源管理，推进虚拟水进口以满足不断增长的食物消费水需求。进一步的产业结构调整及虚拟水战略，是缓解中国水资源压力的有效途径。

1.5.8 文献总结

当前有大量的关于食物消费的经济学研究与大量资源环境方面的研究，在食物消费与水土资源需求相关研究中，不同的学科显然有不同的侧重。在资源环境与生态相关领域，研究人员更关注食物消费对农业资源和生态环境的影响，通常采用加总的宏观时序数据进行分析，强调历史趋势与影响后果。在推断未来趋势时，基本上采用外推法，即假定某种食物消费方案的前提下，通过食物消费与生态足迹之间的转换，推断未来食物消费对资源环境的影响。这种做法一方面把食物消费看作一种外生驱动因素，忽略了食物消费本身受到社会经济（如收入、价格）和消费者个体特征等外在因素的影响；另一方面基于加总时序数据很难对长期趋势（特别是当存在非线性趋势时）做出可靠的判断。在经济学领域，研究人员则更加关注各种社会经济与个体家庭特征因素对食物消费的影响，研究所用的数据既有微观个体或家庭层面的，也有区域层面加总时序的。然而，这些研究鲜有进一步探索食物消费背后的资源环境压力，研究结论因此无法在可持续消费与可持续发展方面提出有效建议。

已有相关研究所用消费数据基本上没有涵盖近年来快速上升的居民在外饮食消费部分。大量的研究表明，居民在外消费已经成为家庭食物消费不可或缺的部分，而且，随着收入水平的上升和时间机会成本的快速上升，居民在外消费部分仍在快速上升，特别是在城市。对于部分食物，如肉类在外消费部分甚至达到个人肉类消费量的约30%。然而，已有的关于食物消费以及相关的水土足迹研究鲜有涵盖在外消费，这严重制约了人们对食物消费水足迹和农食系统生产性土地足迹的研究和认知。把在外消费与在家消费结合起来，有助于更完整地分析食物消费对水资源的影响及其变化趋势。在忽略不断上升的居民在外饮食消费及其在不同群体之间差异的情况下，分析食品消费对于生态环境的压力很可能会得出不同的，甚至相反的结论。本书利用居民家庭食物消费调查微观数据，全面地考虑了居民食物决策中在家在外消费商品选择的区别，更准确地评价其生态环境影响，以对未来食物消费需求的变化趋势做出可靠判断。

1.6 研究创新

与大量现有关于食物消费水足迹的文献相比，本书最少有以下四个方面的不同。

一是本书通过食物需求系统的构建，分析食物需求变化对农业自然资源的影响，从而在社会经济因素与资源环境压力之间建立一个桥梁，使得从食物消费需求端探索缓解水资源以及土地资源供求压力的途径成为可能。我们将上游的社会经济与家庭人口特征因素对食物消费的影响与下游的食物消费对农业自然资源的影响结合起来，从而可以动态地理解经济发展面临的农业自然资源需求压力。这不仅可以使我们在微观层面上分析各种社会经济因素变化如何通过影响食物消费量与消费结构而影响水土资源需求，还可以使我们超越传统的对食物安全的界定，使食品安全可以在资源环境安全的维度上得到更深刻的理解。

二是在农食系统范畴讨论食物消费生产性土地需求。以往研究更多是在生态环境的大领域讨论生态足迹，本书借助生态足迹构建模型，以国家农业食物产品生产用地及其生产力为依据，动态估计了农食系统范畴的粮食、蔬菜、瓜果、畜牧产品的各类食物产品生产用地均衡因子，并以此测算我国食物消费的农地需求，能够更聚焦于农食系统土地需求的分析。生态足迹模型中最重要的参数之一就是均衡因子。在对一个地区的食物消费农地需求进行评估时，必须先测定当地的均衡因子，也即 1 公顷的耕地、牧草地、林地等所包含的国家标准农用地数量。而均衡因子的结果与单位农地生产能力（本章用单位面积热量产值表示）以及农地结构有直接关系。我国在过去几十年间由于供给侧生产结构、产区布局的调整以及生产能力的提升，全国均衡因子以及各地的均衡因子都处于不断的变化之中，因此，基于静态的土地均衡因子测算的最终估计结果将与现实情况有较大偏差。必须先梳理各地农产品生产与土地资源的使用及结构变化情况，估计动态的均衡因子实现对居民食物消费土地需求的更可靠的评估。

三是本书所用数据包括了过去研究中关注不足的在外消费。我国居民在外饮食消费已经成为家庭食物消费不可或缺的部分。有研究表明，城市居民在外肉类消费部分占比甚至达到肉类总消费量的近 30%。然而，在关于食物消费，特别是关于食物消费与资源环境之间关系的研究中，在外消费鲜被涵盖，这严重制约了人们对食物消费及其对自然资源影响的研究和认知的完整性，甚至可能因此得出完全不同的结论。

四是在实证方法上，在对居民家庭的食物消费的实证分析中，我们运用了一致估计的 2-Step QUAIDS 模型，由于本书将居民家庭对同一种食品的在家在外消费部分分别进行研究，而在外消费部分观测值中常常存在某些商品消费支出为零的现象。因此不做处理将可能导致模型参数估计不一致和有偏问题（Lee & Pitt, 1986）。对这一问题的处理方法在文献中较多，如韦尔等（1983），但每种方法都有其优缺点。在本书中，我们采用两阶段一致估计方法（consistence two-step estimation procedure）（Shonkwiler & Yen, 1999）解决这一问题。将其与 QUAIDS 模型结合起来在研究方法上更为科学合理，所得结论也更加可靠。

第2章

中国居民食物消费变迁路径及发展趋势

已有的大量研究表明，不同生活水平群体间的食物消费存在显著差异。本章将对我国居民食物消费的变化路径进行回顾，梳理并分析居民食物消费的变化趋势。同时，比较近几十年亚洲部分国家与地区之间的食物消费发展情况，分析我国居民当前的食物消费发展阶段及未来发展趋势。随着经济社会的发展，近几十年间，我国居民的生活水平有了较大的提高。由图 2-1 所展示的改革开放以来我国城乡居民恩格尔系数①的变化情况可知，城乡居民家庭恩格尔系数持续下降，其中，城市居民家庭恩格尔系数从 1978 年的 0.575 下降到 2023 年的 0.288，农村居民家庭恩格尔系数更是从 1978 年的 0.677 下降到 2023 年的 0.324。2000 年以后，城市居民家庭的恩格尔系数一直处于 0.4 以下，居民生活水平处于趋向富

---

① 恩格尔系数是研究中常用来衡量居民生活水平的重要指标之一，其值为居民食物消费支出占总消费支出的比例，其大小直接反映了居民生活水平的高低，数值越大，居民消费在食物上的比例越大，就越凸显出该居民家庭处于生存消费的状态之中。按照国际标准，当一个群体的恩格尔系数大于 0.6 时可认为该群体居民处于绝对贫困的生活水平；当大于 0.5 小于 0.6 时，则表示该群体居民处于温饱的生活水平；当大于 0.4 小于 0.5 时，说明该群体居民的生活水平处于小康状态；当其小于 0.4 时，则认为该群体居民生活水平趋向富裕，进一步，当恩格尔系数小于 0.3 时，说明居民生活水平已经处于富裕状态。

裕阶段。同时，农村居民家庭在 2000 年以后进入小康阶段，其恩格尔系数持续下降，且在 2009 年突破 0.4，生活水平也达到趋向富裕阶段。另外，不难看出，2000 年以来城乡之间的恩格尔系数差呈现出持续的下降趋势。由此可知，我国城乡居民食物消费也在随着生活水平的不断提高持续发生变化。

图 2-1 我国城乡居民家庭恩格尔系数变化情况
资料来源：1980~2022 年《中国统计年鉴》。

另外，随着经济全球化的发展，形形色色的商品在不同的国家及地区之间被市场高效地交换配置，需要注意的是，国际贸易所带来区域间商品流通交换的同时，也意味着不同国家以及地区之间的资源的交换与配置。在我国，满足居民饮食需求所依赖的农业生产，更是占据了我国水资源使用量的 62.4%，对水资源供需压力的影响不言而喻。我国自改革开放到加入 WTO 以来，农产品贸易战略的变化对生产以及消费产生巨大影响的同时，也带来了对水资源需求的新变化，因此，本书同样对我国主要农产品生产及贸易情况进行了梳理，以便于回答我国居民日益增长的食物消费需求所引致的水资源需求有多少来自我国内部，又有多少依赖于外部水资源的支撑。

2.1 中国居民食物消费变化路径回顾

2.1.1 食物消费量与消费结构变化

50 多年间，我国居民食物消费量得到了显著提高，据联合国粮农组织统计，我国居民人均每天食物消费量已从 1961 年的 882 克增长到 2013 年的 2458 克，年均增速达 2%。改革开放以来增长尤为明显，1978~2013 年，人均食物消费量年均增速达到 2.6%。

表 2−1 为 1961 年以来我国居民食物消费量与消费结构的历年数据，最后一列展示了 1961~2013 年部分年份的居民人均全年食物消费量，52 年间，居民食物消费总量出现了加速增长、高速增长以及减速增长的过程，改革开放最初的 10 年居民食物消费总量年均增长速度为 1.5%，1988~1998 年年均增速达到 3.5%，改革开放的第三个 10 年也即 1998~2008 年增速开始放缓，但年均增速依然维持高位达到 3.1%，2008~2013 年，居民人均食物消费量增长速度进一步放缓，年均增速为 2.1%。

相比食物消费量，人均热量摄入增长相对缓慢（见图 2−2），与食物消费量增长趋势的同步性不再显著，其年均增速由改革开放前的 2.2% 下降到改革开放以来的 1.2%。从各个阶段居民食物消费量的增长与热量摄入的增长不一致的现象不难推断，居民食物消费结构也在各时期发生着不同的阶段性变化。随着居民收入水平的提高、工业化和城市化的推进以及市场发育程度的加深，我国居民食物消费发生了两个较为显著的变化。如图 2−3 所示，一方面，人均谷物产品的消费量在 1984 年之前持续上升，1984 年之后谷物人均消费量变化趋势出现转向，开始呈现下降趋势；另一方面，包括畜禽肉类、水产品、禽蛋及乳制品等在内的动物类产品始终保持着强劲的增长态势，同时，水果和蔬菜消费量也同样呈现出明显上升趋势。

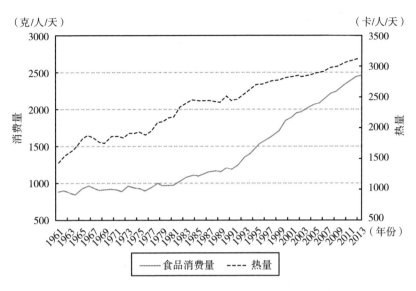

图 2-2 我国居民食物消费量及热量摄入变化趋势

资料来源：FAOSTAT。

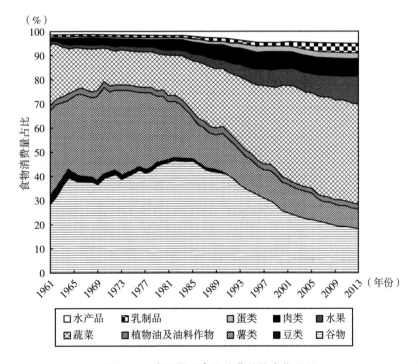

图 2-3 我国居民食物消费结构变化历程

资料来源：FAOSTAT。

　　具体地，我们对改革开放之后的食物消费结构进行详细的分析。如表 2-1 所示，1978~2013 年，人均谷物消费量占比从 42.0% 下降到 18.0%；人均蔬菜消费量占比从 14.9% 持续增长至 41.7%；人均水果消费占比则从 2.0% 上升至 11.3%；人均畜禽肉类消费量占比从 1978 年的 3.2% 上升到 2013 年的 7.4%；人均水产品消费量占比从 1.9% 上升到 5.3%；人均乳制品消费量占比从 0.9% 上升到 4.0%。

表 2-1　　　　　　我国居民食物消费量与消费结构变化　　　单位：千克/人/年

年份		谷物	豆类	薯类	植物油及油料作物	蔬菜	水果	肉类	蛋类	乳制品	水产品	总计
1961		91.2	10.9	111.5	6.3	79.7	4.3	3.8	2.1	2.5	5.2	317.3
		28.7	3.4	35.1	2.0	25.1	1.3	1.2	0.6	0.8	1.6	
1978		148.6	5.0	109.6	7.3	52.9	7.0	11.3	2.4	3.0	6.9	354.0
		42.0	1.4	31.0	2.1	14.9	2.0	3.2	0.7	0.9	1.9	
1988		167.0	3.0	59.3	10.4	98.6	14.6	22.9	5.7	5.6	11.6	398.6
		41.9	0.7	14.9	2.6	24.7	3.7	5.7	1.4	1.4	2.9	
1998		165.1	1.5	71.0	13.9	180.1	38.4	41.0	14.5	8.0	28.0	561.5
		29.4	0.3	12.6	2.5	32.1	6.8	7.3	2.6	1.4	5.0	
2003		154.2	1.3	76.3	13.4	269.0	51.9	47.6	16.2	16.3	32.5	678.6
		22.7	0.2	11.2	2.0	39.6	7.6	7.0	2.4	2.4	4.8	
2008		150.3	1.2	67.9	14.9	312.3	68.9	54.6	18.1	28.3	38.1	754.5
		19.9	0.2	9.0	2.0	41.4	9.1	7.2	2.4	3.8	5.0	
2013		149.9	1.4	67.6	15.8	347.8	94.2	61.8	18.6	33.2	44.6	834.9
		18.0	0.2	8.1	1.9	41.7	11.3	7.4	2.2	4.0	5.3	
占比年均增速（%）	1961~1978	2.3	-5.1	-0.7	0.3	-3.0	2.3	5.9	0.4	0.6	1.0	
	1978~1988	0.0	-6.2	-7.1	2.4	5.2	6.3	6.1	7.5	5.1	4.1	
	1988~1998	-3.5	-9.8	-1.6	-0.6	2.6	6.4	2.4	6.1	0.1	5.5	
	1998~2008	-3.8	-4.9	-3.3	-2.2	2.6	2.9	-0.1	-0.7	10.2	0.1	
	2008~2013	-2.0	0.3	-2.1	-0.8	0.1	4.3	0.4	-1.4	1.1	1.1	
消费量年均增速（%）	1961~1978	2.9	-4.5	-0.1	0.9	-2.4	3.0	6.6	1.0	1.3	1.7	
	1978~1988	1.2	-5.0	-6.0	3.6	6.4	7.6	7.3	8.8	6.3	5.4	
	1988~1998	-0.1	-6.7	1.8	2.9	6.2	10.2	6.0	9.8	3.6	9.2	
	1998~2008	-0.9	-2.1	-0.4	0.7	5.7	6.0	2.9	2.2	13.5	3.1	
	2008~2013	0.0	2.3	-0.1	1.2	2.2	6.5	2.5	0.6	3.2	3.2	

　　注：在计算增速时，由于前一期末值为后一期初值参与了计算，所以间断年份有重复。

　　资料来源：FAOSTAT。

比较各种食物消费占比在不同时期的年均增速可知，1978 年以后，谷物产品人均消费占比出现了减速下降的过程；畜禽肉类以及水产品的消费占比在经历了快速上涨的阶段之后，也出现了减速上涨的趋势；另外，乳制品人均消费量在 1998 ~ 2008 年以年均增速高达 13.5%，其消费占比的年均增速在同时期也以高达 10.2%，之后，乳制品消费在 2008 ~ 2013 年增势迅速回落，消费量年均增长速度下降到 3.2%。尽管如此，在我国人均乳制品消费远未达到膳食均衡水平的建议摄入量的现实情况下，仍然可以简单预判在未来较长时间内，我国居民对乳制品的需求依然有较大的增长空间。

2.1.2　消费模式的演变

由市场经济的发展以及时间机会成本的提升所带来的另一项变化是，人们越来越多地选择在外食品消费。大量的研究表明，居民在外消费已经成为家庭食物消费不可或缺的部分，而且，随着收入水平和时间机会成本的快速上升，居民在外消费部分仍在快速上升，特别是在城市。

值得注意的是，居民在家与在外消费的结构存在着显著的差异。表 2-2为对城市居民家庭连续一周的记账式调研数据进行分析，所得的代表性城市居民家庭人均在家与在外消费量以及消费结构比较。居民在家与在外消费结构存在着巨大差异，集中体现在谷物、肉类与水果这三种食品上。谷物的人均在家消费量占在家总消费量的比例为 22%，而其在外消费量占在外食物总消费量的比例达到 33%；对于肉类而言，其人均在家消费量占在家总消费量的比例为 10%，而其在外消费量占在外食物总消费量的比例则高达 20%；水果的在外消费量占比则仅为 3%，而水果在家消费的这一比例为 23%。

表 2-2　　城市居民在家与在外食物消费量与消费结构

项目	谷物	肉类	禽蛋	水产	蔬菜	水果	乳制品	豆类	总计
在家消费量（千克/人/年）	109.6	47.4	19.1	16.8	144.1	114.5	23.8	18.8	494.0
在外消费量（千克/人/年）	28.0	17.0	4.5	3.8	20.4	2.9	1.9	7.3	85.8
总消费量（千克/人/年）	137.6	64.3	23.5	20.6	164.6	117.4	25.7	26.0	579.8

续表

项目	谷物	肉类	禽蛋	水产	蔬菜	水果	乳制品	豆类	总计
在家消费结构（%）	22	10	4	3	29	23	5	4	
在外消费结构（%）	33	20	5	4	24	3	2	8	
在外消费占该种食品总消费量比例（%）	20	26	19	19	12	2	7	28	15

资料来源：根据调研数据整理而得。

从调研数据来看，对个体健康与水资源需求影响较大的肉类，其在外消费部分甚至达到个人肉类消费量的约26%。然而，已有关于食物消费以及相关水足迹的研究鲜有涵盖在外消费部分，这严重制约了人们对食物消费水足迹系统的研究和认知，甚至有可能由于对在外部分的忽视而得出完全不同的研究结论。

2.1.3 与平衡膳食结构的比较

2016年《中国居民膳食指南》（以下简称《指南》）推荐的2400千卡热量摄入下的居民均衡膳食结构为：谷物17.0%、薯类4.3%（按照人均每天消费75克计算）、畜禽肉类4.3%、水产4.3%、蔬菜28.4%、水果19.9%、乳制品17.0%、蛋类2.8%、豆制品1.4%。

根据国家统计局数据计算，全国居民人均每天谷物消费量为380.5克，城市居民为303.0克，农村居民为465.2克，样本城市居民为395.6克，均超过2400千卡能量摄入水平下的均衡状态值。全国居民、城市居民、农村居民以及样本城市居民谷物消费占比更是分别达到39.9%、31.4%、49.1%和23.8%，远超平衡膳食模式下17.0%的水平。全国居民人均畜禽肉类消费量占食物消费比例达到9.1%，其中城市居民畜禽肉类人均消费量占比为10.1%，农村居民为8.0%，均远超2016年《中国居民膳食指南》推荐的4.3%的成人均衡膳食标准[1]，本书典型城市居民畜禽肉类人均消费量占比更是高达11.2%。

---

[1] 此处给出为2400千卡/天的热量需求水平下的膳食均衡模式，《中国居民营养与慢性病状况报告（2015）》指出，2012年我国居民每人每天平均能量摄入为2172千卡。

表 2−3　　　　　不同能量需求水平的平衡膳食模式和食物量　　　单位：克/天/人

种类	人均每天食物消费量				不同能量摄入水平下的人均食物消费					
	全国	城市	农村	样本城市居民	2000千卡	2200千卡	2400千卡	2600千卡	2800千卡	3000千卡
谷物	380.5 (39.9)	303.0 (31.4)	465.2 (49.1)	395.6 (23.8)	250.0 (16.1)	275.0 (16.8)	300.0 (17.0)	350.0 (18.8)	375.0 (18.9)	400.0 (18.7)
畜禽肉类	89.9 (9.4)	100.3 (10.4)	78.4 (8.3)	186.6 (11.2)	50.0 (3.2)	75.0 (4.6)	75.0 (4.3)	75.0 (4.0)	100.0 (5.0)	100.0 (4.7)
水产品	28.5 (3.0)	38.4 (4.0)	18.1 (1.9)	59.8 (3.6)	50.0 (3.2)	75.0 (4.6)	75.0 (4.3)	75.0 (4.0)	100.0 (5.0)	125.0 (5.9)
蔬菜	267.1 (28.0)	284.4 (29.4)	248.2 (26.2)	469.7 (28.3)	450.0 (29.0)	450.0 (27.5)	500.0 (28.4)	500.0 (26.9)	500.0 (25.2)	600.0 (28.1)
薯类*	6.3 (0.7)	5.2 (0.5)	7.4 (0.8)		50~100 (4.8)	50~100 (4.6)	50~100 (4.3)	125.0 (6.7)	125.0 (6.3)	125.0 (5.9)
水果	103.6 (10.9)	129.0 (13.4)	74.2 (7.8)	335.1 (20.2)	300.0 (19.4)	300.0 (18.3)	350.0 (19.9)	350.0 (18.8)	400.0 (20.2)	400.0 (18.7)
坚果*	3.3 (0.3)	9.3 (1.0)	6.8 (0.7)		10.0 (0.6)	10.0 (0.6)	10.0 (0.6)	10.0 (0.5)	10.0 (0.5)	10.0 (0.5)
蛋类	22.5 (2.4)	25.8 (2.7)	17.0 (1.8)	66.0 (4.0)	50.0 (3.2)	50.0 (3.1)	50.0 (2.8)	50.0 (2.7)	50.0 (2.5)	50.0 (2.3)
乳制品	32.1 (3.4)	46.8 (4.8)	15.6 (1.6)	72.4 (4.4)	300.0 (19.4)	300.0 (18.3)	300.0 (17.0)	300.0 (16.1)	300.0 (15.1)	300.0 (14.1)
大豆	20.5 (2.2)	24.1 (2.5)	16.4 (1.7)	73.8 (4.5)	15.0 (1.0)	25.0 (1.5)	25.0 (1.4)	25.0 (1.3)	25.0 (1.3)	25.0 (1.2)

　　注：*此处所用微观调研数据，将薯类归为蔬菜，将坚果划归到水果类；括号中为每种食物在对应能量需求水平下的平衡膳食模式的摄入量占比。

　　资料来源：表中全国、城镇及农村居民消费数据由《中国统计年鉴》我国城乡居民主要食品消费数据整理得到。

　　另外，国家统计局数据表明，我国城乡居民蔬菜以及水果的消费水平还比较低。其中，全国居民人均每天蔬菜消费量为 267.1 克，城市居民为284.4 克，农村居民为 248.2 克，样本城市居民为 469.7 克，均未达到《指南》中 500 克/人/天的推荐水平；水果的消费量数据所展示的结论与之相似。城乡居民蔬菜消费占比与推荐值相差不大，但除了样本城市居民的水果消费占比达到了推荐水平外，国家统计局数据给出的居民水果消费占比依然与《指南》推荐水平相去甚远。值得注意的是，不论是国家统计局数据还是本书样本城市居民家庭为期一周的记账式调查数据，都反映出我国居民乳制品消费水平依然很低。尤其是农村居民人均每天的乳制品消费量仅为 15.6 克，而《指南》所建议的每人每天的摄入量为 300 克。

肉类消费过量是导致当前居民健康问题的重要因素。据《中国居民营养与慢性病状况报告（2020 年）》所示，城乡各年龄组居民超重肥胖率继续上升，18 岁及以上居民超重率和肥胖率分别为 34.3% 和 16.4%，与 2015 年发布结果相比分别上升 4.2~4.5 个百分点，6~17 岁儿童青少年超重率和肥胖率分别为 11.1% 和 7.9%，6 岁以下儿童超重率和肥胖率分别为 6.8% 和 3.6%，居民膳食营养与健康问题亟需改善。在 1986~2022 年，我国人均肉类产品年消费量从 19.4 千克增长到 56.4 千克，年均增速达到 3.0%（见表 2-4）。有研究表明，畜禽肉类需求增长已经成为我国食物消费水需求压力的最主要来源（Liu et al.，2008）。同时，由于食物消费结构变化，特别是肉类产品大量摄入，超重、肥胖等健康问题日益凸显（程广燕等，2015；蒋乃华等，2002），并逐渐成为我国居民健康的最主要威胁。按照 2016 年《中国居民膳食指南》给出的 2400 千卡/天的成人均衡膳食标准，肉类以及水产的人均消费占比均为 4.3% 和 4.3%；而样本城市居民人均肉类消费占到 11.2%，远超均衡膳食标准，水产消费占比仅为 3.6%。全国人均畜禽肉类及水产占比分别为 9.4% 与 3.0%，可见，从均衡营养膳食的角度来说，我国城市居民食物消费结构的改善调整空间较大。

表 2-4　　我国居民主要肉类产品消费量及消费结构

年份	人均每年消费量（千克）					肉类消费结构（%）			
	肉类	猪肉	牛羊肉	禽类	水产品	猪肉	牛羊肉	禽类	水产品
1986	19.4	13.0	1.2	1.7	3.4	67.2	6.0	9.0	17.8
2001	28.1	14.4	2.0	4.6	7.2	51.1	6.9	16.2	25.8

续表

年份	人均每年消费量（千克）					肉类消费结构（%）			
	肉类	猪肉	牛羊肉	禽类	水产品	猪肉	牛羊肉	禽类	水产品
2011	38.3	17.6	3.0	7.6	10.1	45.9	7.8	19.9	26.4
2016	43.4	19.6	3.3	9.1	11.4	45.2	7.5	21.0	26.3
2017	43.7	20.1	3.2	8.9	11.5	46.0	7.3	20.4	26.3
2018	46.5	22.8	3.3	9.0	11.4	49.0	7.1	19.4	24.5
2019	48.1	20.3	3.4	10.8	13.6	42.2	7.1	22.5	28.3
2020	48.3	18.2	3.5	12.7	13.9	37.7	7.2	26.3	28.8
2021	55.6	25.2	3.9	12.3	14.2	45.3	7.0	22.1	25.5
2022	56.4	26.9	3.9	11.7	13.9	47.7	6.9	20.7	24.6
36 年间年均增速（%）	3.0	2.0	3.3	5.5	4.0	-0.9	0.4	2.3	0.9

资料来源：相关年份的《中国统计年鉴》。

另外，我国居民肉类消费结构正在发生着显著的变化。如表 2-4 所示，我国居民猪肉消费占比从 1986 年的 67.2% 下降到 2022 年的 47.7%，1986~2022 年年均下降速度为 0.9%，另外出现显著变化的肉类就是禽肉消费，其消费占比从 9.0% 上升到 20.7%，年均增速为 2.3%，水产品消费占比自 2000 年以来维持在 26% 左右的水平上。

综上，即便随着经济社会的发展人们生活水平得到了显著提升，但是我国居民的食品消费依然存在着较大的调整与改善空间。我国居民当前膳食结构不合理主要表现在畜禽肉类产品及粮食消费占比超标严重，蔬菜、乳制品以及水产品占比偏低。

2.2 与亚洲部分国家及地区间的比较

本节拟通过对亚洲部分国家及地区间的比较，从热量消费的视角考察居民膳食结构变化，梳理并分析我国居民食物消费的变化路径及其可能的发展趋势。

2.2.1　我国居民热量消费变化情况

图 2-4 为亚洲部分国家和地区的人均食物热量摄入变化趋势，可见，近几十年来地区间的热量消费差异逐渐缩小。人均最高热量摄入与人均最低热量摄入地区间的差距，从 1961 年的 1200 千卡减小到 500 千卡左右。其中，中国人均每天热量摄入呈持续上升状态，从 1961 年的 1416 千卡升至 2013 年的 3110 千卡，近 10 年来，同样保持上升态势的还有韩国，中国香港地区人均热量摄入较为稳定，有小幅上升，日本和中国台湾地区则有下降趋势，中国澳门地区从 1961 年以来热量消费波动较大，同中国香港地区类似，近 10 年间，中国澳门地区的人均热量摄入也相对较为稳定并呈现出小幅度的上升趋势。

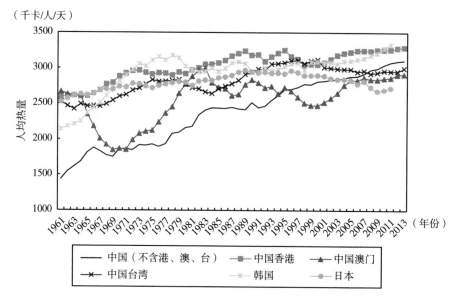

图 2-4　部分亚洲国家及地区的人均热量消费变化情况
资料来源：FAOSTAT。

前面研究发现，各个阶段居民食物消费量的增长与热量摄入的增长存在不相协调的现象，不难推断，这背后的原因就是居民食物消费结构也出现了阶段性变化。下面将从居民热量摄入来源构成进行具体分析。

　　表 2-5 为部分年份居民热量摄入及热量来源结构。在居民热量供给结构变化过程中，最受瞩目的是谷物、薯类、畜禽肉类以及果蔬的供能占比变化，其中，粮食（包括谷物、薯类及豆类）的供能占比经历了改革开放前持续高位，与之后的下降阶段，其供能比从 1978 年的 83.9% 下降到 2013 年的 51.2%，其中谷物热量占比变化经历了先升后降，薯类以及豆类的供能占比在 52 年间则显示出持续的下降；畜禽肉类供能比则从 2.2% 增长到 18.6%；果蔬类产品供能比则经历了先下降再上升的"U"形变化，先是经历了 1961~1978 年的快速下降（从 4.7% 下降到 2.1%），之后又开始缓慢回升，到 2013 年其供能比为 11.9%；另外，禽蛋、乳制品、植物油及油料作物的供能占比也出现了与果蔬产品相似的变化路径。

　　本书根据居民各个阶段食物消费的不同特征，将 1961~2013 年共计 52 年划分成五个时期：第一个时期是改革开放之前的 17 年（1961~1978 年）、第二个时期是改革开放的第一个 10 年（1978~1988 年）、第三个时期是改革开放的第二个 10 年（1988~1998 年）、第四个时期是改革开放后的第三个 10 年（1998~2008 年）、第五个时期是 2008~2013 年。我们采用复利公式计算了五个阶段每种食物的供能年均增速，以及对应占比的年均增速。对比发现，除了第四及第五个时期的谷物以及第一及第二个时期的蔬菜，几乎所有时期的每种食物的供能都在增长。

　　改革开放前，从每种食物供能占比的各时期年均增速可以看出，粮食产品持续占据 80% 以上的供能比例，其中谷物供能比年均增速为正，而薯类及豆类的供能比在 17 年间呈现负的增长；畜禽肉类、糖类以及酒精饮料在 17 年间的供能占比年均增速为正。结合热量摄入绝对值的年均增速来看，在除果蔬、薯类及豆类以外的其他食物热量供给持续上升的时候，由于谷物、畜禽肉类等食物增长速度较快，最终挤占了乳制品、水产、禽蛋、果蔬以及薯类及豆类的供能比空间，其中畜禽肉类供能比年均增速最高，高达 5.1%，谷物的供能比提高到 67.5%，占据绝对地位，人们处于"吃得饱"的阶段。

　　在改革开放的第一个 10 年期间，粮食类产品供能比开始下降，其中谷物供能比依然高达 65.6%，薯类以及豆类产品供能比加速下降；同时，果蔬类以及动物产品供能比开始全面快速增长，人们从之前的"吃得饱"阶段转入"吃得好"的新阶段，生活水平得到极大提升。

表 2-5　居民热量摄入及构成变化

类别	年份	粮食	谷物	薯类	豆类	果蔬	植物油及油料作物	畜禽肉类	水产品	乳制品	禽蛋	糖类等	酒精饮料
居民热量摄入（千卡/人/天）	1961	1198	800	296	102	66	71	31	7	6	8	22	7
供能占比（%）		84.6	56.5	20.9	7.2	4.7	5.0	2.2	0.5	0.4	0.6	1.6	0.5
	1978	1730	1391	293	46	44	98	106	8	6	10	39	21
		83.9	67.5	14.2	2.2	2.1	4.8	5.1	0.4	0.3	0.5	1.9	1.0
	1988	1768	1585	156	27	80	165	215	15	10	23	80	59
		73.2	65.6	6.5	1.1	3.3	6.8	8.9	0.6	0.4	1.0	3.3	2.4
	1998	1767	1581	173	13	159	226	362	37	14	59	85	60
		63.8	57.1	6.2	0.5	5.7	8.2	13.1	1.3	0.5	2.1	3.1	2.2
	2008	1612	1443	158	11	291	257	474	52	51	74	76	91
		54.1	48.5	5.3	0.4	9.8	8.6	15.9	1.7	1.7	2.5	2.6	3.1
	2013	1593	1427	154	12	338	271	530	60	58	76	89	95
		51.2	45.9	5.0	0.4	10.9	8.7	17.0	1.9	1.9	2.4	2.9	3.1
供能占比年均增速（%）	1961~1978	0.0	1.0	-2.2	-6.7	-4.5	-0.3	5.1	-1.4	-2.2	-0.9	-1.2	4.3
	1978~1988	-1.4	-0.3	-7.6	-6.7	4.5	3.7	5.6	4.8	3.6	7.0	5.8	9.1
	1988~1998	-1.4	-1.4	-0.3	-8.3	5.7	1.8	3.9	8.0	2.0	8.4	-0.8	-1.2
	1998~2008	-1.6	-1.6	-1.6	-2.4	5.5	0.6	2.0	2.7	13.0	1.5	-1.8	3.5
	2008~2013	-1.1	-1.1	-1.4	0.9	2.1	0.2	1.4	2.0	1.7	-0.3	2.3	0.0
热量摄入人年均增速（%）	1961~1978	2.2	3.3	-0.1	-4.6	-2.4	1.9	7.5	0.8	0.0	1.3	3.4	6.7
	1978~1988	0.2	1.3	-6.1	-5.2	6.2	5.3	7.3	6.5	5.2	8.7	7.4	10.9
	1988~1998	0.0	0.0	1.0	-7.0	7.1	3.2	5.3	9.4	3.4	9.9	0.6	0.2
	1998~2008	-0.9	-0.9	-0.9	-1.7	6.2	1.3	2.7	3.5	13.8	2.3	-1.1	4.3
	2008~2013	-0.2	-0.2	-0.5	1.8	3.0	1.1	2.3	2.9	2.6	0.5	3.2	0.9

注：（1）同一年份第一行数字为各种食物的热量摄入，第二行为对应供能占比，单位为%。

（2）在计算增速时，由于前一期末值为后一期初值参与了计算，所以同断年份有重复。

资料来源：FAOSTAT。

在改革开放的第二个 10 年，粮食供能比加速下降，其中谷物供能比也开始进入下降通道，畜禽肉类产品仍然维持高速增长但增速开始放缓；另外，水产以及禽蛋产品开始快速上升，其中，水产供能比在这一阶段的年均增速高达 8.0%，蛋类产品高达 8.4%；同时，果蔬类产品的供能比开始加速上涨。居民食物消费多元化开始体现出来，人们从"吃得好不好"转向更多地关注"吃得健不健康"。

之后的 15 年，在改革开放第三个 10 年，谷物供能占比加速下降，近五年开始放缓，畜禽肉类以及水产供能比增速放缓，果蔬占比继续高速上升，在第五个时期增速放缓。1998 ~ 2008 年乳制品供能比由 0.5% 上升到 1.7%，年均增长 13.0%，2008 年之后供能比年均增速出现了大幅回落，2008 ~ 2013 年年均增速减至 1.7%。另外，其他商品供能比的变化趋势都有不同程度的放缓，居民消费结构变化不再像之前三个时期那样鲜明剧烈，食品消费结构在第四及第五阶段开始趋向稳定状态。

2.2.2　亚洲部分国家及地区间的食物消费变化趋势比较

众所周知，一国居民的经济水平对其食物消费结构与消费习惯有着显著影响。郜若素（1993）指出"区域间食品消费的差距与收入的差距相近"。洪涛（2014）认为，收入对粮食消费的影响主要表现在两个方面，一是由平均收入变动所带来的，表现为整体的影响；二是收入差距导致的，表现为不同收入群体之间的消费结构差异。人均收入差异影响的一个直观表现就是区域之间的消费差异。食品消费的直接影响因素有人口增长、人口结构变化与生活方式的转变，生活方式的转变与收入水平有着直接关系，收入水平的提高带来了食物消费结构的差异。因此，我们用不同发展阶段地区间的食物消费比较来，分析我国可能会出现的食物消费变化趋势。

由于各国及地区间发展水平不同，社会产业及职业结构也不尽相同，因此地区间居民的热量需求及结构也有一定的差异。图 2 - 5 为所选部分亚洲国家及地区的人均热量消费变化情况。当前，中国人均热量消费为 3108

千卡，位于韩国（3329 千卡）与中国香港地区（3290 千卡）之后，其次为中国台湾地区（2997 千卡）、中国澳门地区（2915 千卡），日本最低为2719 千卡。另外，中国居民热量摄入更多来源于谷物，其热量占比达到50.1%，动物产品热量占比为24.5%。当前与中国热量结构较为相近的是韩国，谷物与动物产品热量占比分别为43.0%与16.6%；中国台湾地区、日本、中国澳门地区热量消费来源占比最大的为其他植物产品（植物油、蔬菜、水果等）分别为47.0%、41.0%和38.7%；中国香港地区热量来源最多的为动物产品。

表 2-6   热量消费结构及对应人均国内/地区生产总值

国家和地区	人均国内/地区生产总值（USD）	热量消费结构			
		总热量（千卡）	谷物（%）	其他植物产品（%）	动物产品（%）
中国（不含港、澳、台）	6992	3108	50.1	24.5	25.4
中国澳门地区	90746	2915	29.9	38.7	31.4
中国香港地区	38364	3290	27.5	32.5	40.1
中国台湾地区	20958	2997	31.1	47.0	22.0
日本	46230	2719	38.7	41.0	20.3
韩国	24156	3329	43.0	40.4	16.6
中国澳门地区（1989）	7113	2767	38.2	34.7	27.1
中国香港地区（1986）	7435	3106	36.9	37.0	26.2
中国台湾地区（1989）		2910	34.6	43.9	21.5
日本（1978）	8675	2791	43.8	37.0	19.2
韩国（1991）	7676	2950	54.3	34.7	11.0

注：日本、韩国为 2011 年数据、其他均为 2013 年数据。
资料来源：世界银行 FAOSTAT。

图 2-5 为亚洲部分国家（地区）间的国内/地区生产总值发展趋势比较。可见中国（不含港、澳、台）2013 年人均 GDP 大致与 1978 年的日本，1986 年的中国香港地区、1989 年的中国澳门地区、中国台湾地区，以及 1991 年的韩国持平。从上表可知，除 1991 年的韩国，我国除港、澳、台地区热量消费结构与其他国家（地区）的国内/地区生产总值持平年份的热量结构较为一致。

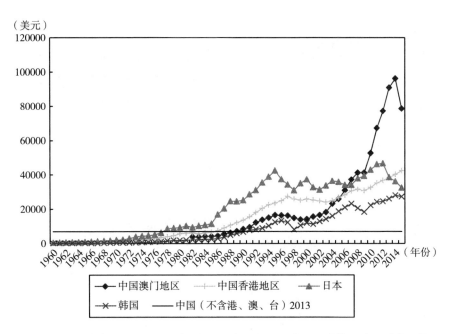

图 2-5　各国家或地区人均国内/地区生产总值（现价美元计算）发展趋势比较

资料来源：世界银行。

综合比较中国（不含港、澳、台）与其他 5 个国家（地区）在 1961～2013 年的热量消费结构变化趋势（见图 2-6），整体上其他 5 个国家（地区）的食物消费结构发展阶段都领先于中国（不含港、澳、台）。其他 5 个国家（地区）在过去 50 年时间里都经历了谷物热量消费占比下降动物产品占比上升，以及热量结构稳定两个阶段；中国的热量结构变化可以概括为 20 世纪 80 年代中期以前的谷物以及动物产品热量占比同时上升，以及 20 世纪 80 年代中期以后的谷物热量占比下降，动物产品热量占比上升两个阶段。这样看来，中国地区正在经历其他 5 个较发达的国家及地区居民热量消费结构变化的第一阶段。

日本、中国台湾地区、中国澳门地区、韩国热量消费结构处于相对稳定阶段。具体地，日本自 20 世纪 90 年代中后期谷物热量消费占比稳定在 39% 左右的水平，动物类产品热量消费占比基本维持在 20% 左右；中国台湾地区近 10 年来谷物热量占比在 30% 左右，动物产品维持在 20% 左右；中国澳门地区 2009 谷物热量占比在 30% 左右，动物产品则基本维持在 32%

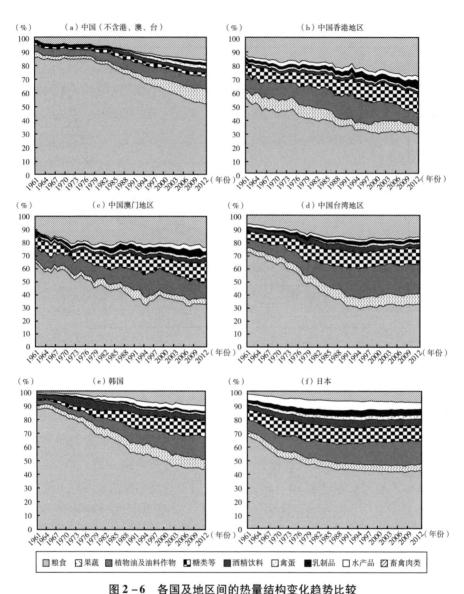

图 2-6　各国及地区间的热量结构变化趋势比较

注：粮食包括：谷物、豆类及薯类。

资料来源：FAOSTAT。

附近；韩国近年来谷物热量占比基本上在 43% 的水平，动物产品在 16.5% 左右。中国香港地区谷物热量占比仍有下降趋势但减势放缓，同时动物产品热量占比呈现较强的上升趋势；与上述地区相比我国热量消费结构仍处于变动阶段，谷物占比持续下降，同时，动物产品热量占比持续增加。

2.3 本章小结

本章对我国居民的食物消费的变化路径进行了回顾，同时比较近几十年间，亚洲部分国家与地区间食品消费变化情况，梳理并分析居民食物消费的变化趋势，对我国主要农产品生产及贸易的发展历程进行了回顾，分析了各种农产品的贸易依赖程度，为下面的论述厘清我国的食物消费的国内国外水需求的构成情况，更好地理解我国食物消费水资源压力以及引入虚拟水贸易的管理思路做了背景支撑。主要结论如下：

第一，我国居民人均食物消费量持续增长，消费结构在不同时期有着鲜明的阶段性特征，且与亚洲其他较发达的国家及地区相比，居民食物消费结构仍将继续发生变化。改革开放前，从每种食物供能占比的各时期年均增速可以看出，谷物供能比年均增速为正，而薯类及豆类的供能比在 17 年间呈现负的增长。畜禽肉类供能比年均增速高达 5.2%，谷物的供能比提高到 67.5% 占据绝对地位，人们处于"吃得饱"的阶段；在改革开放的第一个 10 年期间，谷物供能比开始下降，但依然高达 65.6% 左右，薯类以及豆类产品供能比加速下降；果蔬类以及动物产品供能比开始全面快速增长，人们从"吃得饱"阶段转入"吃得好"的新阶段，生活水平得到极大提升；在改革开放的第二个 10 年，谷物供能比也开始进入下降通道，畜禽肉类产品仍然维持高速增长但增速开始放缓；另外，水产以及禽蛋产品开始快速上升，果蔬类产品的供能比开始加速上涨，居民食物消费发展呈现多元化，人们从"吃得好不好"转向更多地关注"吃得健不健康"；之后的 15 年，在改革开放第三个 10 年，谷物供能占比加速下降，近五年开始放缓；畜禽肉类以及水产供能比增速放缓；另外，其他商品供能比的变化趋势都有不同程度的放缓，居民消费结构变化不再像之前的三个时期那样鲜明剧烈，食品消费结构在第四阶段及第五阶段开始趋向稳定状态。

与亚洲部分国家及地区间的比较可知，中国正在经历其他 5 个较发达的国家及地区居民热量消费结构变化的第一阶段，未来居民饮食结构在趋向平稳的过程中，仍将继续发生新的变化。

第二，居民在外消费已经成为家庭食物消费不可或缺的部分。随着市场经济的发展、收入水平和时间机会成本的快速上升，人们越来越多地选择在外食品消费，居民在外消费支出占比快速上升；另外，居民在外食物消费结构与在家消费部分差异显著，在对居民食物消费进行分析时，必须充分关注在外消费的详细信息，否则将影响相关研究结论的可靠性。

第三，居民膳食结构亟待改善。即便随着经济社会的发展人们生活水平得到了显著提升，但是我国居民的食品消费依然存在着较大的调整与改善空间。我国城市居民当前膳食结构不合理主要表现在畜禽肉类产品及粮食消费占比超标严重，蔬菜、乳制品以及水产品消费占比偏低。饮食结构的不合理最终不仅体现在个体健康上，还意味着水资源的更大需求，因此，必须重视并作合理引导。

第四，我国蔬菜以及水果的国内生产量基本上可以完全满足国内的总需求，粮食产品以及肉类总供给整体上维持着较高的自给水平，但是，包括动物内脏、猪肉、羊肉以及禽肉在内的肉类产品的自给率在近些年均呈现出一定的波动下降趋势，另外，牛肉自给率在20世纪90年代中期以前波动较大，之后也呈现出下降趋势。国内油料作物及食用油总需求近年来一直维持着高速上升的水平，由于各种原因，国内生产虽然也维持着增长态势，但其终究没有追上国内需求的增长速度，最终从1985年的完全自给状态到2013年国内生产只能满足一半左右的国内需求。

第3章

中国农食系统土地资源
使用情况

　　主要农产品生产布局以及生产条件的变化直接影响居民食物消费的土地需求。本章主要对我国农业土地资源的使用情况进行总结分析。生态足迹模型中最重要的参数之一就是均衡因子（本书以国家农业食物产品生产用地及其生产力为依据，评估粮食、蔬菜、瓜果生产用耕地，牛羊等动物产品饲用耕地，果园用地以及畜牧业草原用地与全国食物生产农用地生产力的关系），在对一个地区的食物消费农地需求进行评估时，必须先测定当地的均衡因子，也即1公顷的耕地、牧草地、林地等所包含的国家标准农用地数量。而均衡因子的结果与单位农地生产能力（本书用单位面积热量产值表示）以及农地结构有直接关系。我国在过去几十年间由于供给侧生产结构、产区布局的调整以及生产能力的提升，全国均衡因子以及各地的均衡因子都处于不断的变化之中，因此，基于静态的土地均衡因子测算的最终估计结果将与现实情况有较大偏差。必须先梳理各地农产品生产与土地资源的使用及结构变化情况，估计动态的均衡因子实现对居民食物消费土地需求的更可靠的评估。

3.1 全国主要农产品生产面积变化情况

3.1.1 主要农作物生产面积变化

改革开放以来全国包括粮食、油料、蔬菜、水果生产在内的农业生产性用地总面积（播种面积）持续提升。我国以上四种农产品生产用地面积由 1978 年的 132202.87 千公顷上升到 2018 年的 164341.3 千公顷，增长了 24.31%，40 年间，年均增速为 0.55%。需要注意的是，40 年来，农业生产性用地的主要增长为 2015 年之前，2015 年之后我国的四类农产品生产性面积出现一定幅度的下降，根据测算 2015～2018 年全国生产面积年均下降 0.19 个百分点。

分不同品种农作物生产面积变化看，整体上，我国除粮食作物播种面积外，油料作物、蔬菜、瓜果以及水果生产面积都有不同程度的增长。具体地，1978～2018 年我国粮食作物播种面积由 120587 千公顷下降到 117028 千公顷，油料作物播种面积由 622.22 千公顷上升到 12872.4 千公顷，蔬菜面积由 3330.87 千公顷上升到 20439.9 千公顷，增长了 5.1 倍，果园面积由 1656.67 千公顷增加到 11874.8 千公顷，增长了 6.2 倍，瓜果面积由原来的 406.0 千公顷增长到 2018 年的 2117.2 千公顷，增长 4.2 倍。进一步分析可以发现近几年总生产面积的小幅下降主要是由于 2010 年以来油料作物播种面积下降以及 2015 年以来粮食作物播种面积和瓜果类产品播种面积的小幅下降导致。

从农业生产用地结构上看，改革开放以来我国农业用地结构出现了很大变化和调整，但近十几年来农产品生产面积构成逐渐趋于稳定。粮食作物播种面积由 1978 年的 91.21% 下降到 2008 年的 71.22%，2008 年之后粮食播种面积占全部生产性农用地面积的比例稳定保持在 72% 的水平上。油料作物播种面积占比在 40 年出现了先上升后下降的变化趋势，1978 年油料作物生产面积占比为 4.71%，到 2003 年这一比例增加到 10.4% 的水平，2003 年之后开始下降，到 2018 年占比为 7.83%；2018 年我国蔬菜播种面积占比为 12.44%，仅次于粮食作物。1978~2018 年，蔬菜播种面积快速上升，40 年间占全国生产性农地面积占比直接上涨了 10 个百分点；另外占比变化较大的就是果园面积，1978 年我国果园面积占全国生产性农业用地面积的比例仅为 1.25%，到 2018 年这一比例就上升到了 6.78%；瓜果面积增速虽然较快但由于其较低的基数，40 年间占全国比例由 0.31% 增长到 1.29%。

3.1.2　主要动物产品生产结构与产区变化

考虑我国畜禽肉类的饲养方式与饲料粮草需求，本章将畜禽肉类中的猪肉与禽肉的用地需求归于饲粮用地需求，另外考虑牛羊肉的生产特性将牛羊肉的用地需求分为饲料粮用地需求以及草场需求。

如图 3－1 所示，不难看出畜禽肉类产品的生产结构与产地变化也会直

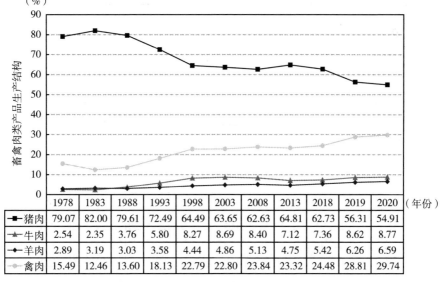

（%）	1978	1983	1988	1993	1998	2003	2008	2013	2018	2019	2020（年份）
■—猪肉	79.07	82.00	79.61	72.49	64.49	63.65	62.63	64.81	62.73	56.31	54.91
▲—牛肉	2.54	2.35	3.76	5.80	8.27	8.69	8.40	7.12	7.36	8.62	8.77
◆—羊肉	2.89	3.19	3.03	3.58	4.44	4.86	5.13	4.75	5.42	6.26	6.59
○—禽肉	15.49	12.46	13.60	18.13	22.79	22.80	23.84	23.32	24.48	28.81	29.74

图 3－1　畜禽肉类产品生产结构变化情况

资料来源：相关年份的《中国统计年鉴》。

接影响其生产用地需求，牛羊肉产量占比的上升将直接引起单位质量肉类生产对草场用地的需求。1978 年以来我国畜禽肉类结构产生了较大变化，1978 年我国猪肉产量占肉类生产总量的 79.07%，40 年间该比例持续下降，到 2020 年为 54.91%，下降了 24 个百分点；同时其他三种肉类产品产量占比都出现了不同程度的上升，其中牛肉产量占比从 1978 年的 2.54% 上升到 2020 年的 8.77%，羊肉从 1978 年的 2.89% 上升到 2020 年的 6.59%，禽肉从 1978 年的 15.46% 上升到 2020 年的 29.74%。

如图 3-2 所示，对产区的进一步分析可以看到，近 20 年来，我国牛肉、羊肉以及牛奶的生产有向内蒙古、新疆、青海、甘肃、西藏五大牧区聚集的趋势，整体上畜牧产品生产对草场的需求也将提升。牛肉五大牧区生产量占比从 2000 年的 12.53% 上升到 2020 年的 26.10%，羊肉从 2000 年的 32.68% 上升到 2020 年的 44.0%，牛奶从 2000 年的 24.46% 上升到 2008 年的 31.85%，之后由于 2008 年食品安全事件，我国乳业受到重创，部分牧区牛奶产量下降，到 2020 年产自牧区的牛奶占比下降到 27.63%。

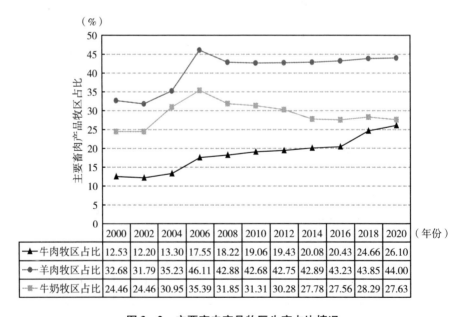

（%）	2000	2002	2004	2006	2008	2010	2012	2014	2016	2018	2020	（年份）
牛肉牧区占比	12.53	12.20	13.30	17.55	18.22	19.06	19.43	20.08	20.43	24.66	26.10	
羊肉牧区占比	32.68	31.79	35.23	46.11	42.88	42.68	42.75	42.89	43.23	43.85	44.00	
牛奶牧区占比	24.46	24.46	30.95	35.39	31.85	31.31	30.28	27.78	27.56	28.29	27.63	

图 3-2 主要畜肉产品牧区生产占比情况

资料来源：相关年份的《中国统计年鉴》。

表 3－1　我国农食系统主要农产品播种面积变化情况

单位：千公顷

年份	总生产性面积	粮食作物播种面积	油料播种面积	蔬菜播种面积	果园面积	瓜果类面积	粮食作物播种面积	油料播种面积	蔬菜播种面积	果园面积	瓜果类面积
1978	132202.87	120587	6222.33	3330.87	1656.67	406	91.21	4.71	2.52	1.25	0.31
1983	129038.67	114047	8390.2	4101.67	2014.6	485.2	88.38	6.50	3.18	1.56	0.38
1988	132932.83	110123	10618.9	6031.93	5065.8	1093.2	82.84	7.99	4.54	3.81	0.82
1993	137290.5	110509	11142.3	8084	6432	1123.2	80.49	8.12	5.89	4.68	0.82
1998	149141.21	113787	12919.1	12293	8535	1607.11	76.29	8.66	8.24	5.72	1.08
2003	144144.69	99410.4	14990	17953.8	9436.52	2353.97	68.97	10.40	12.46	6.55	1.63
2008	150999.53	107545	13232.5	17859.3	10220.7	2142.03	71.22	8.76	11.83	6.77	1.42
2009	154119.67	110255	13444.6	17817.6	10454.4	2148.07	71.54	8.72	11.56	6.78	1.39
2010	155729.85	111695	13695.4	17431.2	10681	2227.25	71.72	8.79	11.19	6.86	1.43
2015	165297.02	118963	13314.4	19613.1	11212.2	2194.32	71.97	8.05	11.87	6.78	1.33
2016	165009.9	119230	13191.1	19553.1	10916.6	2119.1	72.26	7.99	11.85	6.62	1.28
2017	164454.77	117989	13223.2	19981.1	11148.6	2112.87	71.75	8.04	12.15	6.78	1.28
2018	164341.3	117038	12872.4	20438.9	11874.8	2117.2	71.22	7.83	12.44	7.23	1.29
1978~1988 年均增速（%）	0.06	-0.9	5.49	6.12	11.83	10.41	-0.96	5.43	6.06	11.76	10.35
1988~1998 年均增速（%）	1.16	0.33	1.98	7.38	5.36	3.93	-0.82	0.81	6.15	4.15	2.74
1998~2008 年均增速（%）	0.12	-0.56	0.24	3.81	1.82	2.91	-0.69	0.12	3.68	1.69	2.79
2010~2015 年均增速（%）	1.2	1.27	-0.56	2.39	0.98	-0.3	0.07	-1.74	1.17	-0.22	-1.48
2015~2018 年均增速（%）	-0.19	-0.54	-1.12	1.38	1.93	-1.19	-0.35	-0.93	1.58	2.13	-0.99
1978~2018 年均增速（%）	0.55	-0.07	1.83	4.64	5.05	4.22	-0.62	1.28	4.07	4.48	3.65

资料来源：相关年份的《中国统计年鉴》。

3.2 分地区主要农产品生产布局调整情况

改革开放以来全国的农作物总的播种面积持续增加，尤其是近10年来增速更加明显，整体上，华北以及东北地区的农作物播种面积依然增长显著，需要注意的是，粮食播种面积持续下降的华南、西南以及西北地区农作物播种面积呈现出较为显著的增幅，尤其是西北地区近10年来保持了年均1.29%的增速，这说明了此三大地区农业内部出现了产业结构调整，非粮食作物播种面积出现了大幅度的增加；另外，近10年，华东地区的农作物播种面积呈现下降趋势，考虑该地区粮食作物播种面积在该时间段内的恢复性增长，可以推断华东地区，其他非粮食作物播种面积呈现2010年之前的增长以及2010年之后的快速下降趋势，该地区的农业产业结构内部调整有一定的反复情境（详见表3-2）。

表3-2 农作物播种面积 单位：千公顷

年份/年均增速	华北	东北	华东	华中	华南	西南	西北	全国
1978	17590.0	18747.0	41061.0	27320.0	12727.0	19451.0	13209.0	150105.0
1990	18688.0	16217.5	40976.0	27203.0	11634.0	20760.0	12885.0	148363.5
2000	19971.6	17493.7	40617.1	28723.0	12323.6	23913.6	13257.3	156299.9
2010	20013.3	22556.7	37715.0	29756.7	10945.9	23661.4	13930.4	158579.5
2015	21099.5	25145.3	38307.0	31218.4	11030.9	25343.6	14684.7	166829.3
2019	21041.0	25104.2	36539.2	30652.7	11022.8	25730.7	15840.2	165930.7
1978~2020 年均增速(%)	0.43	0.70	-0.28	0.27	-0.34	0.67	0.43	0.24
2010~2020 年均增速(%)	0.50	1.08	-0.32	0.30	0.07	0.84	1.29	0.45

资料来源：相关年份的《中国统计年鉴》。

1. 粮食生产布局变化情况

1978~2020年全国粮食产量保持了年均1.89%的增长速度，近10年来的年化增速也在1.82%的高水平上（见表3-3）。同时，我国七大地区粮食产量以及产地结构变化十分显著且在持续保持高速的产区调整。

表 3 - 3　　各地区粮食产量及占比

年份	项目	华北	东北	华东	华中	华南	西南	西北	全国
1978	产量（万吨）	2772.00	3731.00	9456.50	5525.50	2559.00	4558.00	1874.50	30476.50
	占比（%）	9.10	12.24	31.03	18.13	8.40	14.96	6.15	
1990	产量（万吨）	4672.40	5853.70	13406.30	8430.10	3429.60	6100.50	2731.70	44624.30
	占比（%）	10.47	13.12	30.04	18.89	7.69	13.67	6.12	
2000	产量（万吨）	4914.50	5323.50	13277.50	9087.90	3488.20	7204.20	2921.70	46217.50
	占比（%）	10.63	11.52	28.73	19.66	7.55	15.59	6.32	
2010	产量（万吨）	6849.10	10227.60	14387.90	10767.60	2787.80	6935.60	3955.70	55911.30
	占比（%）	12.25	18.29	25.73	19.26	4.99	12.40	7.08	
2015	产量（万吨）	8455.90	13776.50	16270.10	12479.20	2799.30	7548.10	4731.20	66060.30
	占比（%）	12.80	20.85	24.63	18.89	4.24	11.43	7.16	
2020	产量（万吨）	9143.00	13682.80	16558.40	12568.30	2783.10	7665.20	4548.30	66949.10
	占比（%）	13.66	20.44	24.73	18.77	4.16	11.45	6.79	
1978～2020 年产量年均增速（%）		2.88	3.14	1.34	1.98	0.20	1.25	2.13	1.89
2010～2020 年产量年均增速（%）		2.93	2.95	1.41	1.56	-0.02	1.01	1.41	1.82

资料来源：相关年份的《中国统计年鉴》。

分地区来看，华北和东北产区的粮食生产功能呈现强化发展态势，1978 年两地生产的粮食总量占全国的 21.34%，然而到了 2020 年则增长到 34.10%，涨幅达 12.77 个百分点，粮食增产量相当于 2020 年华北地区 5 省（区、市）生产粮食作物的总和，同时，华北和东北地区的粮食产量近 10 年来仍然保持高速增长的态势，相较于 2010～2020 年全国粮食总产量年均 1.82% 的增幅，华北和东北地区的年化增长速度则分别达到了 2.93% 和 2.95%，远远高于全国其他地区。华中地区和西北地区的粮食产量占全国的比例较为稳定，分别保持在 19% 和 7% 的水平上。相对应的是，其他三区，包括华东地区、华南地区和西南地区的粮食生产占比都出现了不同程度的下降，分别从 1978 年的 31.03%、8.40% 和 14.96% 下降到 2020 年的 24.73%、4.16% 和 11.45%，降幅分别为 6.30%、4.24% 和 4.51%。需要注意的是，大部分地区的粮食生产还是保持增长的趋势，但是近 10 年来华南地区的粮食产量出现了下降趋势，年均降幅为 0.02%。与粮食等农作物产量变化相对，全国农作物的生产格局变化及其趋势，在粮食作物及所有农作物的播种面积上体现得更为清晰。

粮食播种面积方面。1978～2019 年，在全国粮食播种总面积减少了 4523.6 千公顷的同时，华北以及东北两地共计增加了 9323.2 千公顷的粮食播种面积，而其他五区共计减少了 13846.8 千公顷；需要注意的是 2010 年之后我国的粮食作物播种面积稳步增长，年均增速为 0.43%（详见表 3-4），同时华东地区以及华中地区也出现了恢复增长的情况，而华南、西南和西北地区的粮食作物增长面积依然呈现下降态势。

2. 蔬菜生产布局变化情况

整体上，全国蔬菜生产在 2000～2021 年保持着较快的增长速度，且近 10 年增速有提升趋势。具体地，2000～2021 年，我国蔬菜总产量由 44467.93 万吨增长到 77548.73 万吨，增幅达 74.4%，年均增速达 2.68%。其中，2010～2020 年，蔬菜产量由 57264.96 万吨增长到 74913.40 万吨，年均增速增加到 2.72%。

分地区来看，2000～2021 年，除东北地区以外，其他六大地区的蔬菜产量都有不同程度的提升。华中地区蔬菜增产情况较为稳定，蔬菜产量始终位于第二位，仅低于华东地区，产量年均增速为 3.12%，与全国水平相

表 3-4　各地区粮食作物播种面积及占比

年份	项目	华北	东北	华东	华中	华南	西南	西北	全国
1978	面积（千公顷）	14828.60	16128.60	31201.40	20496.00	10110.00	16797.30	11025.30	120587.20
	占比（%）	12.30	13.38	25.87	17.00	8.38	13.93	9.14	
1990	面积（千公顷）	14934.90	14067.50	30224.00	19881.80	8203.70	16184.90	9969.10	113465.90
	占比（%）	13.64	12.00	26.36	16.77	7.91	14.29	9.03	
2000	面积（千公顷）	15195.20	14544.80	26560.90	18215.70	7509.00	17219.30	9217.70	108462.50
	占比（%）	14.01	13.41	24.49	16.79	6.92	15.88	8.50	
2010	面积（千公顷）	16032.50	20364.70	25847.20	19010.60	5790.20	15615.30	9035.00	111695.40
	占比（%）	14.35	18.23	23.14	17.02	5.18	13.98	8.09	
2015	面积（千公顷）	17065.00	23422.40	27120.40	20964.40	5453.50	15790.60	9146.60	118962.80
	占比（%）	14.34	19.69	22.80	17.62	4.58	13.27	7.69	
2019	面积（千公顷）	16808.60	23471.80	26563.70	19959.50	5180.30	15338.50	8741.20	116063.60
	占比（%）	14.48	20.22	22.89	17.20	4.46	13.22	7.53	
1978～2020 年播种面积年均增速（%）		0.31	0.92	-0.39	-0.06	-1.62	-0.22	-0.56	-0.09
2010～2019 年播种面积年均增速（%）		0.53	1.59	0.30	0.54	-1.23	-0.20	-0.37	0.43

资料来源：相关年份的《中国统计年鉴》。

当，由 2000 年的 8478.98 万吨增长到 2021 年的 16175.90 万吨，全国占比保持在 20% 左右的水平。东北地区蔬菜生产功能进一步弱化，蔬菜产量由 2000 年的 3919.01 万吨下降到 2021 年的 3206.20 万吨，蔬菜产量占全国比例由原来的 8.81%，下降到当前的 4.13%。华北地区蔬菜产量变化不大，近年来，华北地区蔬菜产量基本保持 7500 万吨的水平，从全国生产格局来看，与东北地区类似，华北地区蔬菜生产功能也有一定程度的弱化，蔬菜生产占全国比例由 2000 年的 16.09% 下降到 2021 年的 9.88%，下降了 6.21 个百分点，产量由原来七大区域中的第三位下降到第五位。华东地区仍然是我国蔬菜的主要产地，2021 年，华东地区的蔬菜产量达到 22702.20 万吨，占全国总量的 29.27%，需要注意的是，20 年间，华东地区蔬菜产量占比呈现出持续下降趋势，由 2000 年占全国的 33.13%，下降到 2021 年的 29.27%，降低了近 4 个百分点，占比年均降幅为 −0.59%，进一步分析发现，近年来，华东地区蔬菜生产占全国比例这一指标有加速下降的趋势，由此可见，尽管华东地区仍然保持着蔬菜产量的持续增长，但与全国水平相比增速稍显乏力，近 10 年，华东地区蔬菜产量的年均增速低于全国水平 1 个百分点。华南、西北和西南三大地区 20 年间蔬菜产量增速始终高于全国平均水平，近 10 年来蔬菜产量增长最快的地区分别为西南地区、西北地区和华南地区，年均增长速度分别为 6.81%、5.10% 和 4.63%。华南、西北和西南三大地区总的蔬菜产量占全国比例也持续高速上升，由 2000 年的 22.9% 增长到 2021 年的 35.9%，涨幅高达 13 个百分点，其中，西南地区蔬菜产量全国占比由 9.65% 上升到 17.20%，增长 8.5 个百分点，西北地区由 4.04% 上升到 7.70% 增长 3.7 个百分点，华南地区由 9.21% 上涨到 10.95%，增长 1.7 个百分点。

表 3 − 5　　　　　　　　　　　　　蔬菜产量变化

项目	年份	东北	华东	华中	华北	华南	西北	西南	全国
产量 （万吨）	2000	3919.01	14731.80	8478.98	7153.93	4095.05	1797.39	4291.77	44467.93
	2005	3940.89	18605.10	11196.20	9344.92	5038.77	2867.14	5458.44	56451.46
	2010	3705.00	18634.30	12766.80	6971.76	5157.36	3570.02	6459.72	57264.96
	2015	3372.14	21114.40	14063.70	7632.39	6461.36	4292.44	9488.66	66425.09
	2020	3099.20	21965.00	15841.90	7538.90	8110.40	5868.90	12489.10	74913.40

续表

项目	年份	东北	华东	华中	华北	华南	西北	西南	全国
产量年均增速（万吨）	2021	3206.20	22702.20	16175.90	7658.84	8492.11	5971.68	13341.80	77548.73
	2000～2021年均增速	-0.95	2.08	3.12	0.33	3.53	5.88	5.55	2.68
	2010～2020年均增速	-1.77	1.66	2.18	0.79	4.63	5.10	6.81	2.72
产量全国占比（%）	2000	8.81	33.13	19.07	16.09	9.21	4.04	9.65	—
	2005	6.98	32.96	19.83	16.55	8.93	5.08	9.67	—
	2010	6.47	32.54	22.29	12.17	9.01	6.23	11.28	—
	2015	5.08	31.79	21.17	11.49	9.73	6.46	14.28	—
	2020	4.14	29.32	21.15	10.06	10.83	7.83	16.67	—
	2021	4.13	29.27	20.86	9.88	10.95	7.70	17.20	—
	2000～2021年均增速	-3.54	-0.59	0.43	-2.30	0.83	3.12	2.79	—
	2010～2020年均增速	-4.37	-1.04	-0.53	-1.89	1.86	2.31	3.98	—

资料来源：相关年份的《中国统计年鉴》。

　　从蔬菜播种面积看，全国蔬菜用地也向华南、西北和西南三大地区转移。2000～2021 年，全国蔬菜播种面积由 15237.27 千公顷增长到 21985.70 千公顷，新增蔬菜播种面积 6748.43 千公顷。与产量分析得出结论一致，整体上，华北和东北地区的蔬菜用地在逐渐下降，两个地区的蔬菜生产功能进一步弱化，其中东北地区蔬菜播种面积由 1124.57 千公顷下降了近一半，到 2021 年东北地区的蔬菜播种面积仅有 616.84 千公顷，由占全国蔬菜生产面积的 7.38% 下降到 2.81%，降幅达 4.5 个百分点；2000～2021 年，华北地区蔬菜产量虽较为稳定，但其播种面积在该时间段减少了 244.72 千公顷，全国占比更是从原来的 10.20% 下降到 5.95%。与此同时，华东、华中、华南、西北和西南蔬菜播种面积都有一定程度的上升。其中西南地区蔬菜播种面积增长最多，2000～2021 年从 1891.94 千公顷增加到 5107.10 千公顷，增加了 3215.16 千公顷，几乎是全国蔬菜播种面积增量的50%，播种面积由七大地区的第四位直接升至第二位，仅低于华东地区。

表3-6　　　　　　　　　　蔬菜播种面积变化

项目	年份	东北	华东	华中	华北	华南	西北	西南	全国
面积（千公顷）	2000	1124.57	5121.12	2878.11	1553.79	2058.47	609.27	1891.94	15237.27
	2005	956.66	5680.19	3597.72	1789.46	2429.50	892.31	2374.87	17720.71
	2010	681.92	5381.45	3778.40	1244.72	2426.04	1005.92	2912.76	17431.21
	2015	690.10	5671.05	3997.38	1270.69	2835.86	1101.78	4046.19	19613.05
	2020	604.61	5650.97	4388.71	1279.66	3158.45	1426.19	4976.90	21485.49
	2021	616.84	5773.94	4459.48	1309.07	3251.48	1467.79	5107.10	21985.70
面积年均增速（%）	2000~2021年均增速	-2.82	0.57	2.11	-0.81	2.20	4.28	4.84	1.76
	2010~2020年均增速	-1.20	0.49	1.51	0.28	2.67	3.55	5.50	2.11
面积全国占比（%）	2000	7.38	33.61	18.89	10.20	13.51	4.00	12.42	—
	2005	5.40	32.05	20.30	10.10	13.71	5.04	13.40	—
	2010	3.91	30.87	21.68	7.14	13.92	5.77	16.71	—
	2015	3.52	28.91	20.38	6.48	14.46	5.62	20.63	—
	2020	2.81	26.30	20.43	5.96	14.70	6.64	23.16	—
	2021	2.81	26.26	20.28	5.95	14.79	6.68	23.23	—
占比年均增速（%）	2000~2021年均增速	-4.50	-1.17	0.34	-2.53	0.43	2.47	3.03	—
	2010~2020年均增速	-3.24	-1.59	-0.59	-1.80	0.55	1.41	3.32	—

资料来源：相关年份的《中国统计年鉴》。

3. 水果生产布局变化情况

由于水果在统计中分为瓜果类与园林水果类两大类，这两类水果的生产所需的土地资源不同，瓜果类产品对土地资源的需求归于耕地类别，园林水果的土地资源需求在本研究中归于森林，因此在对水果的分析中，同样将这两类水果分开核算分析。在2000~2021年，整体上，全国瓜果产量也呈现增长趋势，但与粮食与蔬菜作物相比增速不高，在此期间，我国瓜果总产量由 6843.70 万吨增长到 8363.00 万吨，增涨了 22.2%。需要注意的是，与此同时我国园林水果产量快速增长，2010~2020 年，全国园林水果产量由 6225.17 万吨增长到 18530.62 万吨，2000~2021 年，年均增幅高达 5.37%，尤其是 2010~2020 年园林水果更是以每年 11.53% 的速度快速增长。

分地区来看。对于瓜果产品，20 多年间，华北地区瓜果产量变化不大，另外，除东北与华东地区以外，其他四大地区的瓜果产量都呈现出显著的上升趋势，特别是西北、西南和华南三大地区分别以 5.80%、3.53% 和 3.45% 的速度增长。对于园林水果，全国七大区域产量都以较快的速度增加，按照 20 年间年均增速从小到大排列依次是西南、西北、华南、华中、华东、东北和华北地区年均增速分别为 9.18%、6.84%、6.28%、5.55%、3.86%、3.57% 和 2.66%。

表 3-7　　　　　　　　　　　　　水果产量变化

类型	年份	东北	华东	华中	华北	华南	西北	西南	全国
瓜果产量（万吨）	2000	598.29	2908.55	1825.84	699.28	284.15	368.43	159.16	6843.70
	2005	597.52	2945.79	1868.67	781.32	367.88	508.56	214.84	7284.58
	2010	589.86	2745.18	2123.93	740.43	427.78	926.61	256.45	7810.24
	2015	444.22	3070.51	2185.37	709.21	528.01	1080.45	305.96	8323.73
	2020	475.10	2686.10	2381.10	707.80	579.40	1204.00	329.50	8363.00
瓜果年均增速（%）	2000~2020 年均增速	-1.09	-0.38	1.27	0.06	3.45	5.80	3.53	0.96
	2010~2020 年均增速	-2.14	-0.22	1.15	-0.45	3.08	2.65	2.54	0.69
园林水果产量（万吨）	2000	317.74	1845.37	730.91	990.12	1109.18	788.81	443.04	6225.17
	2005	441.67	2482.50	1059.75	1289.92	1565.80	1262.41	733.49	8835.54
	2010	560.32	3111.99	1699.01	1520.15	2150.44	2041.15	1202.10	12285.16
	2015	618.18	3932.22	2095.90	1887.34	2874.72	2832.87	1959.68	16200.91
	2020	674.45	4060.44	2339.22	1795.92	3878.11	3097.16	2685.32	18530.62

续表

类型	年份	东北	华东	华中	华北	华南	西北	西南	全国
园林水果年均增速（%）	2000～2021年均增速	3.57	3.86	5.55	2.66	6.28	6.84	9.18	5.37
	2010～2020年均增速	7.82	8.21	12.34	6.14	13.33	14.66	19.74	11.53

资料来源：相关年份的《中国统计年鉴》。

从全国生产格局来看，东北、华东和华北三大地区瓜果产量和面积的全国占比都呈现出一定的下降（见图3-3），整体上看，华中和华北依然是瓜果类产品的主要产区，但增产乏力用地需求压力较大，2000年华中与华北两大区域生产了全国69.18%的瓜果，到2020年这一比例下降到60.59%，同时这两个地区瓜果生产面积占全国的比例也从63.07%下降到56.32%。另外，与蔬菜产品类似，全国瓜果产品的生产任务和新增用地需求正向华南、西北和西南地区转移，三大地区2000~2020年，生产的瓜果占全国产量比例从11.86%上升到21.32%，总量上增加了1.6倍，用地面积也从占全国的16.07%增长到30.72%，播种面积从2000年的328.47千公顷增加到670.36千公顷。对于园林水果，与瓜果类产品相似，东北、华东和华北三大地区的园林水果产量和面积的全国占比同样都呈现出一定程度的下降，整体上看，华东依然是最重要的园林水果产区，2020年所生产的园林水果产量占全国总产量的21.91%，但是华东地区的绝对主产区优势已有很大程度的削弱，2000年华东地区的园林水果产量几乎占全国的1/3（29.64%），超过华南地区近12个百分点，但到2020年，华南地区生产的园林水果产量占比已高达20.93%，仅低于第一主产区的华东地区不到1个百分点，如表3-8所示。

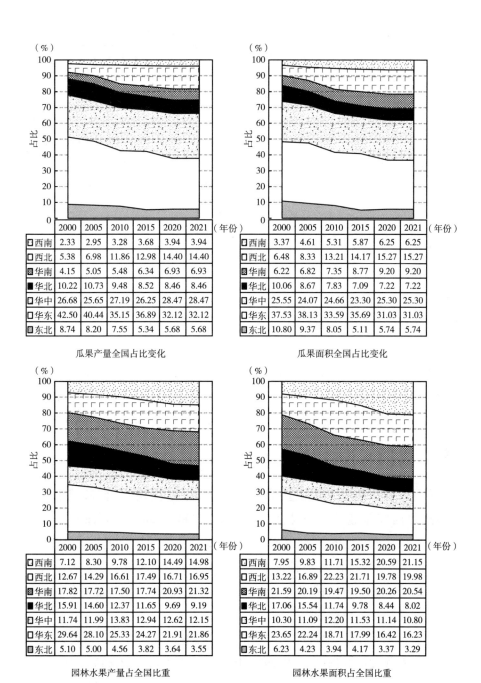

图 3－3　我国各区水果产量及生产面积构成

资料来源：相关年份的《中国统计年鉴》。

表 3 – 8　　　　　　2000 ~ 2021 年水果产量和面积占比年均变化

类型	起止年份	东北	华东	华中	华北	华南	西北	西南
瓜果产量	2000 ~ 2021	– 2.03	– 1.32	0.31	– 0.89	2.47	4.80	2.54
	2010 ~ 2020	– 2.81	– 0.90	0.46	– 1.13	2.38	1.95	1.84
瓜果面积	2000 ~ 2021	– 2.96	– 0.90	– 0.05	– 1.57	1.88	4.17	2.98
	2010 ~ 2020	– 3.33	– 0.79	0.26	– 0.81	2.26	1.46	1.65
园林水果产量	2000 ~ 2021	– 1.72	– 1.44	0.16	– 2.58	0.86	1.40	3.61
	2010 ~ 2020	– 3.33	– 2.98	0.73	– 4.83	1.62	2.81	7.37
园林水果面积	2000 ~ 2021	– 3.00	– 1.78	0.23	– 3.53	– 0.24	1.99	4.77
	2010 ~ 2020	– 5.95	– 3.59	0.79	– 6.80	– 0.63	4.11	9.99

资料来源：相关年份的《中国统计年鉴》。

从果园面积变化情况看，园林水果用地需求也越来越向华南、西北和西南集中。2000 年全国果园分布主要集中在华东和华南地区，这两个地区占全国果园总面积的百分比分别为 23.65% 和 21.59%。到了 2020 年，全国园林水果的用地面积由 2000 年的 8931.58 千公顷增长到 12646.26 千公顷，增长了 41.6%，其中，仅西北和西南两区的就增加了 3214.72%，为全国总增量的 86.54%，此时，华东地区占全国果园面积比例下降到了 16.23%，而西北和西南两区的果园面积占比则从 21.16% 增长到 41.12%。

4. 油料作物生产布局变化情况

我国油料作物的产量在过去 21 年间显示出一定的增长趋势，但油料作物的播种面积呈现出一定幅度的下降。2000 ~ 2021 年，油料产量从 2954.83 万吨增长到 3613.20 万吨，增幅为 22.28%，年均增速为 0.95%；在此期间，全国油料作物播种面积由 2000 年的 15400.20 千公顷下降到 13102.23 千公顷，年均降幅为 – 0.77%。可见我国 21 年间油料作物的增产的最重要原因是单产的提升。

对各区油料作物产量以及生产用地面积变化的梳理发现，过去 21 年我国主要油料作物产区仍然集中在华东和华中两大地区，但两区的全国产量及播种面积占比分别从 2000 年的 63.74% 和 55.93% 下降到 2021 年的 55.68% 和 52.94%。一方面，主要的油料作物的生产功能正由华东地区向华中地区转移。华东地区成为了 20 年间唯一油料作物产量负增长地区，产

表 3 – 9   各地区油料作物产量及占比变化情况

年份	项目	东北	华东	华中	华北	华南	西北	西南	全国
2000	产量（万吨）	112.31	1064.40	819.06	315.28	147.48	166.97	329.33	2954.83
	占比（%）	3.80	36.02	27.72	10.67	4.99	5.65	11.15	
2005	产量（万吨）	151.88	1011.14	884.48	299.94	148.72	178.66	402.29	3077.11
	占比（%）	4.94	32.86	28.74	9.75	4.83	5.81	13.07	
2010	产量（万吨）	167.75	875.69	996.05	286.28	136.51	239.85	454.62	3156.75
	占比（%）	5.31	27.74	31.55	9.07	4.32	7.60	14.40	
2015	产量（万吨）	169.15	818.46	1079.01	345.47	167.37	236.60	574.37	3390.43
	占比（%）	4.99	24.14	31.83	10.19	4.94	6.98	16.94	
2020	产量（万吨）	193.41	724.67	1277.69	351.72	195.09	212.27	631.55	3586.40
	占比（%）	5.39	20.21	35.63	9.81	5.44	5.92	17.61	
2021	产量（万吨）	215.51	737.26	1274.42	348.54	200.62	188.42	648.43	3613.20
	占比（%）	5.96	20.40	35.27	9.65	5.55	5.21	17.95	
2000 ~ 2021	产量年均增速（%）	3.15	-1.73	2.13	0.48	1.48	0.58	3.28	0.96
2010 ~ 2020	产量年均增速（%）	1.43	-1.88	2.52	2.08	3.64	-1.21	3.34	1.28

资料来源：相关年份的《中国统计年鉴》。

量从 1064.40 万吨，下降到 737.26 万吨。2000 年，华东地区的油料作物产量占全国的 36.02%，但在 2021 年这一比例持续下降到了 20.40%，下降了近 16 个百分点，占比的年均降幅达 -2.67%，其播种面积也以年均3.09% 的速度快速下降，由 2000 年的 4681.70 千公顷下降到 2422.69 千公顷，减少了近一半的油料作物播种。而华中地区承接了华东地区油料作物生产部分产能，20 年间，华中地区的油料产量从 819.06 万吨增加到1274.42 万吨，产量占全国比例也由 27.72% 增加到 35.27%，播种面积占全国比例由 25.52% 增长到 34.45% 成为全国油料作物播种面积最大地区。另外，西南和东北地区的油料作物的生产功能也有所加强，但应该注意到，20 年间东北地区的油料作物播种面积以年均 -0.56% 的速度下降的同时，其产量并未随之下降，反倒以年均 3.15% 的速度高速增长，可见东北地区的油料作物增产在这一时期主要有赖于生产力的提升。西南地区油料作物播种面积在 20 年间快速增加，由 1993.90 千公顷增长到 2817.32 千公顷，全国占比由 12.95% 增加到 21.50%，增幅近 9 个百分点，20 年间先后超过华北和华东，油料作物用地需求仅次于华中地区。

表 3 – 10　　　　　　　　　　　油料作物播种面积变化情况

项目	年份	东北	华东	华中	华北	华南	西北	西南	全国
面积（千公顷）	2000	834.10	4681.70	3930.90	2024.50	739.30	1195.80	1993.90	15400.20
	2005	902.10	4030.52	3964.36	1540.73	676.75	1050.06	2153.22	14317.74
	2010	739.44	3282.53	4066.15	1323.70	542.63	1172.11	2568.83	13695.39
	2015	673.83	2788.81	4014.23	1492.35	593.68	1027.56	2723.89	13314.35
	2020	607.78	2363.91	4428.96	1355.24	648.14	896.55	2828.52	13129.10
	2021	630.50	2422.69	4513.68	1252.63	654.96	810.45	2817.32	13102.23
面积年均增速（%）	2000~2021 年均增速	-1.32	-3.09	0.66	-2.26	-0.58	-1.84	1.66	-0.77
	2010~2020 年均增速	-1.94	-3.23	0.86	0.24	1.79	-2.64	0.97	-0.42
占全国比例（%）	2000	5.42	30.40	25.52	13.15	4.80	7.76	12.95	—
	2005	6.30	28.15	27.69	10.76	4.73	7.33	15.04	—
	2010	5.40	23.97	29.69	9.67	3.96	8.56	18.76	—
	2015	5.06	20.95	30.15	11.21	4.46	7.72	20.46	—
	2020	4.63	18.01	33.73	10.32	4.94	6.83	21.54	—
	2021	4.81	18.49	34.45	9.56	5.00	6.19	21.50	—
占比年均增速（%）	2000~2021 年均增速	-0.56	-2.34	1.44	-1.51	0.19	-1.08	2.45	—
	2010~2020 年均增速	-1.53	-2.82	1.29	0.66	2.22	-2.23	1.39	—

资料来源：相关年份的《中国统计年鉴》。

3.3 中国农食系统土地资源使用的地区比较

中国国土面积大，地区间地形地貌与农产品生产条件差异明显，气候环境、生产技术水平和社会经济结构与经济发展水平都会对农产品生产的用地效率产生影响，通过生态足迹中的产量因子计算，可以将各地区的某一农食产品的生产能力与全国该产品的农地生产能力相比较，来看各地区每一种食物产品的用地优势，计算公式如下：

$$y_{ij} = \frac{\overline{EP_{ij}}}{\overline{EP_i}} = \frac{E_{ij}}{S_{ij}} \bigg/ \frac{E_i}{S_i}$$

$$\overline{EP_i} = \frac{E_i}{S_i}$$

$$\overline{EP_{ij}} = \frac{E_i}{S_i}$$

$$E_i = \sum_k p_{ik} \times \delta_{ik}$$

$$E_{ij} = \sum_k p_{ijk} \times \delta_{ik}$$

其中，y_{ij} 是国内 j 省的第 i 类土地的产出因子，$\overline{EP_i}$ 是全国第 i 类土地的平均生态生产力（焦/公顷），$\overline{EP_{ij}}$ 是 j 省第 i 类土地的平均生产力（焦/公顷）；E_i 是第 i 类土地总能量产出（焦）；S_i 是第 i 类土地面积（公顷），E_{ij} 是 j 省第 i 类土地总能量产出（焦）；S_{ij} 是 j 省的第 i 类土地面积（公顷），δ_{ik} 为第 i 类土地上产出的第 k 种产品的单位热量（焦/吨），p_{ik} 为第 i 类土地生产的第 k 种产品的总产出。$y_{ij} > 1$ 表示 j 省第 i 类土地的产出水平大于全国平均水平。

核算结果如表 3 – 11 所示。比较不同地区 2000 ~ 2020 年的产量因子变化情况可知，东北地区的产出优势整体在提升，尤其表现在粮食、油料、蔬菜、水产品的生产上，东北三省 2000 年产量因子大于 1 的土地类型总计 7 种（不同省份看作不同类型土地），到了 2020 年产量因子大于 1 的土地类型就增长到了 14 种；华东地区的农食系统生产功能出现一定的弱化趋势，

表3-11　2000~2020年各省产量因子比较 平均生产力高于全国平均水平的

地区	省份	2000年各省份产量因子							2020年各省份产量因子						
		粮食	油料	蔬菜	瓜果	园林水果	水产	>1土地类型数	粮食	油料	蔬菜	瓜果	园林水果	水产	>1土地类型数
东北	黑龙江	0.945	0.629	1.017	0.841	0.570	1.110	2	1.051	1.080	1.269	0.827	0.931	1.217	4
	吉林	1.109	0.747	1.082	0.922	0.604	1.145	3	1.188	1.163	1.053	0.704	0.672	1.232	4
	辽宁	0.962	0.772	1.457	0.788	0.913	1.047	2	1.159	1.178	1.727	1.091	1.056	1.193	6
华东	浙江	1.252	0.956	0.934	1.086	0.982	1.380	3	1.065	0.856	0.846	0.666	0.913	1.164	2
	江苏	1.427	1.311	0.678	1.261	1.651	1.471	4	1.226	1.222	1.138	0.916	0.910	1.245	4
	江西	1.152	0.588	0.674	0.737	0.214	1.244	2	0.995	0.662	0.713	0.603	0.737	1.033	1
	安徽	0.937	1.019	0.920	1.040	1.746	1.059	4	0.988	1.141	0.931	0.924	1.480	1.035	3
	福建	0.952	1.075	0.700	0.712	0.915	1.205	2	0.911	1.049	0.783	0.549	1.244	1.115	2
	上海	1.642	1.193	0.923	1.293	2.673	1.644	5	1.397	1.103	0.861	0.942	1.310	1.403	4
	山东	1.213	1.944	1.390	1.493	1.815	1.296	6	1.140	1.598	1.626	1.209	1.878	1.158	6
华中	湖北	1.229	0.996	0.961	1.241	1.323	1.418	4	1.004	0.915	0.923	0.829	1.154	1.105	2
	湖南	1.285	0.777	0.847	0.805	0.654	1.415	2	1.090	0.657	0.870	0.672	0.784	1.137	2
	河南	1.063	1.371	1.147	1.150	1.471	1.140	6	1.115	1.541	1.245	1.199	1.348	1.139	6
华北	河北	0.878	1.116	1.762	1.452	0.933	0.964	3	1.007	1.231	1.856	1.232	1.165	1.047	6
	北京	1.152	1.286	1.555	1.793	0.985	1.180	5	1.075	0.982	1.080	0.970	0.644	1.119	2
	天津	0.896	0.656	1.417	1.618	1.077	0.946	3	1.139	1.351	1.444	1.102	0.897	1.148	5
	山西	0.630	0.560	1.302	0.503	1.016	0.727	2	0.782	0.593	1.307	0.762	1.238	0.842	2
	内蒙古	0.649	0.690	1.243	0.695	0.436	0.861	1	0.987	0.874	1.560	0.897	0.302	1.108	2

续表

地区	省份	2000 年各省份产量因子							2020 年各省份产量因子						
		粮食	油料	蔬菜	瓜果	园林水果	水产	>1 土地类型数	粮食	油料	蔬菜	瓜果	园林水果	水产	>1 土地类型数
华南	广东	1.140	1.194	0.751	0.724	0.922	1.348	3	0.939	1.170	0.780	0.671	1.016	1.032	3
	广西	0.999	0.895	0.615	0.649	0.658	1.153	1	0.841	1.032	0.715	0.641	0.914	0.948	1
	海南	0.726	0.972	0.615	0.887	1.067	0.965	0	0.840	0.918	0.634	0.772	1.217	0.969	1
西北	青海	0.568	0.528	1.309	0.603	0.619	0.652	1	0.482	0.770	0.997	0.461	0.120	0.624	0
	新疆	1.319	1.011	1.389	0.881	1.129	1.327	5	1.238	1.133	1.522	0.917	0.734	1.249	4
	甘肃	0.564	0.696	0.928	0.976	0.638	0.648	0	0.680	0.815	1.055	1.018	0.761	0.866	2
	宁夏	0.719	0.464	1.047	0.972	0.632	0.852	1	0.877	0.738	1.202	0.559	0.332	1.031	2
	陕西	0.650	0.665	0.834	0.737	1.066	0.768	1	0.707	0.811	1.075	0.831	0.907	0.814	1
西南	云南	0.780	0.661	0.567	0.494	0.481	0.888	0	0.782	0.742	0.588	0.536	0.814	0.883	0
	四川	1.068	0.980	0.923	1.085	1.184	1.310	4	0.872	0.908	0.956	0.621	0.822	1.115	1
	西藏	1.193	1.282	0.836	0.090	0.856	1.176	3	1.005	0.922	0.936	0.202	0.215	1.003	2
	贵州	0.783	0.756	0.574	0.559	0.591	1.058	1	0.495	0.653	0.568	0.541	0.327	0.861	0
	重庆	0.779	0.715	0.844	0.486	1.201	1.132	2	0.739	0.735	0.777	0.508	0.782	1.157	1

资料来源：FAOSTAT 与相关年份的《中国统计年鉴》。

2000 年，华东 7 省（区、市）产量因子大于 1 的土地类型总计 26，2020 年这一指标将为 22 种；华中三省产量因子大于 1 的土地类型从 12 种下降到 10 种；华北五省（市）产量因子大于 1 的土地类型从 14 种上升到 17 种；华南三省（区）从 4 种上升到 5 种；西北地区五省（区）从 8 种上升到 9 种；西南地区五省（市）从 10 种减少到 4 种。

3.4 本章小结

改革开放以来全国包括粮食、油料、蔬菜、水果生产在内的农业生产性用地总面积（播种面积）持续提升。从农业生产用地结构上看，改革开放以来我国农业用地结构出现了很大变化和调整，但近十几年来农产品生产面积构成逐渐趋于稳定。畜牧产品生产结构所出现的牛羊肉产量占比的上升为特征的变化，将直接引起单位质量肉类生产对草场用地的需求，另外，由于我国牛肉、羊肉以及牛奶的生产正向内蒙古、新疆、青海、甘肃、西藏五大牧区聚集，整体上畜牧产品生产对草场的需求也将提升。

改革开放以来全国的农作物总的播种面积持续增加，华北以及东北地区的农作物播种面积依然增长显著，粮食播种面积持续下降的华南、西南以及西北地区农作物播种面积呈现出较为显著的增幅，此三大地区农业内部出现了产业结构调整，非粮食作物播种面积出现了大幅度的增加。华北和东北的粮食生产功能呈现强化发展态势。全国蔬菜以及水果产品生产任务和新增用地需求正向华南、西北和西南地区转移。西南地区油料作物播种面积在 20 年间快速增加。比较不同地区 2000 ~ 2020 年的产量因子变化情况可知，各地区的生产优势也在逐渐发生变化，比较有代表性的是东北地区的产出优势整体在提升，尤其表现在粮食、油料、蔬菜、水产品的生产上。

第4章

中国农食系统水资源使用情况

　　在进行计量分析之前，需要对我国农业自然资源使用的变化路径以及不同地区的水资源使用变化特征进行梳理。本章基于传统的取用水指标体系，从取用水结构（地下水、地表水以及其他）、取水用途（农业用水、工业用水、生活用水、生态用水）对我国整体以及区分七大地区的水资源使用变化路径进行整理，并对不同地区的用水经济效率进行比较。

　　另外，考虑我国农业生产部门仍然是最大的用水部门，取用水量占比高达 60% 以上，水足迹理论在农业水资源利用效率及可持续发展评价方面具有特殊优势，能够充分考虑不同地区农业生产特征，更为全面科学地反映农业用水需求并进行可持续评价。本章第二部分基于水足迹理论对不同地区的主要农产品生产水足迹，即水资源占用情况进行了对比分析。水足迹较之传统的"取水"指标，水足迹能够更真实地评价一个国家或地区水资源的占用情况，为从生产、消费、贸易以及产品供应链角度评价人类对于水资源的消耗提供了崭新的视角。水足迹理论在研究水资源利用领域的另一个优势在于，提供了一个较为全面的研究框架，允许在时间和空间上进行水足迹模拟估计，并提供了对不同类型水资源的评价方法，可以分来源的对水资源进行分解，能够反映所消耗水资源的水源类型，除此之外提供了水污染的评价指标，可以分来源地对水资源进行分解，为水资源的结构化管理提供了研究工具。相比较来说，国外基于水足迹理论开展的研究相对国内要早一些也更为全面，但整体上仍然较为集中于水足迹的相关核算，对水足迹的可持续性评价等相关研究较少。

4.1 水资源使用总量变化

4.1.1 取用水衡量

1. 全国取用水变化情况

改革开放以来，以取用水指标测度的我国水资源利用效率不断提高，节水成果显著。1978～2018 年，40 年间，中国每万元国内生产总值用水量、每万元第一产业增加值用水量、每万元工业增加值用水量分别下降了 96.6%、84.2% 和 95.7%。特别值得关注的是，党的十八大以来，中国用水总量下降，用水效率加速提升。万元增加值用水量指标，从 2013 年的 6183.5 亿立方米下降到 2018 年的 6015.5 亿立方米，年均降幅 0.5%。

如表 4-1 所示，我国主要两大用水部门，农业及工业节水成效尤为显著，1978～2018 年，农业以及工业用水量年均降幅分别为 1.2% 和 2.1%。2018 年，全国农田灌溉水有效利用系数提高到 0.554，提前实现了"十三五"规划所定制的 0.55 的目标。2015 年，以 1978 年可比价计算的每万元工业增加值用水量较 2010 年下降 37%，超额完成"十二五"规划目标。截至 2018 年底，每万元工业增加值用水量已较 2015 年又下降 21%，也提前完成了"十三五"规划设定的下降 20% 的目标。从国际比较来看，按单位 GDP 的用水量来衡量，改革开放以来，中国的用水效率在世界大国之中提升速度最为显著，目前已经高于经济发展水平相当（人均 GDP 一万美元左右）的国家，并且与发达国家之间的差距不断缩小。如果按照购买力平价衡量（单位用水的 GDP 产出），目前中国的用水效率已经接近美国的水平。

表 4 - 1		改革开放以来中国经济增长及用水量情况						
项目	年份	经济增长情况 （1978 年可比价；亿元）			万元增加值用水量 （1978 年可比价；立方米）			粮食产量 （万吨）
		国内生产总值	第一产业增加值	工业增加值	国内生产总值	第一产业增加值	工业增加值	
经济增长用水量和粮食产量	1978	3678.7	1018.5	1621.4	12900.2	41188.0	3225.6	30476.5
	2000	27965.5	2804.9	17984.6	1965.8	13488.8	633.4	46217.5
	2008	63008.8	3848.9	43130.9	938.0	9518.2	323.9	53434.3
	2013	97114.0	4713.6	68455.5	636.7	8319.6	205.1	63048.2
	2018	136222.3	5661.8	91975.5	441.6	6522.8	137.2	65789.2
年均变化幅度（%）	1978 ~ 2018	3603.0	455.9	5572.6	-96.6	-84.2	-95.7	115.9
	2000 ~ 2018	387.1	101.9	411.4	-77.5	-51.6	-78.3	42.3
	2013 ~ 2018	40.3	20.1	34.4	-30.6	-21.6	-33.2	4.3
	1978 ~ 2018	9.4	4.4	10.6	-8.1	-4.5	-7.6	1.9
	2000 ~ 2018	9.2	4.0	9.5	-8.0	-4.0	-8.1	2.0
	2013 ~ 2018	7.0	3.7	6.1	-7.1	-4.7	-7.8	0.9

资料来源：根据相关年份的《中国统计年鉴》的数据计算。

（1）供水来源

我国淡水资源总量约占全球水资源的 6%，人均占有水资源量仅为世界平均水平的 1/4，水资源的可持续利用面临多重困难。我国水资源分布具有南丰北缺，东多西少的特点，而淡水资源又具有一定的区域性的特点，在一定的环境条件下只在该流域范围内可以获取，当前的技术手段下，对水资源的跨区调度还是具有相当高的成本。另外，从某种程度而言，由于再生周期较长，地下水资源具有不可再生资源的性质，当对其开发利用速度大于可再生速度时，这种对地下水的使用就是不可持续的，在我国，以华北地区为代表的地下水资源的过度开采现象十分严重，形成了巨大的地下漏斗区，如果不加以重视，容易引发包括底层坍塌与海水倒灌等一系列问题。

值得关注的是，21 世纪以来，我国非常规水源开发技术进步很快，非常规水资源利用不断增长，有效缓解了常规水资源用水压力。从供水结构来看，供水量来源于地表水、地下水以及其他水源，其中其他水源供水量包含了污水处理再利用、集雨工程、海水淡化工程等在内的水源工程供水量。1997～2016 年我国供水总量、地表水供水量以及地下水供水量均呈现出先上升后下降的倒"U"形趋势，其中总供水量与地表水供水量均在2013 年达到峰值，地下水供水总量则在 2012 年达到峰值，然而这期间其他水源的供水一直维持着增长的趋势，且在 2010 年之后增速增长。2016年我国供水总量为 6040.2 亿立方米，其中地表水供水量 4912.4 亿立方米，地下水供水量 1057.0 亿立方米，其他水供给量 70.9 亿立方米。从各种水源供水占比可见，地表水供水比例 20 年间较为稳定，其他水供水比例持续缓慢增长态势，地下水供水比例在 2012 年之后出现一定的下降趋势。这也说明了随着技术的发展以及对水资源其他水源的开发利用，一定程度上缓解了我国的淡水资源压力。2000～2018 年，包括污水处理再利用、集雨工程、海水淡化等水源工程所获取的供水量由 21.1 亿立方米增长到 86.4 亿立方米，年均增速高达 8.1%。

表 4 - 2   我国部分年份供水总量及供水结构

年份	供水量（亿立方米）				供水结构（%）		
	供水总量	地表水	地下水	其他	地表水	地下水	其他
2000	5531.0	4440.0	1069.0	21.0	80.3	19.3	0.4
2005	5633.0	4572.2	1038.8	22.0	81.2	18.4	0.4
2010	6022.0	4881.6	1107.3	33.1	81.1	18.4	0.5
2015	6103.2	4971.5	1069.2	62.5	81.5	17.5	1.0
2018	6015.5	4952.7	976.4	86.4	82.3	16.2	1.4

资料来源：相关年份的《中国统计年鉴》。

除华南以及西南两个区域之外，其他五个地区的供水量占该地区水资源总量比值均超过了全国平均水平。其中占比最高的三个地区分别为华北地区、东北地区和西北地区，比例分别高达 63%、48% 和 44%，都远远高出全国 22% 的平均水平。这三个地区的水资源的供需压力可想而知。

在较大的水资源需求以及地表水资源十分有限的现实情况下，部分地区大量开采地下水资源，这在我国华北以及东北地区尤为突出。2015 年，全国地下水供水量占总供水量比例为 17.5%，然而由于华北以及东北地区的地表水资源相对缺乏，又有较大的用水需求，这两个地区通过地下水的开采来满足社会经济的用水需求，其地下水占供水总量的比例分别高达

54.5%与41.3%。从供水角度，每年这两个地区对地下水的开采利用率分别高达61.8%与52.7%，其次为西北地区17.8%，全国范围该比率为13.7%。

（2）取水用途

由表4-3可知，2000~2018年，我国水资源总使用量从5497.6亿立方米增长到2018年的6015.5亿立方米，年均增速达0.50%，进一步分析发现，2010年来，我国用水量基本稳定在6050亿立方米左右的水平，2015~2018年我国用水总量从6103.2亿立方米下降到6015.5亿立方米，年均下降速度达0.48%。从水资源使用去向来看，我国农业用水量在2000年以来保持稳定并具有一定的下降趋势，尤其2015年来，农业用水量以年均1.4个百分点的速度减少，工业用水量也在2010年前后出现持续的下降趋势，且下降速度较快。与农业以及工业两大用水部门对应的是随着城市化的发展、生活水平的提高以及生态环境的改善，生活用水和生态用水量持续高速增长，2000~2018年，我国生活用水量从574.9亿立方米增长到859.9亿立方米，生态用水量从2005年的92.7亿立方米增长到2018年的200.9亿立方，且近年来仍然保持着较为快速的增长势头，2015年至2018年的生态用水量年均增速高达17.86%。

表4-3　　　　　　　　　部分年份我国水资源用水结构

年份	用水量（亿立方米）					用水结构（%）			
	总用水量	农业用水	工业用水	生活用水	生态用水	农业用水	工业用水	生活用水	生态用水
2000	5497.6	3783.5	1139.1	574.9		68.82	20.72	10.46	0.00
2005	5633	3580	1285.2	675.1	92.7	63.55	22.82	11.98	1.65
2010	6022	3689.1	1447.3	765.8	119.8	61.26	24.03	12.72	1.99
2015	6103.2	3852.2	1334.8	793.5	122.7	63.12	21.87	13.00	2.01
2018	6015.5	3693.1	1261.6	859.9	200.9	61.39	20.97	14.29	3.34
2000~2018年均增速（%）	0.50	-0.13	0.57	2.26	NA				
2015~2018年均增速（%）	-0.48	-1.40	-1.86	2.71	17.86				

资料来源：相关年份的《中国统计年鉴》整理得出。

从四部门水资源用水结构上看，农业用水占比取用水资源总量的比例持续下降，从2000年的68.82%下降到2018年的61.39%，下降了7.43个百分点，工业用水占比在2010年之前随工业化进程呈现增长趋势，而在2010年之后同样开始下降，2000~2018年，生活用水占比从10.46%增长到14.29%，增长了3.83个百分点，生态用水占比在2005~2018年增长了1.69个百分点，且具有持续增长趋势。

2. 地区取用水变化情况比较

我国水资源分布具有南丰北缺，东多西少的特点，地区间的水资源禀赋差异相当大，整体上，西南、华东以及华南地区水资源总量最多，2018年这三个地区的水资源总量分别为全国水资源总量的34.2%、23.1%和16.3%；华北、东北以及西北地区的水资源总量则位列最末，其中华北地区水资源总量最低，仅为全国的2.9%。加之，华北以及东北地区的地表水资源相对缺乏，又有较大的用水需求，这两个地区通过地下水的开采来满足社会经济的用水需求，其地下水占供水总量的比例分别高达54.5%和41.3%。从供水角度，每年这两个地区对地下水的开采利用率分别高达61.8%和52.7%。

从水资源用途来分，华北地区有着较高的农业以及生活用水需求，而东北以及西北地区则突出表现为较高的农业用水需求，两地区农业用水占比分别为78.1%和88.5%。生活用水主要与地区的发展水平及人口规模相关，农业用水则与该地区的农业生产规模以及农业产业结构相关。

表4-4 各地区水资源供给来源

地区	供水量（亿立方米）				供水结构（%）			用水结构（%）			
	总量	地表水	地下水	其他	地表水	地下水	其他	农业用水	工业用水	生活用水	生态用水
华北	510.5	209.4	278.2	22.9	41.0	54.5	4.5	66.5	12.6	13.6	7.2
东北	629.7	363.6	260.3	5.7	57.7	41.3	0.9	78.1	10.9	8.6	2.5
华东	1813.0	1651.4	140.6	21.0	91.1	7.8	1.2	51.1	33.8	13.7	1.4
华中	854.5	707.0	146.0	1.6	82.7	17.1	0.2	56.1	27.6	14.8	1.5
华南	788.2	755.3	29.7	3.1	95.8	3.8	0.4	58.8	21.7	18.5	1.0

续表

地区	供水量（亿立方米）				供水结构（%）			用水结构（%）			
	总量	地表水	地下水	其他	地表水	地下水	其他	农业用水	工业用水	生活用水	生态用水
西南	622.9	594.7	25.1	3.1	95.5	4.0	0.5	59.2	22.1	17.2	1.5
西北	884.8	690.2	189.3	5.2	78.0	21.4	0.6	88.5	5.1	4.7	1.6
全国	6103.6	4971.6	1069.2	62.6	81.5	17.5	1.0	63.1	21.9	13.0	2.0

资料来源：相关年份的《中国统计年鉴》。

表 4 - 4 为七个地区间的主要农产品产量比较，从水资源总量上看，水资源总量位居七大区域第二名的华东地区，承担了我国相当比例的农业生产，其水资源总量占全国 23.1%，生产了全国 24.9% 的粮食、25.0% 的油料、23.6% 的猪牛羊肉、49.5% 的水产品和 11.6% 的牛奶；水资源最为丰沛的西南地区，由于地理环境等资源约束，其主要农产品产量相对水资源占有量显得有限；然而水资源最为缺乏的华北地区，却用 2.9% 的水资源生产了全国 12.4% 的粮食、10.2% 的油料、10.7% 的猪牛羊肉以及 39.7% 的牛奶，农业生产的水资源供需压力十分之大，对于水资源同样匮乏的东北地区来说，其水资源条件对于已有的产业布局来说面临巨大挑战，对于节水潜力及节水空间也是有着相当大程度的限制。

进一步对七大地区的用水量变化情况进行分析，我国各地区的用水变化趋势各异。2004～2018 年，在其他地区总用水量均有所增长的同时，华南地区的用水量从 2004 年的 267.3 亿立方米下降到 2018 年的 251.27 亿立方米，其中农业用水从 162.75 亿立方米下降到 147.73 亿立方米，14 年间，年均降幅达 - 0.69%；另外，在粮食主产区的华北地区、华东地区都出现了农业用水量的下降，华北地区的年均降幅更是达到了 - 0.75% 的水平。

表 4 - 5 　　　　　各地区农业用水及总用水量变化

地区	用水量	2004 年（亿立方米）	2018 年（亿立方米）	年均变化率（%）
华北	农业用水量	70.88	63.78	- 0.75
	总用水量	95.97	103.30	0.53

续表

地区	用水量	2004 年（亿立方米）	2018 年（亿立方米）	年均变化率（%）
东北	农业用水量	112.80	156.57	2.37
	总用水量	162.95	197.90	1.40
华东	农业用水量	131.91	128.94	-0.16
	总用水量	237.78	257.91	0.58
华中	农业用水量	152.85	156.07	0.15
	总用水量	255.66	289.50	0.89
华南	农业用水量	162.75	147.73	-0.69
	总用水量	267.30	251.27	-0.44
西南	农业用水量	65.74	75.48	0.99
	总用水量	109.40	126.10	1.02
西北	农业用水量	138.79	142.64	0.20
	总用水量	159.71	169.42	0.42

资料来源：根据相关年份的《中国统计年鉴》及相关年份的《中国水利统计年鉴》数据整理。

4.1.2　水足迹衡量

基于传统取用水框架对我国用水情况的测度证实，改革开放 40 多年间，农业用水量在下降 12% 的同时，支撑了粮食产量 1.2 倍的增长（王亚华等，2020），然而，以水足迹测算的农业水资源利用效率依然较低（邓光耀等，2020；潘忠文等，2019）。与此同时，1978～2013 年，国内主要食品生产水需求增长迅速，生产水足迹从 4288 亿立方米/年增长到 17566 亿立方米/年，年均增速高达 4.1%（许菲，2019）。霍克斯特拉（Hoekstral，2012）研究表明，中国消费的水足迹仍相对较小，内部水足迹占比高达 90%，但考虑到快速增长和日益增长的水资源压力（特别是在中国北方），中国可能会越来越依赖于其领土以外的水资源。中国是一个拥有 14 亿人口的大国，与之相矛盾的是其自然资源的相对匮乏。在我国，占世界 7% 的土地与 6% 的水资源所面临的，是全世界 1/5 左右人口的饮食需求，加之各地资源与生产结构布局空间上不匹配，自然资源禀赋与当地社会资源不匹配的问题比较突出。对地区间通过贸易手段实现资源的有效再分配意义重大。

随着小康社会的全面建成，未来食物需求进一步增长，我国食物供需紧平衡的状态的脆弱性将进一步凸显出来，能否高效利用有限的水资源以更好地满足人民不断增长的物质生活，决定着实现美好生活的质量和可持续性。

水足迹是从虚拟水的概念中发展延伸而来，由霍克斯特拉于 2002 年提出，一般地，某产品的水足迹可近似等价为其虚拟水含量（Hoekstra et al.，2008；刘俊国，2008）。水足迹是一种衡量水资源占用情况的综合评价指标，较之传统的"取水"指标，水足迹更为系统全面，它不仅可以作为水资源消耗量的指标，还能够反映所消耗水资源的水源类型，除此之外也提供了水污染的评价指标，因此，水足迹能够更真实地评价一个国家或地区水资源的占用情况。可以衡量从个人到国家（地区）尺度的生产、消费水资源情况，揭示生产、消费方式、国际贸易对水资源需求的影响（诸大建，2012）。水足迹概念的提出，为从生产、消费、贸易以及产品供应链角度评价人类对于水资源的消耗提供了崭新的视角，提供了"供应链整体出发"的资源管理视角，统一了人类生产消费行为与淡水生态系统的关联性。一方面，考虑农业灌溉用水为我国最大用水部门，取用水量占比高达 60% 以上。另一方面，农业是利用动植物生长发育规律获得产品的产业，具有地域性、季节性及周期性三大特征，水足迹理论在农业水资源利用效率及可持续发展评价方面具有特殊优势，能够充分考虑农业特征，更为全面科学地反映农业用水需求并进行可持续评价。

1. 水足迹视角的水资源管理

在中国，最早涉及虚拟水理论的分析出现在 2003 年，程国栋认为虚拟水理论是保证中国水资源安全的新思路和新方法。刘俊国等（2008）预测，到 2030 年中国食物消费水需求增量将在 407 立方千米/年到 515 立方千米/年之间，指出中国需要加强绿水资源管理，推进虚拟水进口以满足不断增长的食物消费水需求。进一步的产业结构调整及虚拟水战略，是缓解中国水资源压力的有效途径。许长新等（2011）在区际层面建立数理分析模型，指出虚拟水贸易将引发产业间的用水转移，优化水资源配置。该项研究进一步表明，提高水价是虚拟水战略实施的根本路径依赖。

根据比较优势理论，区际间虚拟水贸易过程，能够有效配置水资源，缓解缺水地区的水资源短缺问题，使得水资源能够在更大范围内发挥其经济价值，从而促进经济发展。对于大多数经济体，经济的开放使得在封闭经济条件下的环境问题研究不再客观可靠（Van et al.，1996）。在经济全球化的背景下，资源贸易也引起了学术界研究者广泛的关注，学者们分别从不同的尺度核算了国家与地区或者流域的虚拟水足迹（Chen et al.，2013）。另外，也有相当多的文献用虚拟水贸易视角对可持续发展问题进行了研究，包括可持续的消费与地区的可持续农产品产量核算（Galli et al.，2013；Ferng，2005）。1996~2005 年，全球平均水足迹为 9087G 立方米/年，农业生产占 92%，国际农业以及工业品贸易虚拟水总量是 2320G 立方米/年。全球人均消费水足迹为 1385 立方米/年。其中，工业化国家为 1250~2850 立方米/年，而发展中国家人均消费水足迹差异较大，范围从为 550 立方米/年到 3800 立方米/年。1997~2011 年世界平均水平的水足迹为 1240 立方米/人/年，中国为 700 立方米/人/年，同时期的美国则为 2480 立方米/人/年，影响一国水足迹的四个主要因素为消费数量、消费结构、作物生长条件（如天气等）以及农业生产经验水平（Hoekstra & Chapagain，2007）。中国消费的水足迹仍相对较小，且 90% 为内部水足迹，但考虑到快速增长和日益增长的水资源压力（特别是在中国北方），中国可能会越来越依赖于其领土以外的水资源（Hoekstral & Mekonnen，2012）。农业虚拟水贸易组合政策可以作为真实农业水组合政策的补充，并与之共同发挥调节农业水资源供求的作用。闫桂权等（2019）基于 2002~2016 年的省级面板数据，以农业水资源利用过程中的化肥源面源污染、厩肥源面源污染、灌溉过程碳排放及农药流失作为非合意产出，构建了以"蓝水—绿水"为中心的水资源分析框架，利用空间面板模型重点考察绿色技术进步、农业经济发展水平与农业水资源利用过程的污染排放之间的关系。

一般地，在研究水足迹的时候，研究人员通常将水资源分为蓝水、绿水和灰水三种。蓝水包含了生产产品以及服务的过程中所使用的地表水以及被利用的地下水；绿水指参与某一产品整个生产过程中储存在非饱和土壤层，蒸散发形成的雨水；灰水指将产品生产过程中形成的有害物质稀释到一定水质要求所需要的水资源量。相对于绿水资源，蓝水资源更为短缺，一直以来都是学界研究的重点。然而，也需要认识到，绿水资源管理对我国农业用水效率的提升存在较大的发掘空间。从《水足迹评价手册》

给出的农业部门可能的水足迹减量实现途径（见表 4 - 6），可以看到不同的地区由于生产与水资源的配备度不同，为实现水资源更高效的利用的需关注的水资源类型也不相同。比如，在雨养农业中应注重绿水管理，以减少绿水足迹为重点实现水足迹的减量；在灌溉农业中，应注意技术应用以及设施强化来减少灌溉用水提高蓝水资源的生产率，降低蓝水/绿水足迹比，保障用水可持续。

表 4 - 6　　　　　　　　　　农业部门水足迹可能的减量目标

项目	农业
绿水足迹	在雨养农业和灌溉农业中提高绿水生产率（吨/立方米）以减少绿水足迹（立方米/吨），提高雨养农业的生产总量
蓝水足迹	在灌溉农业中提高蓝水生产率（吨/立方米）以减少蓝水足迹（立方米/吨）；降低蓝水/绿水足迹比例；降低全球的蓝水足迹
灰水足迹	减少使用人工肥料及杀虫剂，提高使用效率；开展有机农业将灰水足迹降到零

资料来源：《水足迹评价手册》表 5.1 部分内容。

注意到主要农产品 40 年间快慢不一的增长速度，意味着我国主要农产品生产结构发生了较大变化改革开放以来，我国主要农产品产量持续增长，1978 ~ 2018 年，稻谷产量从 13693.0 万吨增长到 21212.9 万吨，年均增速为 1.1%；小麦产量从 5384.0 万吨增长到 13144.0 万吨，增长了 1.44 倍，年均增速为 2.26%；玉米产量从 5594.5 万吨增长到 25717.4 万吨，40 年间年均增速高达 3.89%；花生产量从 237.8 万吨增长到 1733.2 万吨，增长了 6.29 倍年均增速为 4.82%；蔬菜产量由 44467.9 万吨增长到 70346.7 万吨，2000 ~ 2018 年年均增速达 2.58%。

从水足迹的角度来说，种植结构的调整体现在单位农产品水足迹的变化。由图 4 - 1 可以看到，虽然总的主要农产品生产水足迹在 2000 ~ 2018 年从 9121.2 亿立方米增长到 12699.4 亿立方米，年均增速高达 2.22 个百分点，但是也应注意到单位农产品的水足迹从 2000 年的 958.2 立方米/吨下降到 2018 年 899.0 立方米/吨，年均降幅达 0.35 个百分点。整体上我国主要农产品生产结构，发生了向节水型生产结构转变的现实情况。

由于本书对全国主要农产品水足迹的核算来自对 31 个省（区、市）的加总，而每个省域所对应的即使是同一种农产品的生产水足迹也不相同。可以推断，不考虑技术进步以及气候变化因素的影响，如图 4 - 1 中所示的

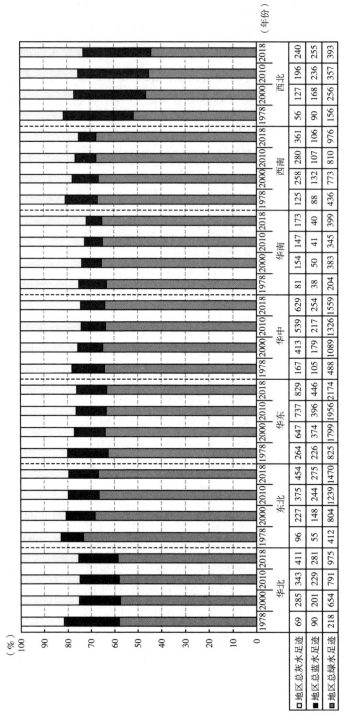

图 4 - 1 各地区用水来源结构变化

资料来源：FAOSTAT 及水足迹网站。

单位农产品水足迹下降的现象的原因至少有两个重要方面，一是全国来看本书所列农产品生产结构发生了变化，表 4-7 所展示的各种农产品产量从快慢不一的增长速度可以看出；二是所列农产品生产布局发生了变化，即，即使农产品产量构成不变，而产区发生了变化也会导致总体单位生产水足迹的变化，比如，对于河北生产的玉米其单位质量水足迹为 1217.3 立方米/吨，而黑龙江生产一吨玉米所需的水资源 1106.2 立方米，这意味着如果河北的玉米转移到黑龙江生产，则生产每吨玉米的需水量将下降 111.1 立方米，降幅达 9.1 个百分点。不仅如此，由于每个地方的生产条件差异，生产同种作物所需的水资源种类也存有差异，而这将直接影响水资源管理的方式方法与效果，同样以河北与黑龙江生产玉米为例，河北地区生产一吨的玉米分别需要 785.8 立方米的绿水资源、138.8 立方米的蓝水资源以及 292.7 立方米的灰水资源，而黑龙江相对河北地区来说，生产一吨的玉米则需要相当量的绿水资源以及灰水资源（786.9 立方米和 291.5 立方米）以及更少的蓝水资源（27.8 立方米）。这也意味着如果河北的玉米转移到黑龙江生产将节约更多的蓝水资源，这对地下水本来就严重超采的河北地区来说重要性不言而喻。由此可见，农产品生产结构以及产区调整都会对农业用水量以及用水结构产生很大的影响。

表 4-7　　　　　　　部分年份我国主要农产品产量及结构

项目	种类	1978 年	2000 年	2005 年	2010 年	2015 年	2018 年	1978~2018 年年均增速（%）	2000~2018 年年均增速（%）
产量（万吨）	稻谷	13693.0	18790.8	18058.8	19722.6	21214.2	21212.9	1.10	0.68
	小麦	5384.0	9963.6	9744.5	11609.3	13255.5	13144.0	2.26	1.55
	玉米	5594.5	10600.0	13936.5	19075.2	26499.2	25717.4	3.89	5.05
	其他谷物	1494.0	1168.0	1380.5	984.9	990.6	1024.9	-0.94	-0.72
	豆类	1050.0	2010.0	2157.7	1871.9	1512.5	1920.3	1.52	-0.25
	薯类	3174.0	3685.2	3468.5	2842.7	2729.4	2865.4	-0.26	-1.39
	花生	237.8	1443.6	1434.2	1513.6	1596.1	1733.2	4.82	0.84
	油菜籽	186.8	1138.1	1305.2	1278.8	1385.9	1328.1	5.09	1.02
	芝麻	32.3	81.1	62.5	46.2	45.0	43.1	5.03	0.86

续表

项目	种类	1978 年	2000 年	2005 年	2010 年	2015 年	2018 年	1978 ~ 2018 年年均增速(%)	2000 ~ 2018 年年均增速(%)
产量（万吨）	葵花籽	27.9	195.4	192.8	235.5	287.2	249.4	0.73	-3.45
	胡麻籽	22.7	34.4	36.2	31.4	31.2	33.5	5.63	1.37
	蔬菜*		44467.9	56451.5	57265.0	66425.1	70346.7		2.58
	总产量		93578.1	108228.9	116477.1	135971.9	139618.9		1.86
	总水足迹（亿立方米）		9121.2	9931.9	10908.1	12424.9	12699.4		2.22
占比（%）	粮食		49.4	45.0	48.2	48.7	47.2	—	—
	油料作物		3.1	2.8	2.7	2.5	2.4	—	—
	蔬菜		47.5	52.2	49.2	48.9	50.4	—	—
	单位农产水足迹（立方米/吨）		958.3	903.6	923.9	905.3	899.0	NA	-0.35

注：*蔬菜年均增速为 2000 ~ 2018 年数据。

资料来源：FAOSTAT 数据平衡表。

2. 地区水足迹变化情况比较

由于每个地区的生产条件差异，主要农产品生产由华东、华南、西南三大水资源丰沛地区向东北以及西北等地区的转移，使得蓝绿水的结构也发生变化。

从部分年份各地区水足迹变化趋势可以看出，在 2000 ~ 2018 年，东北地区主要农产品生产水足迹在占全国比例呈现上升趋势，增幅达 4.4 个百分点；而华北地区、华中地区以及西北地区在 2000 ~ 2018 年的主要农产品生产水足迹占全国比例保持在稳定水平，都有不到 1 个百分点的上升；另外，华东地区、华南地区以及西南地区这三大水资源较为丰富的区域，在 2000 ~ 2018 年的主要农产品水足迹占全国比例由 30.9%、6.4% 和 12.8% 分别下降到 27.2%、4.8% 和 11.4%，降幅分别为 3.7 个、1.6 个和 1.4 个百分点。这意味着，东北地区当前在我国承担着越来越重要的主要农产品生产任务。

　　各地区由于生产结构调整引致的主要农产品用水来源结构变化差异明显。主要农产品生产结构的调整，使得华北、西南以及东北以外的地区绿水足迹占比都有所下降；同时，华南、西南以及西北地区的蓝水足迹占比也有较为明显的下降；另外，各地区的灰水足迹占比均呈现一定的上升趋势，全国的主要农产品生产灰水足迹占呈现出较为显著的增长趋势，这意味着其他条件不变，仅由地区主要农产品生产结构变化引起的将产品生产过程形成有害物质稀释到一定水质要求，所需要的水资源量的需求量处于增长状态。

　　从图 4 - 2 可以看出，2000 ~ 2018 年，蓝水足迹占比持续下降，绿水足迹占比较为稳定略微有所下降，而灰水足迹占比有所提高。

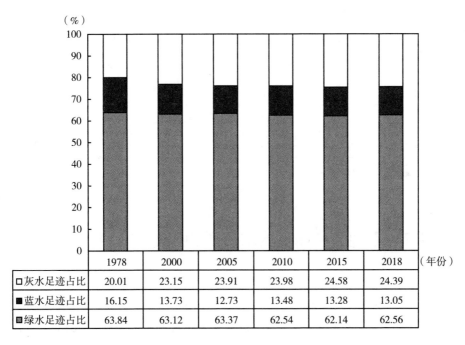

图 4 - 2　我国主要农产品生产水足迹结构
资料来源：FAOSTAT 及水足迹网站。

　　由表 4 - 8 所示，全国的蓝水足迹/绿水足迹从 2000 年的 0.217 下降到 2018 年的 0.209，说明我国生产结构调整对地表及地下水的取用的生产效率有所提升，这也与前面基于取用水系统的用水变化相符合。比较七大地区之间的蓝水足迹/绿水足迹比可以看到大部分地区的这一比值在 2000 年以后都比较稳定，而华南和西南地区的蓝水足迹/绿水足迹则从 2000 年的 0.131 和 0.171 分别下降到 0.100 和 0.109，由于本书所用水足迹为固定观察时段的平均值，因此不考虑技术及节水设施使用以及制度因素等慢变量，这种大幅度的水足迹结构变化只能是来自于当地的主要农产品生产结构发生了较大幅度的调整与改变。

表 4 - 8　　　　　各地区主要农产品生产的蓝水水足迹/绿水水足迹

地区	2000 年	2005 年	2010 年	2015 年	2018 年
华北	0.307	0.270	0.289	0.291	0.288
东北	0.183	0.156	0.197	0.191	0.187
华东	0.208	0.193	0.203	0.200	0.205
华中	0.165	0.163	0.164	0.167	0.163
华南	0.131	0.117	0.120	0.108	0.100
西南	0.171	0.151	0.132	0.116	0.109
西北	0.656	0.629	0.662	0.698	0.648
全国	0.217	0.201	0.215	0.214	0.209

资料来源：FAOSTAT 及水足迹网站。

4.2 不同评价体系的水资源利用比较

以取用水指标衡量的用水变化情况和以主要农产品水足迹衡量的用水变化情况差异显著（见表 4 - 9）。以取用水指标测算的 2005 ~ 2018 年各省（区、市）的农业水资源取用年均变化速度，只有 13 个省（区、市）（包括江苏、河南、新疆、湖北、陕西、重庆、江西、贵州、吉林、四川、山西、安徽及黑龙江）的农业用水呈现增长趋势，其中，增速最快的 5 个省依次为黑龙江、安徽、山西、四川以及吉林；其他 18 个省（区、市）的农业用水均有所下降，其中降速最快的 5 省（区、市）为北京（年均降速达 -8.1%）、浙江、天津、宁夏、河北和山东。然而，以主要农产品水足

表 4-9　部分七大地区取用水及水足迹比较

地区	年份	取用水量与主要农产品水足迹（亿立方米）						占全国比例（%）					
		总用水量	农业用水量	总水足迹	蓝水足迹	绿水足迹	灰水足迹	总用水量	农业用水量	总水足迹	蓝水足迹	绿水足迹	灰水足迹
华北	2005	489.9	353.0	1341.9	200.8	789.6	351.4	8.70	9.86	13.22	15.77	12.27	14.43
	2010	497.1	338.1	1390.0	226.4	816.7	347.0	8.25	9.16	12.43	15.21	11.64	12.93
	2015	510.5	339.4	1612.3	265.8	938.1	408.4	8.36	8.81	12.53	15.83	11.66	12.98
	2018	516.5	318.9	1682.8	277.4	991.5	414.0	8.59	8.63	12.96	16.37	12.22	13.03
东北	2005	503.2	345.6	1353.4	160.3	912.6	280.5	8.93	9.65	13.34	12.58	14.18	11.52
	2010	588.7	413.3	1712.3	237.9	1108.9	365.5	9.78	11.20	15.31	15.99	15.81	13.62
	2015	629.7	491.5	2083.1	269.5	1347.0	466.7	10.32	12.76	16.18	16.05	16.74	14.83
	2018	593.7	469.7	2067.7	270.0	1351.4	446.2	9.87	12.72	15.92	15.94	16.66	14.04
华东	2005	1664.9	895.0	2903.4	348.2	1859.5	695.6	29.56	25.00	28.61	27.33	28.89	28.56
	2010	1839.3	985.3	3136.1	392.8	1999.2	744.1	30.54	26.71	28.04	26.40	28.51	27.72
	2015	1813.0	926.3	3540.2	433.7	2265.7	840.8	29.70	24.05	27.50	25.83	28.16	26.72
	2018	1805.4	902.6	3447.2	441.2	2174.6	831.4	30.01	24.44	26.55	26.04	26.81	26.16
华中	2005	779.6	457.9	1849.9	188.3	1190.0	471.7	13.84	12.79	18.23	14.78	18.48	19.37
	2010	837.8	449.7	2116.9	215.4	1357.4	544.0	13.91	12.19	18.93	14.48	19.36	20.27
	2015	854.5	479.2	2385.7	247.5	1522.3	615.9	14.00	12.44	18.53	14.74	18.92	19.58
	2018	868.5	468.2	2467.5	251.8	1582.3	633.3	14.44	12.68	19.00	14.86	19.51	19.93

续表

地区	年份	取用水量与主要农产品水足迹（亿立方米）						占全国比例（%）					
		总用水量	农业用水量	总水足迹	蓝水足迹	绿水足迹	灰水足迹	总用水量	农业用水量	总水足迹	蓝水足迹	绿水足迹	灰水足迹
华南	2005	815.9	491.2	591.7	43.3	393.0	155.3	14.48	13.72	5.83	3.40	6.11	6.38
	2010	814.9	455.9	556.2	41.4	364.9	150.0	13.53	12.36	4.97	2.78	5.20	5.59
	2015	788.2	463.1	614.2	41.2	404.8	168.2	12.91	12.02	4.77	2.46	5.03	5.34
	2018	753.8	443.2	636.2	39.7	419.9	176.5	12.53	12.00	4.90	2.35	5.18	5.55
西南	2005	560.7	332.4	1260.3	123.0	857.7	279.6	9.95	9.28	12.42	9.66	13.32	11.48
	2010	600.8	324.2	1251.4	107.5	854.9	289.0	9.98	8.79	11.19	7.23	12.19	10.77
	2015	622.9	368.6	1445.1	108.7	987.9	348.4	10.21	9.57	11.23	6.47	12.28	11.07
	2018	630.5	377.4	1506.8	106.6	1029.1	371.2	10.48	10.22	11.61	6.29	12.69	11.68
西北	2005	819.0	704.9	846.4	209.9	435.2	201.2	14.54	19.69	8.34	16.48	6.76	8.26
	2010	843.4	722.6	1022.3	266.6	511.2	244.5	14.01	19.59	9.14	17.92	7.29	9.11
	2015	884.8	783.4	1190.8	313.0	580.0	297.8	14.50	20.34	9.25	18.64	7.21	9.47
	2018	847.1	713.2	1176.1	307.7	563.3	305.0	14.08	19.31	9.06	18.16	6.94	9.60
全国	2005	5633.0	3580.0	10147.0	1273.9	6437.7	2435.4	—	—	—	—	—	—
	2010	6022.0	3689.0	11185.2	1488.0	7013.2	2684.0	—	—	—	—	—	—
	2015	6103.6	3851.5	12871.4	1679.3	8045.9	3146.2	—	—	—	—	—	—
	2018	6015.5	3693.2	12984.2	1694.5	8112.0	3177.6	—	—	—	—	—	—

资料来源：FAOSTAT 及水足迹网站。

迹测算的水资源使用变化情况，仅有北京、上海、福建、浙江和广东的水足迹有一定的下降，水足迹增长最快的 5 个省（区）依次为黑龙江、新疆、内蒙古、河南和安徽。

整体上，从取用水视角，农业用水压力正在从华东、华南、华北地区向东北以及西南地区转移；从水足迹视角看，全国水资源占用情况从华东、华南、西南地区向东北以及西北地区转移。取用水测算的各地区农业用水量与对应年度水足迹标准下的主要农产品水资源占用情况还是有不小的差异。需要注意的是，对于蓝水足迹来说，全国蓝水占用正发生从华东、华南以及西南地区向华北、东北以及西北地区转移，然而，这三个地区正是我国淡水资源最为缺乏的地区。水资源占有量分别为全国的 2.92%、6.29% 以及 9.25%，因而，蓝水资源占用的增长趋势势必加大当地的水资源需求压力，此三个区域的水资源管理面临不小的挑战。

4.3　农业生产条件、布局调整与水资源使用

4.3.1　分地区农业生产条件变化情况

整体上，我国七大地区水土资源与农产品生产布局匹配程度不高。华北地区 2018 年淡水水资源总量为全国的 2.92%，农用地占全国比例高达 12.2%，同时生产了 11.78% 的主要农产品，水资源供需压力大；东北地区用全国 6.29% 的淡水资源和 13.93% 的农用地生产了 11.67% 的主要农产品，其水土资源匹配程度高于华北地区；华中地区用 9.25% 的水资源和 18.21% 的土地生产了 19.99% 的农产品，与东北地区的水土匹配度相当；华东地区水资源总量和农用地占全国比例分别为 15.99% 和 21.97%，生产了占全国 26.47% 的主要农产品，西北地区水资源总量占全国的 9.25%，农用地面积为全国的 10.15%，生产了全国 8.88% 的主要农产品，水土资源匹配度较高；华南地区水量丰富占有全国 15.9% 的水资源，然而该地区的农地面积仅为全国的 7.5%，所生产的主要农产品也仅占全国的 7.16%，水土匹配程度不高；西南地区是我国水资源最为丰沛的区域，占有全国

41.22%的水资源和16.03%的农用地，生产了全国14.06%的主要农作物产品，水土匹配程度同样不高。

20世纪90年代开始，国家就大力推动节水灌溉技术研究与推广，截至2018年全国节水灌溉面积已达3613.5万公顷。中国水治理广泛利用了现代科技，水利科技进步对水利发展的贡献率不断提升。围绕节水技术的开发与应用，近年来我国农业与生物节水举措同步推进，在干旱地区的保护性耕作技术、耐旱高产品种的选育推广、农业高效节水灌溉技术等方面取得了显著进展。例如，陕西省白水县果农利用高效节水灌溉设施，通过水肥一体灌溉方式，极大地提高了灌溉水利用系数，从原来的0.5提高到0.85，每年可节约用水10万立方米，有效解决了当地果农的用水难问题。中国农业节水成就的取得，很大程度上得益于农业节水技术进步及节水设施的使用。

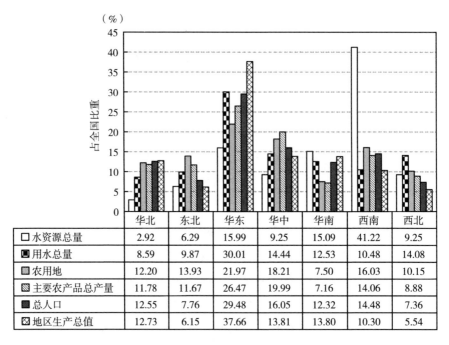

	华北	东北	华东	华中	华南	西南	西北
□水资源总量	2.92	6.29	15.99	9.25	15.09	41.22	9.25
■用水总量	8.59	9.87	30.01	14.44	12.53	10.48	14.08
▦农用地	12.20	13.93	21.97	18.21	7.50	16.03	10.15
▨主要农产品总产量	11.78	11.67	26.47	19.99	7.16	14.06	8.88
■总人口	12.55	7.76	29.48	16.05	12.32	14.48	7.36
▧地区生产总值	12.73	6.15	37.66	13.81	13.80	10.30	5.54

图4-3 2018年七大地区比较

资料来源：根据《中国统计年鉴》及《中国水利统计年鉴》数据整理。

表4-10给出了2004~2018年我国各地区重要指标的变化情况，可以看到，十几年来，我国的地方财政农林水事务的支出持续保持年均20%的

速度增长，其中，西北地区、华北地区以及西南地区的地方财政农林水事务支出增长最快；西南地区、华东地区以及华北地区的水利完成投资额的增速排名前三；另外，西北地区的乡办水电站装机容量、农业机械总动力的增速以及有效灌溉面积的增长速度都居前三位；东北地区、华南以及西南地区的节水灌溉面积增长较快。整体看，西南地区以及西北地区的各项农业生产用水相关事务发展最快，华北以及东北地区次之。可见，不同地区的农业生产条件的变化路径不尽相同。

表 4 - 10　　　　　　2018 年分地区主要农业生产条件指标比较

地区	有效灌溉面积（千公顷）	节水灌溉面积（千公顷）	乡办水电站装机容量（万千瓦）	农业机械总动力（万千瓦）	地方财政农林水事物支出（亿元，2000 年可比价）	水利完成投资额（万元，2000 年可比价）
华北	9621.9	7959.5	75.4	13284.6	3133.3	377.6
东北	9632.0	3919.6	144.2	11794.4	1833.8	144.7
华东	18702.9	9725.5	1618.2	27690.3	4925.3	1520.0
华中	11384.6	2917.4	1075.1	20967.6	2712.2	549.8
华南	3772.6	1651.1	1267.6	6746.6	1794.1	349.4
西南	6924.3	3326.0	3089.7	11647.9	3549.3	768.8
西北	8233.5	6635.6	761.2	8240.4	2545.3	516.3

资料来源：根据 2019 年《中国统计年鉴》及 2019 年《中国水利统计年鉴》数据整理。

4.3.2　生产条件变化与用水比较

对比七大地区主要农业生产条件变化与用水量变化情况可以发现，农业生产条件的变化与用水量的变化之间有着紧密的关联。

表 4 - 11 给出了 2004 ~ 2010 年以及 2010 ~ 2018 年我国七大地区用水量及农业用水量在对应时段的年均变化率，同时也给出了可以代表农业生产条件的 4 个指标在该时段的年均变化情况，表 4 - 11 中阴影部分标出的为用水量及农业用水量降幅最大或者增幅最慢的 4 个地区；同时也标出了生产条件 4 指标增长最快的 4 个地区。

表 4 - 11   2004～2018 年各指标年均增速   单位：%

年份	地区	用水量	农业用水量	水利完成投资额	节水灌溉面积	灌溉面积	农用机械总动力
2004～2010	华北地区	0.59	-0.78	24.59	4.37	0.83	4.37
	东北地区	3.15	3.39	8.90	9.87	4.62	8.84
	华中地区	1.68	1.09	12.74	3.59	0.56	5.95
	华东地区	1.48	-0.33	20.09	4.47	0.65	6.90
	华南地区	0.27	-1.14	16.62	2.92	0.01	6.22
	西南地区	1.57	-0.23	22.34	5.74	2.19	8.60
	西北地区	0.69	0.51	7.06	4.09	1.13	5.16
2010～2018	华北地区	0.48	-0.73	5.46	2.77	0.06	-2.93
	东北地区	0.11	1.61	6.14	1.69	3.69	4.76
	华中地区	-0.23	-1.09	16.16	4.69	1.36	-0.37
	华东地区	0.45	0.51	6.80	3.29	1.44	1.77
	华南地区	-0.97	-0.35	8.97	6.23	0.48	2.50
	西南地区	0.61	1.92	14.06	4.16	1.77	3.65
	西北地区	0.05	-0.16	13.64	3.39	1.54	2.48

资料来源：根据相关年份的《中国统计年鉴》及相关年份的《中国水利统计年鉴》数据整理。

横向比较。对同时段各地区的用水情况以及农业生产条件变化情况进行简单观察可以发现，农业生产条件改善幅度最大的地区基本上对应着农业用水量减少最快的地区（华北地区、华东地区、华南地区以及西南地区）以及总用水量增长最慢的地区。

纵向比较。分析发现，2010～2018 年农业用水量出现下降的地区中依然包括华北地区和华南地区，同时在前一观察期（2004～2010 年）农业用水量下降的华东以及西南地区出现了回升。暂不考虑产区变化因素，对比与农业用水相关的 4 个指标的年均变化情况可以看出，华北地区农业用水的持续减量可能得益于 2004～2010 年的生产条件改善，华南地区的农业用水持续下降也与持续的水利投资、节水灌溉面积的增长有一定的相关关系；2010～2018 年华中地区以及西北地区的农业用水减少极大可能与同一时段的水利投资与节水灌溉面积的增长有关。因此，在关注农产品产区变化的同时也应注意到农业生产条件对用水的影响作用。

　　本书第三部分借助自然资源学科领域的"水足迹"工具对我国主要农产品整体的需水情况做了整理，发现不考虑技术进步以及气候变化因素的影响，地区单位农产品水足迹下降，原因至少有两个重要方面：一是从全国来看，本书所列农产品生产结构发生了变化，从快慢不一的产量增长速度可以看出；二是所列农产品生产布局发生了变化，即使农产品产量构成不变，而产区发生了变化也会导致总体单位生产水足迹的变化。本部分将进一步梳理主要农产品产区变化对水资源使用的影响。

4.3.3　生产布局调整

　　本部分对生产布局调整与水资源需求的比较分析，依然借助"水足迹"工具，由于本书选用的水足迹系数取自梅肯和霍克斯特拉（Mekonnen & Hoekstra，2010）对中国省域尺度农产品生产需水的测定，测算时间段为 1996 ~ 2005 年，并未依据技术设施使用以及气候变化对原始系数进行调整，这种数据的选取等于控制了技术及气候环境变化的影响，因此满足本部分在剔除其他因素外，仅考虑生产布局及产品结构调整对农产品需水情况的分析。

　　由表 4 - 12 所示分析发现，2000 ~ 2018 年，华北地区以及东北地区生产单位质量农产品的水足迹分别从 907.7 立方米/吨增长到 991.9 立方米/吨，和从 1185.2 立方米/吨增长到 1281.1 立方米/吨；从农产品生产结构上看，这两个地区水足迹较高的油料作物的产量占比均有所下降，从而整体农产品水足迹的增长原因，可归因于华北以及东北地区粮食作物占比增长以及蔬菜作物占比的大幅下降。具体地，2000 ~ 2018 年，华北地区粮食作物产量占比由 40.67% 增长到 54.18%，增幅达 13.51 个百分点，而蔬菜在同一时期的产量占比从 2000 年的 56.96% 下降到 43.82%，降幅达 13.14 个百分点；东北地区的变化更为明显，粮食产量占比从 2000 年的 59.71% 增长到 2018 年的 81.96%，增幅为 22.25%，蔬菜占比则从 39.38% 下降到 17.05%，降幅高达 22.33 个百分点。

表 4 – 12   各地区产品结构与水足迹结构

地区	年份	主要农产品占比			单位质量农产品水足迹	蓝、绿、灰水结构		
		粮食作物	油料作物	蔬菜		绿水足迹	蓝水足迹	灰水足迹
华北	2000	40.67	2.51	56.96	907.7	57.39	17.63	24.98
	2010	49.30	2.00	48.73	952.4	58.05	16.78	25.17
	2018	54.18	2.02	43.82	991.9	58.48	16.87	24.65
东北	2000	59.71	1.13	39.38	1185.2	68.2	12.51	19.29
	2010	73.97	1.13	25.01	1253.6	66.71	13.11	20.17
	2018	81.96	1.03	17.05	1281.1	66.85	12.5	20.66
华东	2000	46.31	3.62	50.10	959.2	63.78	13.27	22.95
	2010	43.01	2.56	54.45	902.5	63.32	12.83	23.85
	2018	43.22	1.89	54.90	895.4	63.03	12.94	24.03
华中	2000	49.99	4.41	45.61	904.7	64.75	10.66	24.58
	2010	44.24	4.04	51.74	843.7	63.67	10.44	25.88
	2018	43.89	4.04	52.08	845.2	63.84	10.41	25.76
华南	2000	45.52	1.89	52.59	753.5	65.26	8.54	26.21
	2010	34.72	1.68	63.60	658.6	64.65	7.75	27.59
	2018	26.72	1.77	71.51	597.2	65.16	6.5	28.34
西南	2000	61.17	2.77	36.08	978.0	66.47	11.35	22.18
	2010	50.68	3.25	46.12	854.9	67.66	8.94	23.41
	2018	39.70	3.08	57.30	734.5	67.62	7.37	25.02
西北	2000	60.36	3.38	36.44	1117.8	46.47	30.48	23.04
	2010	51.84	3.04	45.31	1000.5	45.25	29.93	24.82
	2018	44.69	2.37	53.08	894.7	44.29	28.68	27.03

资料来源：国家统计局及水足迹网站数据。

除华北以及东北地区以外，其他五个地区生产单位质量农产品的水足迹都出现了下降，其中华南地区和西北地区降幅最大。具体地，华南地区农产品生产结构调整使得农产品水足迹由 2000 年的 753.5 立方米/吨下降到 2018 年的 597.2 立方米/吨，每吨农产品需水下降了 156.3 立方米；西北地区单位农产品水足迹由 1117.8 立方米/吨，下降到 894.7 立方米/吨，每吨农产生产水足迹下降 223.1 立方米。与华北和东北两地区的情况正相反，水足迹下降的五个地区都有着粮食产量占比下降与蔬菜产量占比上升的情境，而华南地区与西北地区水足迹如此大幅的下降，也来源于粮食产量占比的大幅下降和蔬菜产量占比的大幅上升。

4.4 本章小结

改革开放以来，以取用水指标测度的我国水资源利用效率不断提高，节水成果显著，我国各地区的用水变化趋势各异。中国每万元国内生产总值用水量、每万元第一产业增加值用水量、每万元工业增加值用水量分别下降了 96.6%、84.2% 和 95.7%。非常规水资源利用不断增长，有效缓解了常规水资源用水压力包括污水处理再利用、集雨工程、海水淡化等水源工程所获取的供水量由 21.1 亿立方米增长到 86.4 亿立方米，年均增速高达 8.1%。2004 ~ 2018 年，在其他地区总用水量均有所增长的同时，华南地区的用水量持续下降，其中农业用水从 162.75 亿立方米下降到 147.73 亿立方米，年均降幅达 -0.69%；另外，在粮食主产区的华北地区、华东地区都出现了农业用水量的下降，华北地区的年均降幅更是达到了 -0.75% 的水平。

基于不同视角及评价体系的水资源管理与评价差异明显。整体上，以传统取用水工具测度的农业用水压力正在从华东、华南、华北地区向东北以及西南地区转移；从水足迹视角看，全国水资源占用情况从华东、华南、西南地区向东北、西北以及西北地区转移。需要注意的是，对于蓝水足迹来说，全国蓝水占用正发生从华东、华南以及西南地区向华北、东北以及西北地区转移，然而，这三个地区正是我国淡水资源最为缺乏的地区，水资源占有量分别为全国的 2.92%、6.29% 以及 9.25%，因而，蓝水资源占用的增长趋势势必加大当地的水资源需求压力，此三个区域的水资源管理面临不小的挑战。

取用水指标测算的各地区农业用水量，与对应年度水足迹标准下的主要农产品水资源占用情况存在不小的差异。以华北地区为例，2005 ~ 2018 年，农业用水量从 353.0 亿立方米下降到 318.9 亿立方米，然而，以当地生产的主要农产品水足迹却从 1341.9 亿立方米上升到 1682.8 亿立方米，且从水足迹结构来看，无论是蓝水、绿水、灰水，2005 ~ 2018 年华北地区生产主要农产品都在占用越来越多的水资源；从华北地区用水占全国比例来看，华北地区的农业取用水占全国比例由 9.96% 下降到 8.63%，从水足迹视角看，与 2005 年相比，华北地区总的水足迹占全国比例也出现了小幅下降，由 13.22% 下降到 12.96%，但是，同一时期华北地区蓝水足迹从占全国的 15.77% 上升到 16.73% 的水平，从定义上看，蓝水足迹来自地表径流及地下采水，考虑华北地区淡水资源仅为全国的 2.92%，华北地区的水资源管理思路应以继续加强的蓝水资源管理，提高灌溉农业中的蓝水生产率（吨/立方米），加大绿水资源的开发与利用，继续降低蓝水足迹/绿水足迹的值为目标。

另外，借助自然资源学科领域的"水足迹"工具对我国主要农产品整体需水情况的整理分析可知，不考虑技术进步以及气候变化因素的影响，地区单位农产品水足迹下降现象的原因至少有两个重要方面，一是从全国来看本书所列农产品生产结构发生了变化；二是所列农产品生产布局发生了变化，即使农产品产量构成不变，产区发生了变化也会导致总体单位生产水足迹的变化，这是由于每个地方的生产条件差异，生产同种作物所需的水资源种类也存有差异，而这将直接影响水资源管理的方式方法与效果。例如，如果河北的玉米转移到黑龙江生产将节约更多的蓝水资源，这对地下水本来就严重超采的河北地区来说，其重要性不言而喻，当然，对整体农产品安全生产能力的评估还应包括对土地资源以及生态系统的综合评估，由于本书主要关注水资源的可持续使用，因此不对其他因素作深入分析。

由于本书所用水足迹为固定观察时段的平均值，因此不考虑技术及节水设施使用以及制度因素等慢变量，这种大幅度的水足迹结构变化只能是来自于当地的主要农产品生产结构发生了较大幅度的调整与改变。在 2000 ~ 2018 年，东北地区主要农产品生产水足迹在占全国比例呈现上升趋势，东北地区当前在我国承担着越来越重要的主要农产品生产任务。2000 ~ 2018 年，全国的蓝水足迹/绿水足迹比从 2000 年的 0.217 下降到 2018 年的 0.209，我国生产结构调整对地表及地下水的取用的生产效率有所提升，这也与前文基于取用水系统的用水变化相符合。

第 5 章

中国居民食物消费生产性
土地需求

　　本部分借助生态足迹构建模型和计算方法，以农业食物产品生产性用地及其生产力为依据，动态估计了粮食、蔬菜、瓜果、畜禽产品等各类食物产品生产性用地均衡因子，并以此测算我国食物消费需求。在过去几十年间由于供给侧生产结构、产区布局的调整以及生产能力的提升，全国均衡因子以及各地的均衡因子都处于不断变化之中，基于静态的土地均衡因子测算的最终估计结果将与现实情况有较大偏差。

5.1 中国食物消费生态足迹核算账户和方法介绍

　　生态足迹（ecological footprint，EF）是衡量某一地区的所有人口生活及经济生产活动所消耗的用于经济社会发展的自然资源，并用标准生态生产性土地衡量人类活动的用地需求。对于一个国家或地区而言，其生态足迹就是所有人口消费的商品背后所需的资源以及消解所有废物所需要的生态生产性土地面积。

当前广泛用于生态足迹核算研究中的工具，主要是由瓦克纳格尔等（1997）开创的国家足迹账户（national footprint accounts，NFA）。国家足迹账户是以"全球公顷"为基准进行的足迹核算，使用"全球公顷"进行的核算可以为国际比较提供较好的标准，但由于我国在过去几十年间生产力水平与生产布局都出现了显著的变化，且国内各个地区之间的生产力水平以及生产结构差异巨大，以"全球公顷"为基准进行的足迹核算不再适用于我国食物消费生产性土地需求的评估和预测。

我们在生产和生活中消费的各种食用农产品，其对应的生态生产性土地包括耕地、牧草地、森林和水域。本章主要分析我国农业生产用地（不包括水域）的使用情况，所涉及土地类型包括 4 类耕地（粮食生产耕地、油料生产耕地、蔬菜生产耕地以及瓜果生产耕地）、果园、牧草地、畜牧饲用粮耕地、渔业饲用粮耕地空间 8 大类。对应农业生产性用地足迹账户见表 5 – 1。

表 5 – 1　　　　　　　我国农业食物产品生产性土地足迹计算账户

核算项目	农业生产性用地类型					
谷物	粮食生产耕地					
豆类	粮食生产耕地					
薯类	粮食生产耕地					
油料作物		油料生产耕地				
蔬菜		蔬菜生产耕地				
瓜果*			瓜果生产耕地			
园林水果*				果园		
猪肉					畜牧饲用粮耕地	
牛肉					畜牧饲用粮耕地	牧草地

续表

核算项目	农业生产性用地类型						
羊肉					畜牧饲用粮耕地		牧草地
禽肉					畜牧饲用粮耕地		
禽蛋					畜牧饲用粮耕地		
水产品						渔业饲用粮耕地	
牛奶							牧草地

注：瓜果包括西瓜、甜瓜、草莓；园林水果包括香蕉、苹果、柑橘、梨、葡萄、菠萝、红枣、柿子等；水产品包括鱼类、甲壳类（虾、蟹）等；油料作物包括花生、油菜籽、芝麻、向日葵籽、胡麻籽（亚麻籽）和其他油料。不包括大豆、木本油料和野生油料。

生态足迹模型中最重要的参数之一就是均衡因子，由于不同类型的土地具有不同生产能力，土地的生产力水平的计算通常是其一年的生物产量除以面积（吨/公顷），一般而言，耕地的生产力水平往往大于该区域全部土地的平均生产力，而草场的生产力水平则一般小于区域的平均值，因此，如果将这些不同生产能力的土地面积直接相加不足以准确反映用地的实际情况。通过系统的均衡因子计算，将不同生产能力的土地乘以对应的均衡因子，就可以将原来不具备可比性的各类土地生产面积进行比较。在对一个地区的食物消费农地需求进行评估时，必须先测定当地的均衡因子，而均衡因子的结果与单位农地生产能力以及农地结构有直接关系。某一类农用地的国家农业生产用地公顷模型中的均衡因子，为该类生产性土地的平均生产力除以全国所有农用生产性土地的平均生产力，也即 1 公顷的耕地、牧草地、林地等所包含的国家标准农用地数量。

另外，对于农食系统的分析而言，与大生态系统类似，不同类型的产品直接相加将就失去意义，从热能的角度研究食物消费生态足迹，对不同类型食物转换为统一的能量值，然后汇总平均（张恒义等，2009；黄羿等，2012；李加林等，2003），因此本章在进行均衡因子计算时，用某一农地单位面积热量产值（焦/公顷）表示该种土地的生产力水平，也即平均产出。

具体计算公式如下：

$$a_i = \frac{\overline{EP_i}}{\overline{EP}} = \frac{E_i}{S_i} \bigg/ \frac{\sum E_i}{\sum S_i}$$

$$\overline{EP_i} = \frac{E_i}{S_i}$$

$$E_i = \sum_k p_{ik} \times \delta_{ik}$$

其中，a_i 是国内第 i 类土地的均衡因子，$\overline{EP_i}$ 是第 i 类土地的平均生态生产力（焦/公顷），$\overline{EP}$ 是国内所有土地的总平均生产力（焦/公顷）；E_i 是第 i 类土地总能量产出（焦）；S_i 是第 i 类土地面积（公顷），δ_{ik} 为第 i 类土地上产出的第 k 种产品的单位热量。本章主要核算我国食物消费农食产品生产用地情况，因此土地类型涉及核算账户的 8 大类（其中有 4 类都是耕地，由于产出食物类型差异较大故分开进行核算）。对动物产品生态足迹的按照谢鸿宇等（2009）的测算方法。考虑我国牲畜养殖特征，认为猪肉、禽肉、牛肉、羊肉和禽蛋足迹主要来自饲料中粮食，另外根据肉类牧区产量，认为非牧区的肉类土地足迹来自耕地，而牧区肉类生产土地来源为草场。

对应食物消费的农食系统生产性土地足迹为：

$$EF = \sum_{i=1}^{8} a_i \times (EC_i / \overline{P_i})$$

$$\overline{P_i} = \frac{Q_i}{S_i}$$

其中，a_i 为国内第 i 类土地的均衡因子，EC_i 为第 i 类食品的人均消费量（千克），$\overline{P_i}$ 为第 i 种食品的全国平均单产（千克/公顷），Q_i 是第 i 类食品的总产量（千克），S_i 是第 i 类土地面积（公顷）。

5.2 中国农食系统生产性土地足迹变化因素分析

从计算公式容易看出，生态足迹的变化与以下三个方面的因素有关：

一是均衡因子。也就是某一产品生产用地的热量产出水平与全部类型土地的热量产出水平的比值，在其他条件不变的情况下，有几种可能情形：

（1）某一产品的农食系统生产性土地热量产出水平与所有农食系统生产性土地的生产力水平同方向变动。若该产品的生产土地生产力水平上升速度大于所有农食系统生产性土地的生产力水平增长速度，则该产品消费的生产性土地足迹将上升，反之则下降；若该产品的生产性土地的生产力水平下降速度大于所有农食系统生产性土地的生产力水平下降速度，则该产品消费的生产性土地足迹将下降，反之则上升。

（2）某一产品的农食系统生产性土地热量产出水平与所有农食系统生产性土地的生产力水平不同方向变动。若该产品的生产性土地的生产力水平上升，同时所有农食系统生产性土地的生产力水平下降，则该产品消费的农地足迹将上升；若该产品的生产性土地的生产力水平下降，同时所有农食系统生产性土地的生产力水平上升，则该产品消费的生产性土地足迹将下降。

二是居民食物消费量。在其他因素保持不变的前提下，某种食物的消费量增长必然会导致消费该食品的农食系统生产性土地增加。

三是第 i 种食物产品的全国平均单产。当全国生产该食物产品的单产水平提升时，将会使得人均年农食系统生产性土地足迹下降。因此本小节也将从上述三个方面解析我国的食物消费用地需求变化情况。

5.2.1　不同食品的生产性土地热量产出水平与均衡因子变化情况

改革开放以来我国农业用地结构以及生产结构出现了很大变化和调整，大体上可以划分为两个阶段。

第一阶段，1978～2003 年。我国粮食作物播种面积占比由 1978 年的 91.21% 下降到 2003 年的 68.97%，与此同时，油料作物播种面积、蔬菜播种面积以及果园的面积占比逐年增长。对该时期农食系统生产性土地的热能产出水平进行计算发现，该时段土地平均热量产出水平由 1657.6（10^8 焦/公顷）下降到 1063.5（10^8 焦/公顷），与之对应的是，包括粮食、蔬菜、油料作物和水果在内的对应用地的热能产出水平均在增加，可见该时期每一种食物的生产性土地的均衡因子都在增加，在其他条件不变的情况下，人均农食系统生产性土地足迹将会上升。

表 5-2　　　　　　　农食系统生产面积变化　　　　　　单位：%

年份/年均增速	粮食作物播种面积	油料作物播种面积	蔬菜播种面积	果园面积	瓜果类面积
1978	91.21	4.71	2.52	1.25	0.31
1983	88.38	6.50	3.18	1.56	0.38
1988	82.84	7.99	4.54	3.81	0.82
1993	80.49	8.12	5.89	4.68	0.82
1998	76.29	8.66	8.24	5.72	1.08
2003	68.97	10.40	12.46	6.55	1.63
2008	71.22	8.76	11.83	6.77	1.42
2009	71.54	8.72	11.56	6.78	1.39
2010	71.72	8.79	11.19	6.86	1.43
2015	71.97	8.05	11.87	6.78	1.33
2016	72.26	7.99	11.85	6.62	1.28
2017	71.75	8.04	12.15	6.78	1.28
2018	71.22	7.83	12.44	7.23	1.29
1978~1988 年均增速	-0.96	5.43	6.06	11.76	10.35
1988~1998 年均增速	-0.82	0.81	6.15	4.15	2.74
1998~2008 年均增速	-0.69	0.12	3.68	1.69	2.79
2008~2015 年均增速	0.15	-1.20	0.05	0.02	-0.93
2015~2018 年均增速	-0.35	-0.93	1.58	2.13	-0.99
1978~2018 年均增速	-0.62	1.28	4.07	4.48	3.65

注：在计算增速时，由于前一期末值为后一期初值参与了计算，所以间断年份有重复。

资料来源：FAOSTAT 和相关年份的《中国统计年鉴》。

第二阶段，2003 年至今。2003 年之后，我国农食系统各农产品生产面积构成逐渐趋于稳定。农食系统生产性土地平均热量产出水平由 1063.5（10^8 焦/公顷）上升到 1826.1（10^8 焦/公顷），与此同时几乎其他所有食物生产性土地的热能产出也都在上升。但进一步分析发现，该时期粮食、油料、蔬菜、果园水果以及动物产品用地的热能产出的年均增长速度均低

表 5 - 3　历年各类土地平均热量产出水平

单位：10^8 焦/公顷

年份	全部农食系统	细分								不考虑草场	
		粮食	油料	蔬菜	瓜果	果园水果	动物产品（耕地）	动物产品（草场）	水产品（耕地）	植物产品（耕地）	动物产品（耕地）
1978	1657.6	2653.6	5436.8	1589.3	887.3	434.9	181.4	1880.5	465.1	2753.6	806.6
1980	1562.3	2807.0	5183.6	1647.0	872.9	434.7	184.2	1900.4	491.9	2918.2	866.5
1982	1752.7	3214.7	5800.7	1650.2	885.5	438.3	199.7	1904.6	563.4	3348.0	994.7
1984	2086.8	3762.0	7451.9	1893.1	869.5	480.0	238.5	1894.1	659.3	3937.3	1152.4
1986	1935.8	3662.4	5513.2	1959.4	618.8	382.7	260.8	1898.7	641.9	3729.5	1115.7
1988	1647.9	3717.1	5945.6	1935.3	797.8	344.3	218.5	1878.7	651.4	3793.1	1097.8
1990	1678.4	4149.3	6487.0	1915.8	1339.0	372.6	206.8	1895.7	727.2	4220.1	1199.3
1992	1536.3	4161.3	6271.2	1983.1	1285.3	420.1	205.6	1897.6	729.3	4208.9	1167.8
1994	1373.1	4220.7	7220.6	2002.9	1561.0	482.0	189.2	1916.0	739.7	4323.0	1141.5
1996	1485.6	4700.9	7100.0	2048.8	1898.5	534.0	197.0	1907.0	823.8	4693.0	1208.3
1998	1266.1	4695.1	7471.5	1947.8	1652.7	622.4	167.8	1900.1	822.8	4675.3	1164.4
2000	1045.3	4340.1	7275.1	2175.8	1498.9	686.0	148.8	1891.3	760.6	4385.6	1065.9
2002	1063.5	4530.0	8290.3	2193.9	1455.0	753.2	152.0	1892.6	793.9	4586.0	1117.3
2004	1071.5	4756.3	9170.5	2243.4	1915.5	842.0	156.1	1906.6	833.6	4855.6	1182.5
2006	1297.5	5081.6	11451.2	2557.3	2045.6	907.8	194.2	1913.4	890.6	5273.0	1284.9

续表

年份	全部农食系统	细分								不考虑草场	
		粮食	油料	蔬菜	瓜果	果园水果	动物产品（耕地）	动物产品（草场）	水产品（耕地）	植物产品（耕地）	动物产品（耕地）
2008	1307.1	5265.8	10692.6	2640.2	2452.8	1028.1	195.1	1896.7	922.9	5400.0	1329.0
2009	1264.9	5146.0	10903.8	2701.4	2610.6	1072.8	191.2	1890.1	901.9	5343.8	1301.4
2010	1547.0	6024.3	11415.2	2807.6	2610.3	1088.6	225.1	1897.3	1055.8	6094.4	1544.3
2012	1730.6	6397.0	12309.9	2775.5	3118.2	1223.9	250.5	1897.5	1121.1	6433.2	1660.1
2014	1724.3	6428.8	12603.4	2784.0	3338.8	1245.4	249.1	1900.7	1126.7	6467.9	1680.9
2016	1865.8	6978.4	12598.6	2927.1	3486.7	1353.7	248.7	1909.0	1223.0	6897.4	1775.4
2018	1875.0	7064.1	13813.6	2934.8	3631.7	1295.0	247.7	1884.2	1238.0	7032.7	1780.8
2020	1826.1	7148.8	13897.6	2872.9	3726.3	1247.7	209.5	1879.8	1252.9	7080.4	1682.4
1978~2003年均增速（%）	-1.83	2.25	1.77	1.35	2.08	2.31	-0.73	0.03	2.25	2.15	1.37
2003~2020年均增速（%）	3.05	2.57	2.91	1.51	5.36	2.84	1.80	-0.04	2.57	2.44	2.30
1978~2020年均增速（%）	0.23	2.39	2.26	1.42	3.48	2.54	0.34	0.00	2.39	2.27	1.77

资料来源：FAOSTAT 和相关年份的《中国统计年鉴》。

于全部农食系统生产性土地平均热量产出水平的年均增长速度，整体上该时期，粮食、油料、蔬菜、果园水果以及动物产品生产性土地的均衡因子处于下降趋势，瓜果产品生产性土地的均衡因子处于上升趋势（具体均衡因子估计值见表 5 - 4）。可以推测，在其他条件不变的情况下，对应粮食、油料、蔬菜、果园水果以及动物产品用地的食物消费需求在 2003 年之后均有一定程度的下降，而同一时期瓜果产品用地热能产出的年均增长速度均高于全部农食系统生产性土地平均热量产出水平的年均增长速度，故在其他条件不变的情况下，该时期瓜果消费的农食系统生产性土地将会增加。

表 5 - 4　　　　　　1978 ~ 2021 年中国历年农业用地均衡因子变化

年份	粮食	油料	蔬菜	瓜果	畜牧饲粮	果园	草场	水产饲粮
1978	1.601	3.280	0.959	0.535	0.109	0.262	1.134	0.281
1980	1.797	3.318	1.054	0.559	0.118	0.278	1.216	0.315
1982	1.834	3.310	0.942	0.505	0.114	0.250	1.087	0.321
1984	1.803	3.571	0.907	0.417	0.114	0.230	0.908	0.316
1986	1.892	2.848	1.012	0.320	0.135	0.198	0.981	0.332
1988	2.256	3.608	1.174	0.484	0.133	0.209	1.140	0.395
1990	2.472	3.865	1.141	0.798	0.123	0.222	1.129	0.433
1992	2.709	4.082	1.291	0.837	0.134	0.273	1.235	0.475
1994	3.074	5.259	1.459	1.137	0.138	0.351	1.395	0.539
1996	3.164	4.779	1.379	1.278	0.133	0.359	1.284	0.555
1998	3.708	5.901	1.538	1.305	0.133	0.492	1.501	0.650
2000	4.152	6.960	2.082	1.434	0.142	0.656	1.809	0.728
2002	4.260	7.795	2.063	1.368	0.143	0.708	1.780	0.746
2004	4.439	8.558	2.094	1.788	0.146	0.786	1.779	0.778
2006	3.916	8.826	1.971	1.577	0.150	0.700	1.475	0.686
2008	4.029	8.180	2.020	1.876	0.149	0.787	1.451	0.706
2010	3.894	7.379	1.815	1.687	0.146	0.704	1.226	0.682
2012	3.696	7.113	1.604	1.802	0.145	0.707	1.096	0.648
2014	3.728	7.309	1.615	1.936	0.144	0.722	1.102	0.653
2016	3.740	6.753	1.569	1.869	0.133	0.726	1.023	0.655
2018	3.767	7.367	1.565	1.937	0.132	0.691	1.005	0.660
2020	3.915	7.611	1.573	2.041	0.115	0.683	1.029	0.686

资料来源：FAOSTAT 和相关年份的《中国统计年鉴》。

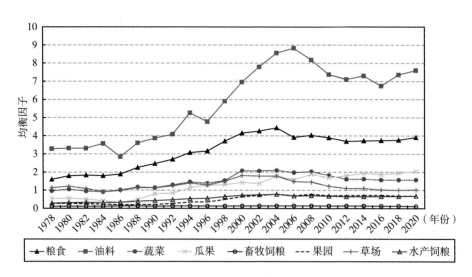

图5-1 我国各类均衡因子变化趋势图
资料来源：FAOSTAT 和相关年份的《中国统计年鉴》。

5.2.2 居民食物消费与农食系统生产性土地足迹

根据农食系统生产性土地足迹构成，其他条件不变，某种食物的消费量增长必然会导致消费该食品的农食系统生产性土地增加。由表5-5可见，改革开放以来，我国居民人均食物消费量一致处于上升趋势。由于FAO 在2021 年调整了计算方法，对2010 年之后的食物平衡表进行了重新估计，因此，取自FAOSTAT 的食物消费数据以2010 年为界限呈现出一定程度的分段状态。

表5-5   我国食物消费情况   单位：千克/人/年

年份/ 年均增速	总计	粮食	蔬菜	水果	油料 作物	食用油	肉类	禽蛋	乳制品	水产品
1978	352.62	263.13	52.89	7.05	4.88	2.44	11.27	2.44	3.04	5.48
1983	377.70	263.35	67.17	9.32	5.17	3.93	16.14	3.01	3.77	5.84
1988	397.32	229.20	98.56	14.61	5.75	4.70	22.86	5.66	5.61	10.37
1993	459.33	233.81	128.06	23.96	6.70	5.75	30.77	8.87	6.39	15.02
1998	557.06	237.64	180.11	38.42	7.55	6.33	41.00	14.46	8.00	23.55
2003	671.98	231.86	268.97	51.89	6.19	7.20	47.56	16.16	16.30	25.85

续表

年份/ 年均增速	总计	粮食	蔬菜	水果	油料 作物	食用油	肉类	禽蛋	乳制品	水产品
2008	747.01	219.36	312.26	68.90	7.20	7.67	54.64	18.07	28.35	30.56
2009	757.04	214.79	316.99	73.70	7.26	8.18	56.33	18.21	29.56	32.02
1978~2009 年均增速（%）	2.50	-0.65	5.95	7.86	1.29	3.98	5.33	6.70	7.61	5.86
2010	809.42	265.20	317.27	75.77	8.79	7.97	57.86	18.10	26.31	32.15
2012	836.47	268.29	329.08	86.05	8.65	7.71	57.59	18.55	26.83	33.72
2014	859.32	267.69	340.43	91.62	9.57	8.33	59.76	18.60	26.73	36.59
2016	886.96	269.83	360.82	93.93	10.56	8.83	61.73	20.07	22.56	38.63
2018	907.88	269.41	374.69	99.20	11.52	8.89	62.88	19.71	22.49	39.09
2019	913.28	272.08	371.45	101.36	12.62	9.28	62.00	21.12	23.30	40.07
2020	919.57	274.66	374.48	99.04	13.19	9.79	62.09	21.66	24.75	39.91
2010~2020 年均增速（%）	1.28	0.35	1.67	2.71	4.14	2.08	0.71	1.81	-0.61	2.19

资料来源：FAOSTAT 和相关年份的《中国统计年鉴》。

整体上，改革开放以来我国居民人均食物消费量持续上涨，近年来保持减速增长趋势。粮食产品在 2010 年之前人均消费量呈现比较明显的下降趋势，由 1978 年的 263.13 千克下降到 2009 年的 214.79 千克。乳制品消费量在 2010 年之前保持高速增长状态，2010 年之后消费量出现小幅下降，这可能是由于 2008 年乳业食品安全事件对我国乳制品行业造成冲击。其他各类食品在两个时间段都保持一定的增长。可见，由于食物消费量上升导致的农食系统生产性土地的需求压力也在不断增大。

同时，居民食物结构也发生了很大变化，由此也会引致农食系统生产性土地需求的变化，具体食物消费结构变化如表 5-6 所示。

表 5-6　　　　　　　　食物消费结构变化

年份	粮食	果蔬	蔬菜	水果	油料作物	食用油	肉类	禽蛋	乳制品	水产品
1978	74.62	17.00	15.00	2.00	1.38	0.69	3.20	0.69	0.86	1.55
1983	69.72	20.25	17.78	2.47	1.37	1.04	4.27	0.80	1.00	1.55
1988	57.69	28.48	24.81	3.68	1.45	1.18	5.75	1.42	1.41	2.61
1993	50.90	33.10	27.88	5.22	1.46	1.25	6.70	1.93	1.39	3.27

续表

年份	粮食	果蔬	蔬菜	水果	油料作物	食用油	肉类	禽蛋	乳制品	水产品
1998	42.66	39.23	32.33	6.90	1.36	1.14	7.36	2.60	1.44	4.23
2003	34.50	47.75	40.03	7.72	0.92	1.07	7.08	2.40	2.43	3.85
2008	29.37	51.02	41.80	9.22	0.96	1.03	7.31	2.42	3.80	4.09
2009	28.37	51.61	41.87	9.74	0.96	1.08	7.44	2.41	3.90	4.23
2010	32.76	48.56	39.20	9.36	1.09	0.98	7.15	2.24	3.25	3.97
2012	32.07	49.63	39.34	10.29	1.03	0.92	6.88	2.22	3.21	4.03
2014	31.15	50.28	39.62	10.66	1.11	0.97	6.95	2.16	3.11	4.26
2016	30.42	51.27	40.68	10.59	1.19	1.00	6.96	2.26	2.54	4.36
2018	29.67	52.20	41.27	10.93	1.27	0.98	6.93	2.17	2.48	4.31
2019	29.79	51.77	40.67	11.10	1.38	1.02	6.79	2.31	2.55	4.39
2020	29.87	51.49	40.72	10.77	1.43	1.06	6.75	2.36	2.69	4.34

资料来源：FAOSTAT 和相关年份的《中国统计年鉴》。

5.2.3　全国平均产量变化情况

如表5-7统计了1978~2020年，我国各类作物产品的全国单产变化情况，改革开放以来，所有农作物产品的单产都有巨大提升。分类别看，粮食产品单产由1978年的3.294吨/公顷增加到2020年的6.609吨/公顷，提升了1.01倍，蔬菜单产从1978年的17.259吨/公顷增加到2020年的31.97吨/公顷，提升80.8%，瓜果单产从1978年的6.424吨/公顷增加到2020年的26.976吨/公顷，提升3.12倍，油料作物提升77.5%，园林水果提升1.87倍。可见，瓜果、园林水果以及粮食单产提升最多，这三种产品的农食系统生产性土地需求下降最为明显。

表5-7　　　　　　　　　全国平均单产变化情况　　　　　　　单位：吨/公顷

年份/年均增速	粮食	蔬菜	瓜果	油料作物	园林水果
1978	3.294	17.259	6.424	2.906	3.148
1988	3.999	21.015	5.775	3.129	2.493
1998	5.114	21.152	11.965	3.564	4.506
2003	5.126	23.377	11.458	3.435	5.716

续表

年份/年均增速	粮食	蔬菜	瓜果	油料作物	园林水果
2008	5.355	28.670	17.757	4.435	7.443
2009	5.246	29.335	18.899	4.296	7.766
2010	5.828	30.488	18.897	4.551	7.881
2015	6.460	31.179	23.959	4.466	9.378
2020	6.609	31.197	26.976	5.157	9.032
1978~2009 年均增速（%）	1.51	1.73	3.54	1.27	2.96
2010~2020 年均增速（%）	1.27	0.23	3.62	1.26	1.37

资料来源：相关年份的《中国统计年鉴》。

5.3 中国农食系统生产性土地足迹核算及变化特征

按照前面构造的农食系统生产性土地足迹核算账户，通过对历年我国均衡因子，国家各类食物产品平均单产以及消费数据的整体，核算出我国 1978~2020 年的食物消费农食系统生产性土地足迹（公顷/人）。整体上我国人均食物消费生产性土地足迹呈现出波动上升的变化趋势，可分为 1978~2003 年的上升阶段，2003~2009 年的稳定阶段以及 2010~2015 年的下降阶段以及 2016 年至今的上升阶段。为了便于比较，在核算过程中分别计算了考虑牧草地和不考虑牧草地（认为所有畜肉产品均采用饲养形式）两种情况，所得农用土地足迹的变化趋势基本一致（见表 5-8）。在此仅分析考虑牧草地的人均食物消费农用地足迹变化情况。

表 5-8　　　　　　　**人均食物消费生产性土地足迹**　　　　单位：公顷/人

年份/年均增速	考虑牧草地（动物产品包括饲养和放养核算）				考虑牧草地（动物产品只按饲养核算）			不考虑牧草地		
	农食系统生产性土地足迹	植物产品农耕地足迹	动物产品农耕地足迹	动物产品草场足迹	农食系统生产性土地足迹	植物产品农耕地足迹	动物产品农耕地足迹	全部农业生产用地足迹	植物产品农耕地足迹	动物产品农耕地足迹
1978	0.179	0.151	0.016	0.013	0.167	0.151	0.016	0.118	0.102	0.016
1980	0.201	0.164	0.019	0.018	0.183	0.164	0.019	0.120	0.101	0.019

续表

年份/年均增速	考虑牧草地（动物产品包括饲养和放养核算）				考虑牧草地（动物产品只按饲养核算）			不考虑牧草地		
	农食系统生产性土地足迹	植物产品农耕地足迹	动物产品农耕地足迹	动物产品草场足迹	农食系统生产性土地足迹	植物产品农耕地足迹	动物产品农耕地足迹	全部农业生产用地足迹	植物产品农耕地足迹	动物产品农耕地足迹
1982	0.199	0.163	0.019	0.017	0.182	0.163	0.019	0.117	0.098	0.019
1984	0.179	0.144	0.019	0.016	0.163	0.144	0.019	0.107	0.088	0.019
1986	0.195	0.153	0.023	0.018	0.177	0.153	0.024	0.118	0.094	0.024
1988	0.225	0.175	0.027	0.023	0.202	0.175	0.027	0.120	0.093	0.027
1990	0.244	0.190	0.027	0.027	0.218	0.190	0.028	0.121	0.093	0.028
1992	0.262	0.197	0.031	0.033	0.229	0.197	0.032	0.123	0.091	0.032
1994	0.302	0.231	0.037	0.034	0.269	0.231	0.038	0.134	0.096	0.038
1996	0.302	0.222	0.039	0.042	0.261	0.222	0.039	0.132	0.092	0.039
1998	0.373	0.269	0.043	0.061	0.312	0.269	0.044	0.141	0.098	0.044
2000	0.456	0.324	0.048	0.084	0.373	0.324	0.049	0.156	0.107	0.049
2001	0.443	0.311	0.019	0.085						
2002	0.458	0.327	0.047	0.083	0.376	0.327	0.048	0.154	0.106	0.048
2003	0.489	0.339	0.020	0.100						
2004	0.481	0.330	0.049	0.101	0.380	0.330	0.050	0.153	0.103	0.050
2006	0.456	0.286	0.053	0.117	0.340	0.286	0.055	0.154	0.099	0.055
2008	0.461	0.287	0.055	0.118	0.344	0.287	0.056	0.154	0.098	0.056
2009	0.480	0.298	0.058	0.124	0.357	0.298	0.059	0.159	0.100	0.059
1978~2003年均增速（%）	4.093	3.301	4.996	8.519						
2003~2009年均增速（%）	-0.437	-2.346	2.911	3.721						
1978~2009年均增速（%）	3.228	2.227	4.281	7.573	2.490	2.227	4.303	0.978	-0.051	4.303
2010	0.449	0.293	0.052	0.104	0.347	0.293	0.054	0.156	0.103	0.054
2011	0.417	0.275	0.050	0.092	0.326	0.275	0.051	0.151	0.099	0.051
2012	0.408	0.270	0.050	0.087	0.321	0.270	0.051	0.150	0.099	0.051

续表

年份/ 年均增速	考虑牧草地（动物产品 包括饲养和放养核算）				考虑牧草地（动物产品 只按饲养核算）			不考虑牧草地		
	农食系 统生产 性土地 足迹	植物产 品农耕 地足迹	动物产 品农耕 地足迹	动物产 品草场 足迹	农食系 统生产 性土地 足迹	植物产 品农耕 地足迹	动物产 品农耕 地足迹	全部农 业生产 用地足 迹	植物产 品农耕 地足迹	动物产 品农耕 地足迹
2013	0.407	0.269	0.051	0.087	0.321	0.269	0.052	0.151	0.099	0.052
2014	0.425	0.280	0.053	0.093	0.334	0.280	0.054	0.155	0.101	0.054
2015	0.400	0.263	0.051	0.086	0.315	0.263	0.052	0.149	0.097	0.052
2016	0.418	0.271	0.052	0.096	0.324	0.271	0.053	0.151	0.098	0.053
2017	0.426	0.270	0.051	0.105	0.322	0.270	0.053	0.149	0.097	0.053
2018	0.429	0.272	0.051	0.106	0.325	0.272	0.053	0.150	0.098	0.053
2019	0.449	0.275	0.051	0.122	0.328	0.275	0.053	0.150	0.097	0.053
2020	0.472	0.287	0.052	0.133	0.341	0.287	0.054	0.153	0.099	0.054
2010~2015 年均增速 （%）	-2.285	-2.137	-0.388	-3.730	-1.916	-2.137	-0.752	-0.914	-1.193	-0.752
2015~2020 年均增速 （%）	3.368	1.764	0.463	9.086	1.588	1.764	0.675	0.457	0.341	0.675

资料来源：FAOSTAT 和相关年份的《中国统计年鉴》。

改革开放以来，我国食物消费农食系统生产性用地足迹快速上升，人均食物消费标准生产性土地足迹从 1978 年的 0.179 公顷（约 2.69 亩）上升到 2020 年的 0.472 公顷（约 7.08 亩），增长了 1.64 倍，其中粮食蔬菜等植物产品农耕地足迹从 0.151 公顷（约 2.26 亩）增长到 2020 年的 0.287 公顷（约 4.31 亩），动物产品农耕地足迹从 1978 年的 0.016 公顷（约 0.24 亩）增长了 2.25 倍，增长到 0.022 公顷（0.34 亩），动物产品草场足迹增长更为快速，从 1978 年的 0.013 公顷（约 0.19 亩）增长到 2020 年的 0.133 公顷（约 1.99 亩），增长了 9.23 倍。可见不同生产功能的农食系统用地面临的食物消费端的压力不一。

从食物消费农食系统生产性土地足迹的构成看，我国居民食物消费对土地的需求结构发生了巨大变化，动物产品消费农地足迹超过粮食产品消费足迹占比。1978 年我国食物消费农食系统足迹中粮食生产用地占了绝对地位，有71.31%为粮食种植耕地，10.75%的油料作物生产耕地，7.21%的养殖草食性家畜的草场用地，6.03%的畜禽产品饲粮耕地，2.73%为水产品饲粮用耕地，蔬菜、瓜果和园林水果生产用地足迹分别占1.64%、0.11%和0.22%。到2020年，粮食生产用农地足迹占比下降到34.97%，不到1978年一半的水平，放养畜肉产品生产性用地（草场）和油料作物生产性土地足迹占比大幅提升，分别涨到了28.51%和19.71%，果蔬生产性土地总体占比由原来的1.97%涨到了5.67%，畜禽产品饲粮用耕地和水产品饲粮耕地足迹占比分别涨到7.01%和4.13%。

表5-9　　　　　　　　农食系统生产性土地足迹结构　　　　　　单位：%

年份	粮食	果蔬	蔬菜	瓜果	园林水果	油料作物	畜禽产品饲粮	水产品饲粮	草场
1978	71.31	1.97	1.64	0.11	0.22	10.75	6.03	2.73	7.21
1983	66.06	2.09	1.73	0.12	0.24	13.24	7.19	2.54	8.88
1988	58.83	3.07	2.51	0.19	0.37	15.35	8.50	3.73	10.52
1993	53.54	3.76	2.94	0.27	0.55	17.76	8.32	3.89	12.72
1998	48.04	4.82	3.65	0.39	0.78	18.09	7.81	4.18	17.07
2003	42.19	6.66	5.16	0.50	1.00	20.57	6.70	3.47	20.42
2008	36.55	6.49	4.87	0.54	1.08	18.61	7.87	4.27	26.21
2009	34.97	6.54	4.85	0.56	1.13	20.29	7.84	4.27	26.10
2010	40.48	5.86	4.31	0.52	1.03	18.01	7.85	4.14	23.66
2012	41.16	6.17	4.43	0.58	1.16	17.86	8.17	4.55	22.11
2014	39.63	6.14	4.37	0.59	1.18	19.32	8.12	4.56	22.23
2016	38.24	6.02	4.33	0.56	1.13	19.92	8.03	4.56	23.22
2018	36.72	6.10	4.36	0.56	1.16	19.92	7.78	4.36	25.13
2019	35.60	5.83	4.14	0.56	1.13	19.18	7.36	4.30	27.73
2020	34.97	5.67	4.06	0.54	1.07	19.71	7.01	4.13	28.51

资料来源：FAOSTAT和相关年份的《中国统计年鉴》。

不同食物类别间的单位农食系统土地足迹差异，以及近年来不断变化的食物消费结构，是导致居民食物消费农地需求及结构变化的重要原因。由表5-10可见，我国单位质量农产品消费农食系统土地足迹与人均农地足迹变化趋势较为一致。2003年单位质量农产品消费农食系统土地足迹最大为1.448公顷/吨，2003年之前该指标表现出波动上升的趋势，2003~

2015 年出现明显的下降，2015 年之后又呈现缓慢上升变化趋势，到 2020年单位质量食物消费土地足迹为 1.100 公顷/吨。

表 5 - 10　　　　部分年份单位质量农产品消费农食系统土地足迹　　单位：公顷/吨

种类	1978 年	1998 年	2003 年	2013 年	2020 年
总体	0.629	1.105	1.448	0.981	1.100
粮食	0.486	0.725	0.890	0.603	0.592
蔬菜	0.056	0.073	0.094	0.053	0.050
瓜果	0.083	0.109	0.141	0.079	0.076
油料	0.073	0.273	0.434	0.273	0.334
园林水果	0.083	0.109	0.141	0.079	0.076
饲养肉类	0.985	0.701	0.708	0.578	0.554
饲养水产品	0.447	0.326	0.291	0.231	0.222
牧养肉类	45.379	60.029	77.234	43.342	41.176

资料来源：FAOSTAT 和相关年份的《中国统计年鉴》。

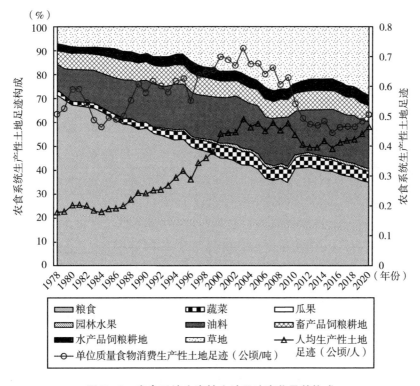

图 5 - 2　农食系统生产性土地足迹变化及其构成

资料来源：FAOSTAT 和相关年份的《中国统计年鉴》。

　　另外，生产力水平变化对单位质量消费农食系统生产性土地需求的影响显著。表 5 – 11 是考虑单产变化因素，以 2000 年全国单产水平为基准进行的比较。具体地，1980 年实际的单位质量食物消费土地足迹为 0.59 公顷/吨，如果以 2000 年的土地生产力水平进行生产，每吨食物消费土地足迹仅 0.44 公顷，可以使每吨的食物消费生产性土地需求减少 0.15 公顷，增加幅度为 2000 年水平的 33.86%；2020 年实际的单位质量农食系统土地足迹为 0.51 公顷/吨，如果以 2000 年的土地生产力水平进行生产，每吨的食物消费生产性土地足迹则会高达 0.63 公顷，由于技术进步，相对 2000 年来说，2020 年每吨的食物消费土地需求减少 0.13 公顷，下降幅度为 2000 年水平的 20.05%，可见生产效率的提升是影响食物消费农食系统生产用地的重要因素。

表 5 – 11　　　　　　　　　单位质量食物消费生产性土地足迹　　　　　　　单位：公顷/吨

年份	考虑单产变化	不考虑单产变化（以 2000 年单位生产力水平计算）	差值	幅度%
1980	0.59	0.44	0.15	33.86
1985	0.50	0.42	0.08	19.03
1990	0.58	0.53	0.05	9.17
1995	0.63	0.62	0.01	1.75
2000	0.70	0.70	0.00	0.00
2005	0.68	0.72	− 0.05	− 6.57
2010	0.54	0.63	− 0.08	− 13.52
2015	0.44	0.54	− 0.10	− 17.63
2016	0.46	0.56	− 0.10	− 17.54
2017	0.47	0.57	− 0.11	− 18.65
2018	0.46	0.58	− 0.11	− 19.53
2019	0.48	0.60	− 0.12	− 19.86
2020	0.51	0.63	− 0.13	− 20.05

资料来源：FAOSTAT 和相关年份的《中国统计年鉴》。

5.4　本章小结

从农食系统生产性土地足迹核算的角度看，其变化受到均衡因子、居民食物消费量以及食物产品的全国平均单产三个因素息息相关。改革开放以来我国上述三个因子都发生了显著变化。

均衡因子的变化说明了不同生产功能农地与农食系统生产性土地的平均热量产出的关系。1978～2003 年，土地平均热量产出水平持续下降，由 1657.6（10^8 焦/公顷）下降到 1063.5（10^8 焦/公顷），然而，包括粮食、蔬菜、油料作物和水果在内的对应用地的热能产出水平均在增加，可见该时期每一种食物消费的生产性土地的均衡因子都在增加，在其他条件不变的情况下，人均农食系统生产性土地足迹将会上升。2003 年至今，农食系统生产性土地平均热量产出水平由 1063.5（10^8 焦/公顷）上升到 1826.1（10^8 焦/公顷），该时期粮食、油料、蔬菜、果园水果以及动物产品生产性土地的热能产出的年均增长速度均低于农食系统生产性土地平均热量产出水平的年均增长速度，粮食、油料、蔬菜、果园水果以及动物产品生产性土地的均衡因子处于下降趋势，瓜果产品生产性土地的均衡因子处于上升趋势。在 2003 年之后，其他条件不变的情况下，对应粮食、油料、蔬菜、果园水果以及动物产品用地的食物消费需求由于均衡因子的下降均有一定程度的下降，而瓜果产品用地的热能产出的年均增长速度均高于农食系统生产性土地平均热量产出水平的年均增长速度，该时期瓜果消费的农食系统生产性土地将会增加。

改革开放以来我国居民人均食物消费量持续上涨，近年来保持减速增长趋势。除粮食产品和乳制品消费变化呈现一定的波动性，其他各类食品在两个时间段都保持一定的增长。由于食物消费量上升导致的农食系统生产性土地的需求压力也在不断增大。不同消费食物类别间的单位农食系统生产性土地足迹差异，以及近年来不断变化的食物消费结构，是导致居民食物消费生产性土地需求及结构变化的重要原因。不同生产功能的农食系统用地面临的食物消费端的压力不一。从食物消费农食系统生产性土地足迹的构成看，我国居民食物消费对生产性土地的需求结构发生了巨大变化，动物产品消费生产性土地足迹超过粮食产品消费足迹占比。

生产力水平变化对单位质量食物消费农食系统生产性土地需求的影响显著。对 1978 ~ 2020 年我国各类作物产品的全国单产变化情况分析结果显示，改革开放以来，所有农作物产品的单产都有巨大提升。由于单产的提升各种食物产品的农食系统生产性土地需求增长将会受到一定的抵消，生产效率的提升是影响食物消费农食系统生产性土地的重要因素。

第**6**章 ⎰⎱⎰⎱—•

中国居民食物消费
水资源需求

　　梅多斯在《增长的极限》一书中对于资源不可持续利用将导致的经济
社会问题更是做出了如下评述"由于可再生资源的获取、不可再生资源的
损耗，为维持经济运行所需要的物质流的数量与质量所要求的能量和资本
不断提高。这些成本的产生综合了物理、环境和社会因素。最终它们将提
高到工业增长无法持续的水平。当这种情况发生时，经济将开始收缩"。
前面第二章分析回顾了我国居民食物消费变迁路径，并通过与部分国家及
地区间的比较，预判了我国居民食物消费可能的发展趋势，另外，考虑到国
际贸易所带来区域间商品流通交换的同时，也意味着不同国家以及地区之间
资源的交换与配置，本章分析了我国主要农产品的生产以及贸易情况。

　　在经济全球化以及供给侧结构性改革的大环境下，研究者及政策制定
者必须要对我国水资源分布、生产水足迹、消费水足迹以及国内供给水足
迹的来源有全面的掌握，才能更好更有效地进行水资源管理。

　　本章首先对我国水资源分布以及使用情况进行分析，分区域梳理了水资
源与生产布局之间的匹配程度，以判断我国的水资源是否能够很好地去支持
生产需求；其次，本章第二节比较了我国生产和消费及各自对应水足迹的变
化趋势及构成，分析我国生产与食物消费结构的发展变化是否同步；最后，

考虑在贸易开放环境下，由我国居民日益增长的食物消费需求所引致的水资源需求，可能随着农产品贸易表现出对外部水资源需求的增长，因此在本章第三节对农产品贸易变化对我国水资源需求的影响做了简要讨论。

6.1 中国主要农产品生产及消费水需求比较

改革开放以来，我国在农业生产上取得了巨大成就，居民生活水平不断提高。然而成绩的背后是巨大的物质投入和被忽视的资源环境代价。如何在满足人类食物需求上升与结构升级的同时，有效保护农业自然资源、实现经济社会可持续发展，已经成为了学术界和政府必须共同面对的问题，这在当前推进农业供给侧结构性改革的历史背景下更加重要。

1961～2013 年，我国农产品产量逐年增长，其中水果及坚果以及肉类产品年均增速较高分别高达 7.6% 与 7.0%。其间，水果及坚果从 1961 年的 345 万吨增长到 2013 年的 158811 万吨，肉类从 255 万吨增长到 8518 万吨，分别增长了 44.8 倍与 32.4 倍。余下四类农产品中 52 年间年均增速由大到小依次为：其他动物产品（包括蛋类、乳制品及水产品）、蔬菜、植物油及油料作物和粮食，增速分别为 6.0%、4.5%、3.8% 和 2.4%，具体情况如表 6-1 所示。

表 6-1　　　　　　　　部分年份我国主要农产品产量及年均增速

项目	年份	粮食	植物油及油料作物	蔬菜	水果及坚果	肉类	其他动物产品
产量（万吨）	1961	19155	1166	5905	345	255	683
	1978	39715	2077	5749	814	1109	1251
	1988	44044	3843	12676	1938	2650	2794
	1998	58192	5566	26002	5866	5288	7252
	2003	50954	6557	41970	8237	6268	9552
	2008	57594	7583	51202	11672	7314	12691
	2009	57838	7658	52268	12465	7627	12986
	2010	59902	7761	54544	13170	7896	13398
	2013	66399	8021	58333	15811	8518	14148

续表

项目	年份	粮食	植物油及油料作物	蔬菜	水果及坚果	肉类	其他动物产品
年均增速（%）	1961~1978	4.4	3.5	-0.2	5.2	9.0	3.6
	1978~1988	1.0	6.3	8.2	9.1	9.1	8.4
	1988~1998	2.8	3.8	7.4	11.7	7.2	10.0
	1998~2008	-0.1	3.1	7.0	7.1	3.3	5.8
	2008~2013	2.9	1.1	2.6	6.3	3.1	2.2
	1961~2013	2.4	3.8	4.5	7.6	7.0	6.0

注：在计算增速时，由于前一期末值为后一期初值参与了计算，所以间断年份有重复。
资料来源：FAOSTAT。

　　生产快速且持续的增长提高了人们的生活水平背后，是不可忽视的资源环境成本。在这里需要说明的是，此处我们将借助水足迹与虚拟水的概念，将各种产品的水足迹系数作为生产单位质量的产品所需的虚拟水含量，进而对主要食品生产的水足迹进行估算，回顾我国近几十年来生产与消费的水资源情况。附表 4 为本部分所使用的水足迹系数及选取说明。图 6-1 可见，与农产品产量同样快速上升的是我国每年的农业生产水足迹的快速增加，1961~2013 年，在总的生产产量增长 6.2 倍的同时，我国生产对应农产品的水足迹已从 2361.7 亿立方米/年增长到 17930 亿立方米/年，增长 6.6 倍。二者之间的差异则反映了我国历年生产结构变化的趋势，简单地可以推测出，整体上我国从对水资源消耗比较低的农业生产结构向对水资源消耗比较高的农业生产结构转移。

　　在当前的资源环境以及技术水平一定的前提下，消费量与消费结构是影响食物消费水足迹的主要原因。容易推断，消费者决策对食物消费水足迹起决定作用的一个因素是消费多寡，相同的食物消费结构消费量越大其对应的食物消费水足迹越大；另一个因素就是消费结构，不同饮食结构所带来的水足迹差异不容忽视，相同的消费量对于肉类偏好的消费者的水足迹明显高于素食者的水足迹。

　　另外，居民人均食物消费水足迹也随食物消费的变化发生了较大的增长。人均食物消费水足迹从 1961 年的 298 立方米/年增长到 2013 年的 1109 立方米/年，年均增长 2.6%。一方面，52 年间，我国居民食物消费量快速增长；另一方面，相对其他产品而言，由于单位质量的肉类产品具有更高的

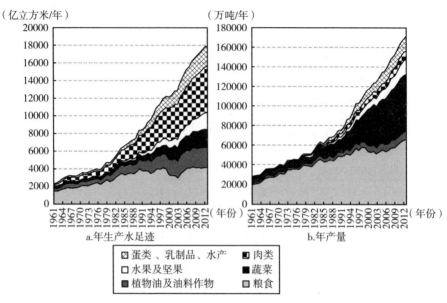

图6-1 我国主要农产品生产水足迹历年变化趋势

资料来源：根据 FAOSTAT 及水足迹数据整理而得。

水足迹，因此，肉类产品消费量的增长带来更为直观的肉类消费水足迹的上升，从图6-2可见，肉类消费水足迹增长十分显著，已从1961年的22立方米/年，增长到392立方米/年。这也是本书格外关注肉类产品消费的主要原因之一。

我国主要农产品生产结构与居民食物消费结构变化不同步。这与前面我国居民食物消费结构变化的发展趋势相呼应。从图6-3易知，整体上我国生产结构与居民食物消费结构较为一致，但也不难发现过去52年间，由于产业结构调整与人均消费需求之间的变化不同步、产业间结构优化升级、国际贸易阶段性变化等因素，生产与消费之间的结构差异出现了一种明显不协调的发展情况。

表6-2给出了我国主要年份的农产品生产以及消费结构变化情况。下面6种农产品的生产与消费结构差异发生了两个不同方向的扩大。一是居民粮食消费占比的下降幅度快于粮食生产占比的下降幅度；二是蔬菜、水果、肉类以及包括蛋类、水产及乳制品在内的其他食物的居民食物消费占比的增长幅度也大于对应产品产量占比的增长幅度。这在当前农业供给侧生产结构调整的大背景下，去研究农业生产如何满足人们日益增长发展

的食物消费需求具有现实意义。

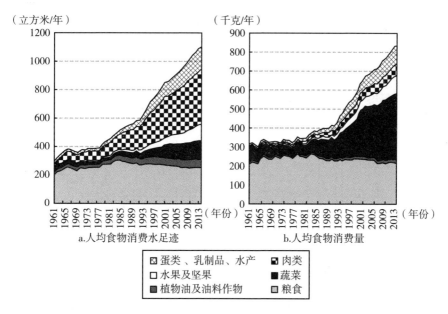

图6-2　历年人均食物消费水足迹与消费量比较

资料来源：根据 FAOSTAT 与水足迹系数整理而得。

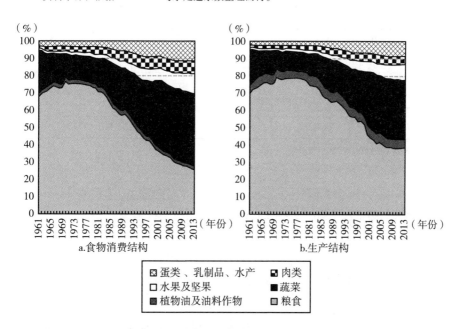

图6-3　我国食物消费结构与生产结构比较

资料来源：根据 FAOSTAT 与水足迹系数整理而得。

表 6-2 我国农产品生产及消费结构变化 单位:%

种类	年份	粮食	植物油及油料作物	蔬菜	水果及坚果	肉类	蛋类、乳制品、水产
食物消费结构	1961	67.3	2.0	25.1	1.4	1.2	3.1
	1978	74.3	2.1	14.9	2.1	3.2	3.5
	1988	57.5	2.6	24.7	3.8	5.7	5.7
	1998	42.3	2.5	32.0	7.0	7.3	9.0
	2008	29.0	2.0	41.3	9.4	7.2	11.2
	2009	28.0	2.0	41.3	9.9	7.3	11.4
	2010	27.6	2.0	41.4	10.2	7.3	11.5
	2011	27.4	1.9	41.3	10.8	7.2	11.4
	2012	26.4	1.9	41.3	11.4	7.3	11.6
	2013	26.1	1.9	41.5	11.6	7.4	11.5
食物生产结构	1961	69.6	4.2	21.5	1.3	0.9	2.5
	1978	78.3	4.1	11.3	1.6	2.2	2.5
	1988	64.8	5.7	18.7	2.9	3.9	4.1
	1998	53.8	5.1	24.0	5.4	4.9	6.7
	2008	38.9	5.1	34.6	7.9	4.9	8.6
	2009	38.3	5.1	34.7	8.3	5.1	8.6
	2010	38.2	5.0	34.8	8.4	5.0	8.6
	2011	38.5	4.9	34.6	8.7	4.9	8.4
	2012	38.7	4.8	33.9	9.1	5.0	8.5
	2013	38.8	4.7	34.1	9.2	5.0	8.3

资料来源：FAOSTAT。

6.2 贸易开放与我国食物消费水资源需求

6.2.1 我国主要农产品生产及贸易概况

本节运用 FAO 食品平衡表的数据，分析了主要农产品的贸易依赖程度，对粮食产品、果蔬等其他植物产品、肉类产品以及其他动物产品分别进行梳理。在这里我们并没有使用净进口量去衡量自给率的一个原因是，FAO 的食品平衡表数据里的国内总的食品供应量是按照当年国内生产量，加上净进口量，再加上当年的库存变化来获取。因此，笔者认为直接用当年的食品生产量与总的食品供应量去比较，能够更直接地反映我国的生产与国内消费需求差距，加之本书重点之一在于厘清我国食物消费国内国外水需求的构成情况，这种处理对于理解我国食物消费水资源压力与结构也更直观。具体地，笔者通过对比我国历年食品国内生产量以及总的国内供给量，用二者比值度量我国各产品自给程度，若某产品该比值大于 1 表示当年我国生产的该类产品能够完全满足国内需求，若该比值小于一则说明当年国内生产量只能满足部分需求。

1. 粮食产品

如图 6-4 所示，整体上我国三种粮食产品自给率较高，改革开放之前，我国三种粮食产品的自给率均位于高位且相对稳定，改革开放之后，各种粮食产品的自给率变化差异开始显现出来。其中，谷物自 1961 年以来基本保持 90% 以上的自给水平，在 1998～2003 年 5 年间出现了一个较大

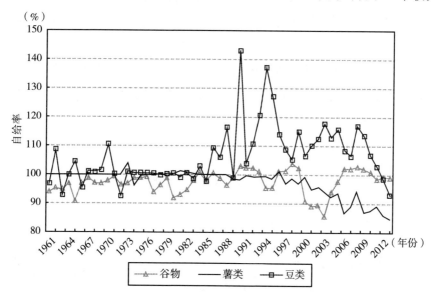

图 6-4　我国粮食产品自给率变化趋势

资料来源：FAOSTAT。

幅度的下降，之后开始回升，到2006年谷物自给率重新上升到100%以上水平，2006年之后谷物基本上处于完全自给的水平。改革开放以来，我国豆类产品每年自给率波动较大，从国内生产占国内供给量的比值来看，豆类产品的国内市场基本上是供大于求的状态。然而，我们也不难发现2009年之后，该比值持续下降，2012年回落到1以下的水平且继续下降，2013年豆类的国内生产占国内供给总量的比值下降到93.1%。薯类的自给率在2000年之前一直维持在比较稳定的高水平状态，之后开始持续下降，到2013年薯类的国内生产量与国内总供应量之间的百分比值下降到84.9%的水平。

上述三种粮食产品的自给率水平发生不同变化的原因有二：一是国内生产结构以及生产布局的调整，二是国内总需求的变化。对照表6-3三种粮食产品的产量与国内供给量可知，1961~2013年谷物的产量与国内总供给量均呈现持续的上涨状态，在改革开放之前二者的年均增速相当，分别为5.51%和5.35%，谷物产量基本能够满足国内谷物需求的增长；1978~2001年，改革开放至加入世贸组织期间，谷物产量的年均增速开始不能满足国内日益增长的需求，同时期谷物自给率下降到89.2%；2001年之后，在国内总供给量继续保持高速增长的情况下，我国的谷物产量年均增速也在这一时期重新超过总需求的增长速度。与谷物的生产与需求变化不同的是，我国薯类的产量及国内总供给量均在52年间出现了"上升—回落—再上升"的过程，也是由于在最后阶段的供不应求，使得其自给率出现下降。豆类的生产与国内供给呈现1961~2010年的持续下降与2010年之后的小幅回升。

表6-3　　　　　　　　　粮食产品产量以及进口量

年份	国内生产占国内供给比(%)			产量（万吨）			国内总供给量（万吨）		
	谷物	薯类	豆类	谷物	薯类	豆类	谷物	薯类	豆类
1961	93.9	99.9	96.8	9094	9209	852	9682.4	9215.0	880.6
1978	96.4	100.5	99.9	22641	16423	651	23498.5	16336.5	651.8
2001	89.2	94.7	110.1	33869	18376	513	37987.1	19400.2	465.8
2005	97.7	93.6	115.8	36875	17922	523	37730.8	19147.0	452.0
2006	102.1	86.7	108.4	39165	14122	455	38346.5	16297.3	419.5

续表

年份	国内生产占国内供给比(%)			产量（万吨）			国内总供给量（万吨）		
	谷物	薯类	豆类	谷物	薯类	豆类	谷物	薯类	豆类
2007	102.1	89.1	106.7	39541	14666	448	38710.9	16457.3	420.2
2008	102.9	94.4	117.0	41569	15535	490	40391.9	16459.1	418.6
2009	102.0	86.8	113.6	41778	15627	433	40941.5	17999.4	381.4
2010	100.9	87.7	106.9	43280	16233	389	42901.4	18518.3	364.0
2011	98.4	89.2	102.9	45314	17015	461	46036.7	19065.8	448.1
2012	99.4	85.9	98.8	47466	17083	453	47733.4	19876.0	458.5
2013	99.0	84.9	93.1	48628	17322	449	49131.8	20407.4	482.1
1961~1978	0.15	0.03	0.19	5.51	3.46	-1.57	5.35	3.43	-1.75
1978~2001	-0.34	-0.26	0.42	1.77	0.49	-1.03	2.11	0.75	-1.45
2001~2013	0.87	-0.91	-1.39	3.06	-0.49	-1.11	2.17	0.42	0.29
1978~2013	0.08	-0.48	-0.20	2.21	0.15	-1.06	3.17	1.54	-1.15

注：在计算增速时，由于前一期末值为后一期初值参与了计算，所以间断年份有重复。

资料来源：FAOSTAT。

2. 其他植物产品

蔬菜与水果的国内生产量一直处于完全满足国内需求的水平，自给率基本维持在 100% 以上，蔬菜与水果的国内生产与国内总供给量在 52 年间均保持持续上升，且二者增速相当。植物油与油料作物的自给率变化路径比较相似，二者均在 1985 年之前保持国内较高的自给水平，而在 1985 年之后进入快速下降时期，二者国内生产与国内总供给量之比从 1985 年的完全自给状态，分别下降到 2013 年的 45.5% 和 66.0%，国内生产只能满足一半左右的国内需求。从表 6 - 5 比较油料作物与植物油历年的生产与供给情况，可以发现，出现这种情况的原因是，国内对油料作物及食用油的总需求近年来一直维持着高速上升，由于各种原因，国内生产虽然也维持着增长态势，但其终究没有追上国内需求的增长速度。

另外，考虑到单位重量的植物油与油料作物在所有植物产品中具有较高的水足迹（生产一千克的植物油及油料作物分别需要 5.18 立方米与 2.74 立方米的淡水资源）其国内自给率的巨大变化对我国的淡水资源需求将会有重要影响。

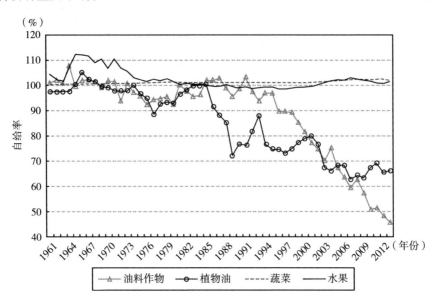

图 6 - 5　其他植物产品的自给率变化

资料来源：FAOSTAT。

3. 肉类等动物产品

从图 6 - 6 各种肉类产品自给率变化的趋势可见，包括动物内脏、猪肉、羊肉和禽肉在内的肉类产品的自给率在近些年均呈现出一定的波动下降趋势，另外，牛肉自给率在 20 世纪 90 年代中期以前波动较大，之后也呈现出下降趋势。对比可知，猪、牛、羊肉的自给率水平在 2006 年之后出现快速的下降。

结合表 6 - 5，可以看出改革开放之前，国内各种肉类产品的生产与国内需求都保持在较高水平的增长速度，且年均增速相仿。在 1978～2001年，我国国内对各种肉类产品的总供给量的增长速度全面超过生产的增长，国内市场开始出现供不应求。在 2001 年之后不论是生产还是国内需求的增速均开始放缓，且年均增速较上一期有较大幅度的下降，但该时期，猪、牛、羊肉的国内需求增速依然快于产量的增速，国内生产的供不应求进一步拉大。对比年均增速可知，在这一时期，此三种产品国内生产量的年均增速与国内需求的增长速度差距由大到小依次为牛肉、羊肉和猪肉，可见牛羊肉在未来一段时间内的供需压力将会加大。另外，禽肉的产量增长速度在该时期开始超过国内的禽肉需求增速，因此，未来禽肉的自给水平将会有所回升。

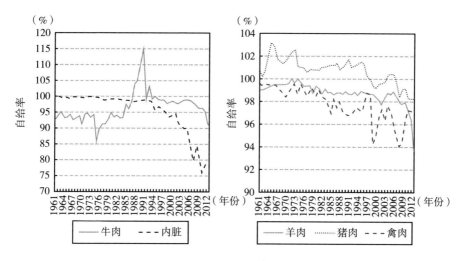

图 6 - 6　肉类产品的自给率变化

资料来源：FAOSTAT。

　　本书在后面对肉类的需求分析得出，在未来一段时间内，居民肉类食物消费支出将会随收入增长继续呈现出一定的增长趋势，而在此过程中肉类消费结构也将发生从以畜禽肉产品消费为主向禽肉及水产转变的状态。另外由于肉类产品具有高耗水的性质，其需求量与结构的变化对我国水资源的需求也会产生巨大影响。

　　本书其他动物产品包括蛋类、乳制品以及水产品。从图6-7可见，我国蛋类产品的自给率一直维持在99%以上的水平，乳制品以及水产品的变动路径具有相似性。

　　具体地，结合表6-6，从产量与供给量的年均增长速度看，1961～1978年，国内乳制品及水产品的生产量与需求量均保持较高速度增长，单生产量的增长速度落后于国内总供给的增长速度，其中乳制品的产量与国内供给量的增长速度之间的差距更大。在改革开放之后到2001年，乳制品与水产品的生产及供给加速增长，这期间乳制品产量的年均增速达到8.94%，超过了其供给量6.79%的增速。水产品的供给与生产之间增速之

表6-4　　其他植物产品国内生产与供给情况

项目	年份	其他植物产品生产占国内供给比（%）					国内生产量（万吨）					国内总供给量（万吨）				
		油料作物	植物油	蔬菜	水果	坚果	油料作物	植物油	蔬菜	水果	坚果	油料作物	植物油	蔬菜	水果	坚果
产量（万吨）	1961	100.7	97.3	100.1	104.1	103.8	1057	110	5905	326	19	1049	113	5901	313	18
	1978	94.7	92.4	100.9	101.6	112.9	1808	269	5749	782	32	1910	291	5696	770	28
	2001	77.3	80.0	101.1	99.4	96.2	5281	1247	38385	7115	111	6829	1559	37969	7156	115
	2005	67.2	68.1	101.7	102.0	99.7	5674	1611	44383	9347	181	8449	2365	43622	9167	181
	2006	63.5	68.0	101.8	101.8	100.8	5472	1665	46206	9978	191	8619	2447	45390	9799	189
	2007	59.5	62.5	102.0	102.8	100.0	5258	1636	48707	10682	221	8835	2618	47739	10390	221
	2008	62.7	64.4	101.9	102.3	97.4	5869	1715	51202	11411	262	9358	2663	50242	11155	269
	2009	57.2	63.5	101.8	101.9	95.2	5776	1883	52268	12179	287	10104	2964	51341	11955	301
	2010	50.6	67.1	102.0	101.6	94.8	5740	2021	54544	12845	325	11340	3010	53477	12642	343
	2011	51.3	69.0	102.2	100.9	98.3	5915	2086	56426	13897	366	11526	3024	55227	13778	372
	2012	48.2	65.5	101.9	100.8	97.2	5936	2188	57052	14895	375	12317	3343	55975	14776	386
	2013	45.5	66.0	102.0	101.5	97.8	5811	2209	58333	15436	374	12773	3345	57208	15208	383
年均增速（%）	1961~1978	-0.36	-0.31	0.05	-0.14	0.50	3.21	5.41	-0.16	5.28	2.99	3.59	5.73	-0.21	5.43	2.48
	1978~2001	-0.88	-0.63	0.01	-0.10	-0.69	4.77	6.90	8.61	10.07	5.62	5.70	7.57	8.60	10.18	6.36
	2001~2013	-4.33	-1.58	0.07	0.17	0.14	0.80	4.88	3.55	6.67	10.69	5.36	6.57	3.48	6.48	10.54

注：在计算年均增速时，由于前一期末值为后一期初值参与了计算，所以以同断年份有重复。

资料来源：FAOSTAT。

表 6－5　　肉类产品国内生产与供给情况

年份	国内生产量（万吨）						国内总供应量（万吨）						国内生产占国内供给比（%）					
	牛肉	羊肉	猪肉	禽肉	其他肉类	内脏	牛肉	羊肉	猪肉	禽肉	其他肉类	内脏	牛肉	羊肉	猪肉	禽肉	其他肉类	内脏
1961	7.9	10.0	160.7	69.3	7.0	14.2	8.5	10.1	159.5	69.6	8.9	14.2	92.9	99.0	100.8	99.6	78.7	100.0
1978	28.2	32.1	877.2	153.1	18.8	56.9	30.9	32.3	870.0	154.8	16.9	57.7	91.3	99.4	100.8	98.9	111.2	98.6
2001	510.8	268.5	3705.8	1252.4	98.3	327.8	518.9	273.5	3720.4	1297.0	92.7	348.4	98.4	98.2	99.6	96.6	106.0	94.1
2006	578.8	359.1	4361.0	1428.6	138.2	357.4	586.0	363.0	4342.4	1488.8	137.4	396.3	98.8	98.9	100.4	96.0	100.6	90.2
2007	615.3	377.7	4393.3	1517.2	145.1	363.0	623.6	383.5	4405.4	1598.0	144.7	428.5	98.7	98.5	99.7	94.9	100.3	84.7
2008	614.7	375.1	4580.4	1599.2	144.1	366.4	627.8	382.9	4657.7	1700.2	143.9	461.3	97.9	98.0	98.3	94.1	100.1	79.4
2009	637.0	384.2	4792.5	1661.6	152.1	378.4	656.2	393.1	4835.8	1761.5	151.4	445.2	97.1	97.7	99.1	94.3	100.5	85.0
2010	655.4	399.2	4958.1	1724.3	159.3	398.8	682.0	407.6	5000.9	1789.4	159.3	488.9	96.1	97.9	99.1	96.4	100.0	81.6
2011	649.1	393.4	4939.6	1780.0	165.9	394.5	674.2	404.9	5029.4	1830.1	166.1	521.4	96.3	97.2	98.2	97.3	99.9	75.7
2012	663.8	401.2	5230.9	1869.6	166.6	400.1	696.6	416.5	5324.8	1924.2	166.7	510.1	95.3	96.3	98.2	97.2	99.9	78.4
2013	674.5	408.3	5375.2	1893.8	166.1	408.0	741.2	437.5	5473.0	1950.4	166.1	518.0	91.0	93.3	98.2	97.1	100.0	78.8
1961～1978	7.77	7.10	10.50	4.77	5.98	8.51	7.89	7.08	10.49	4.81	3.84	8.60	-0.11	0.02	0.00	-0.04	2.06	-0.08
1978～2001	13.42	9.67	6.47	9.57	7.46	7.91	14.82	12.00	8.32	11.65	10.45	10.01	0.33	-0.05	-0.05	-0.10	-0.21	-0.20
2001～2013	2.34	3.55	3.15	3.51	4.47	1.84	3.02	3.99	3.27	3.46	4.98	3.36	-0.65	-0.42	-0.12	0.05	-0.49	-1.47

资料来源：FAOSTAT。

差也开始收窄。2001～2008 年，乳制品及水产品的自给率水平依然保持上升趋势，2008 年之后，由于国内乳业食品安全问题，国内需求开始向国外市场转移，乳制品自给率出现了大幅的回落，六年间乳制品自给率从 2007 年的 96.9% 下降到 2013 年的 81.0%。

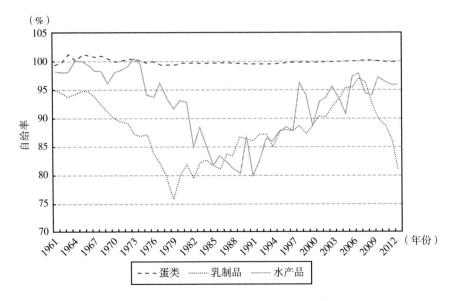

图 6-7　其他动物产品自给率变化趋势

资料来源：FAOSTAT。

表 6-6　　　　　　　　　　其他动物产品产量与国内供给

年份	其他动物产品生产占国内供给比（%）			国内生产量（万吨）			国内总供给量（万吨）		
	蛋类	乳制品	水产品	蛋类	乳制品	水产品	蛋类	乳制品	水产品
1961	99.4	95.0	98.3	152.3	184.5	346.1	153.2	194.2	352.2
1978	99.4	79.3	93.5	264.4	281.1	705.2	266.0	354.3	754.4
2001	99.9	90.5	93.0	2249.7	1451.5	4577.3	2252.3	1604.4	4920.0
2006	100.0	95.4	97.3	2459.8	3647.2	5570.9	2460.1	3821.6	5725.9
2007	100.1	96.9	98.0	2565.6	3982.4	5781.5	2562.1	4108.3	5901.0
2008	100.2	96.4	94.4	2737.4	4020.0	5933.4	2731.4	4169.5	6284.9
2009	100.2	92.5	94.0	2777.3	4038.5	6169.8	2772.9	4364.8	6564.1
2010	100.0	89.9	97.2	2799.2	4115.6	6482.9	2798.8	4580.4	6668.9
2011	100.0	88.8	96.5	2847.6	4180.3	6761.2	2848.2	4705.3	7007.3

续表

年份	其他动物产品生产占国内供给比（％）			国内生产量（万吨）			国内总供给量（万吨）		
	蛋类	乳制品	水产品	蛋类	乳制品	水产品	蛋类	乳制品	水产品
2012	99.9	86.1	95.9	2897.8	4274.9	7178.2	2899.5	4964.3	7484.9
2013	99.9	81.0	95.9	2912.9	4057	7178.2	2915.2	5011.7	7484.9
1961~1978	0.00	-1.05	-0.29	3.30	2.51	4.28	3.30	3.60	4.58
1978~2001	0.02	0.57	-0.02	9.76	7.40	8.47	9.73	6.79	8.49
2001~2013	0.00	-0.92	0.25	2.18	8.94	3.82	2.17	9.96	3.56
1978~2013	0.01	0.06	0.07	7.10	7.93	6.85	5.83	6.45	6.05

注：在计算年均增速时，由于前一期末值为后一期初值参与了计算，所以间断年份有重复。
资料来源：FAOSTAT。

6.2.2　我国主要食物产品国内农食系统水资源支撑情况

自 20 世纪 90 年代以来，虚拟水贸易被认为是一个国家或地区水资源管理的重要途径。当一个国家或地区的水资源逐渐匮乏时，通常会改变农业灌溉用水的用途来实现国家与社会的有序发展，通过农产品贸易以满足国内的农产品需求，由于农产品生产过程中需要大量的水资源投入，此时，进口农产品也就成为了进口水资源的有效方式，对农产品的进口解决了部分国内水资源短缺的问题。地区间的虚拟水贸易活动将通过产业间的用水转移优化水资源配置。霍克斯特拉（Hoekstra，2012）研究表明，中国消费的水足迹仍相对较小，内部水足迹占比高达90%，但考虑到快速增长和日益增长的水资源压力（特别是在中国北方），中国可能会越来越依赖于其领土以外的水资源。

我国农产品历年国内生产以及国内供给之间的供需关系的讨论表明，由于国家不同时期对不同的农产品贸易战略部署的差异，半个世纪以来我国不同农产品的自给状态也发生了这样或那样的转变。根据虚拟水贸易理论，农产品的国家以及地区间的交换也是农业生产用水的重新配置及交换。因此，国内农产品供需结构的变化也意味着对水资源来源的需求变化。本节我们将借助水足迹的概念分析我国国内供给农产品的水足迹的国内以及国外构成，分析未来水资源需求的可能趋势以及农产品贸易结构变化对我国水资源需求的影响。

图 6 – 8 为 1999 年之后的我国国内供给农产品的外部水足迹占比变化趋势，直观地，国内供给农产品水足迹的外部水足迹占比在逐年上升，且上升趋势明显。如图 6 – 8 所示，1999 年农产品外部水足迹占比仅为 3.6%，国内当年供给的农产品水足迹几乎全部来自于国内农产品的生产，而这一比例在 2013 年达到 15.2% 的水平，14 年间，增长了 11.3 个百分点，年均增速达 10.2%。从绝对量上看，1999 年我国国内食品总供给水足迹为 1.35 万亿立方米，其中，国内生产部分为 1.30 万亿立方米，通过国际贸易节约了 0.05 万亿立方米的水资源；到了 2013 年由于国内总需求及需求结构的变化，国内食品总供给水足迹达 2.19 万亿立方米，其中有 1.90 万亿立方米的水足迹来自国内生产消费，该年份通过国际贸易节约了国内 0.29 万亿立方米的水资源。

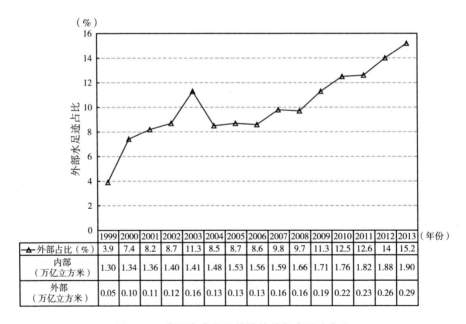

图 6 – 8 我国农产品总供给的外部水足迹占比

资料来源：根据 FAOSTAT 及水足迹系数整理而得。

表 6 – 7 展示了我国国内总的农产品需求水足迹的内部及外部水足迹结构。可以看到，我国内部水足迹开始由以粮食产品占比居首的水足迹构

表 6-7

内部及外部水足迹结构比较

项目	年份	内部水足迹（亿立方米）					外部水足迹（亿立方米）					国内总供给水足迹（亿立方米）	人均水足迹（立方米）
		粮食	油料及油料作物	果蔬	肉类	其他动物产品	粮食	油料及油料作物	果蔬	肉类	其他动物产品		
水足迹（亿立方米）	1999	4622.9	1684.8	1821.1	3462.6	1373	16.8	356.2	5.2	63.2	58.5	13464.3	1034.2
	2002	4196	2038.7	2378.3	3828.5	1559.3	431.6	667.7	0.4	48.9	68	15217.4	1148.5
	2003	3929.9	1999.8	2462	4007.6	1672.3	576.9	894.5	0.0	58.8	55.9	15657.7	1175.0
	2004	4144	2211.9	2577.3	4074.5	1799.8	261.5	871.3	0.0	45.9	73.8	16060.0	1198.2
	2005	4244.7	2234.4	2675.2	4212.1	1903.7	120.5	1075.2	0.0	48.3	90.1	16604.2	1231.5
	2006	4247.8	2212.4	2812.5	4356.2	1987	67.4	1181.6	0.0	54	44.7	16963.6	1250.7
	2007	4228.6	2144.5	2967.4	4481.2	2094.1	55.5	1391.1	0.0	86.4	33.2	17482.0	1281.0
	2008	4304.8	2336.1	3147.4	4620.4	2171	28.7	1352	0.0	158	65	18183.4	1324.1
	2009	4357.5	2399.9	3278	4815.9	2215.6	73.5	1628	0.0	128.6	96.4	18993.4	1374.5
	2010	4472.2	2462.6	3435.4	4985.9	2273.2	70.9	1894.4	0.0	141.6	91.5	19827.7	1425.9
	2011	4708.2	2539.4	3628	4981.9	2332.2	128.1	1871.2	0.0	187.6	107.7	20484.3	1463.9
	2012	4758.9	2597.5	3767.1	5215.2	2412.5	111.3	2173.1	0.0	193.5	140	21369.1	1517.6
	2013	4795.4	2577.5	3862	5333.3	2385	148.5	2306.9	0.0	249.4	179.4	21837.4	1541.5
年均增速（%）	1999~2013	0.26	3.08	5.52	3.13	4.02	16.84	14.28	0.0	10.3	8.34	3.38	2.75

资料来源：由 FAOSTAT 及水足迹系数整理而得。

成，向肉类与果蔬产品转变，这同本书之前得到的我国居民食物消费的结构变化路径相同。对于外部引入的水足迹，可见油料作物及植物油的水足迹占比一直占据了最高的比例，2005 年以来更是占据了所有外部水足迹的80% 以上。由于肉类产品一直以来较高的自给率，虽然其单位质量的水足迹较高，但其外部水资源占比依然较低。

值得注意的是，历年来，我国除果蔬产品以外，其他四类农产品的自国内生产的水足迹增长速度均远低于外部水足迹的增长速度，可预见未来一段时间内，我国用以满足国内日益增长的食物消费水资源需求，通过国际农产品贸易而从外部引入的水资源占比将持续提高。这将为我国农产品生产节约更多的水资源。

蓝水足迹指产品生产过程中所消耗的地表与地下水总量，相对于绿水资源来说蓝水更加短缺，这也是对水资源压力研究中的主要指标。因此，笔者对蓝水足迹进行了进一步的分析。图 6 - 9 反映了我国国内总供给农产品的蓝水足迹占比变化情况，可以看出，近十几年来，我国国内食品总供给的蓝水足迹随着供给总量的增加也呈现一定的增长。我国国内食品总供给的蓝水足迹从 1999 年的 1429 亿立方米上升到 2013 年的 1899 亿立方米，这说明我国农产品生产的用水量在逐年增加。

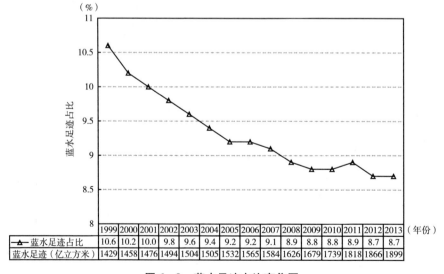

图 6 - 9　蓝水足迹占比变化图

资料来源：根据 FAOSTAT 及水足迹系数整理而得。

另外，蓝水足迹占总的水足迹比例在呈现下降趋势，蓝水足迹占比从1999 年的 10.6% 下降到 2013 年的 8.7% ，从水足迹的角度，可以说我国农产品需求从对蓝水消耗较高的产品向对蓝水需求较低的产品转移，相对来说，由于我国谷物生产需要大量的灌溉用水（梅肯等对中国农产品水足迹估计成果表明，我国谷物生产中每使用 1 立方米的水，就包含了 0.25 立方米的蓝水资源，是各种产品中蓝水使用比例最高的产品），因此，蓝水足迹占比的下降，也说明了我国食品需求由谷物向其他产品转移。

表 6 - 8 对蓝水足迹的结构的汇报可以验证上述结论。1999 年粮食产品的蓝水足迹占比高达 70.6% ，但这一比值出现了减速下降的变化趋势，到 2013 年为 56.6% ，包括油料作物及植物油、蔬菜、水果、肉类以及其他动物产品的蓝水足迹占比均出现了不同幅度的增长。其中，油料作物及植物油的蓝水足迹占比增长最快，其次为包括蛋类、水产及乳制品在内的其他动物产品。

表 6 - 8　　　　　　　　国内农产品供给的内部及外部蓝水足迹

年份	内部蓝水足迹（亿立方米）	外部蓝水足迹（亿立方米）	外部蓝水足迹占比（%）	各产品蓝水足迹占比（%）					
				粮食产品	油料作物及植物油	蔬菜	水果	肉类	其他动物产品
1999	1401.3	27.7	1.9	70.6	7.9	0.0	1.4	15.2	4.9
2000	1335.2	122.4	8.4	68.8	8.8	0.1	1.4	15.9	5.0
2001	1333.9	141.9	9.6	68.2	9.3	0.1	1.5	15.8	5.2
2002	1349.2	144.9	9.7	66.7	10.0	0.2	1.5	16.0	5.6
2003	1310.4	193.3	12.9	64.6	10.7	0.3	1.6	16.7	6.2
2004	1394.8	110.6	7.3	62.8	11.4	0.3	1.8	16.9	6.9
2005	1444.3	87.2	5.7	61.3	12.0	0.4	1.8	17.2	7.3
2006	1491.4	73.6	4.7	60.6	12.1	0.4	1.9	17.4	7.6
2007	1496.9	86.7	5.5	59.3	12.5	0.5	2.0	17.8	8.0
2008	1537.3	88.6	5.5	58.5	12.6	0.6	2.1	18.2	8.1
2009	1573.4	105.5	6.3	57.6	13.4	0.6	2.1	18.2	8.1
2010	1618.9	120.4	6.9	57.1	13.9	0.6	2.2	18.2	8.0
2011	1679.3	138.9	7.6	58.2	13.4	0.7	2.3	17.6	7.8
2012	1716.9	149.1	8.0	56.8	14.2	0.7	2.4	18.0	7.9
2013	1730.3	168.2	8.9	56.6	14.2	0.7	2.4	18.2	7.9

资料来源：根据 FAOSTAT 及水足迹系数整理而得。

从蓝水足迹的来源看，外部蓝水足迹占全部蓝水足迹比例出现了 2003 年之前的逐年上升，这主要是由于这期间的粮食产品外部蓝水足迹在增加，在 2003 年达到 12.9% 之后，该比例持续下降到 2006 年的 4.7%，2006～2013 年出现了持续的上升，2013 年该比例为 8.9%。与总的水足迹外部占比比较，2003 年之前，外部蓝水足迹占蓝水足迹比例整体上高于前者，而之后局势开始反转，且二者之间的差距有扩大趋势。仅从水足迹的角度考虑，这说明我国的贸易结构没有很好地向节约国内蓝水资源的方向发展。

6.3 本章小结

综上，本章首先分析了我国七大区域的水资源分布与使用情况，其次比较并总结了我国居民食物消费水足迹与生产水足迹之间差异，分析了我国国内供给的农产品水足迹的国内以及国外构成，分析未来的可能趋势以及农产品贸易结构变化对我国水资源需求的影响。主要得出以下结论：

我国区域间水资源分布不均衡，水资源分布与农产品生产布局匹配度较低。我国水资源分布呈现南丰北缺，东多西少的特点。华北以及东北地区在地表水资源相对缺乏的资源条件下，却又有着较高的用水需求，这两个地区对地下水开采利用率分别高达 61.8% 和 52.7%，其次为西北地区 17.8%，全国范围该比率为 13.7%。另外，由于地理环境因素，我国农业生产布局与水资源分布匹配度较低，水资源最为缺乏的华北地区，却用 2.9% 的水资源生产了全国 12.4% 的粮食、10.2% 的油料、10.7% 的猪牛羊肉以及 39.7% 的牛奶，农产品生产的水资源供需压力十分之大，对于水资源同样匮乏的东北地区来说，其水资源条件对于已有的农业产业布局来说面临巨大挑战。

我国从对水资源消耗比较低的农业生产结构向对水资源消耗比较高的农业生产结构转移。由于产业结构调整与人均消费需求之间的变化不同步、产业间结构优化升级、国际贸易变化等因素，生产与消费之间的结构差异出现了不相协调的发展情况。一是居民粮食消费占比的下降幅度快于粮食生产占比的下降幅度；二是蔬菜、水果肉类以及包括蛋类、水产及乳制品在内的其他食物的居民食物消费占比的增长幅度也要快于对应产品产量占比的增长幅度。这在当前农业供给侧生产结构调整的大背景下，研究农业生产如何满足人们日益增长发展的食物消费需求具有现实意义。

我国越来越多地依赖外部水资源来满足国内不断上涨的总需求。1999年国内供给的农产品水足迹几乎全部来自于国内农产品的生产，十几年来外部水足迹占比不断上升，在 2013 年达到 15.2% 的水平，14 年间，增长了 11.3 个百分点，年均增速达 10.2%。2013 年由于国内总需求及需求结构的变化，国内食品总供给水足迹达 2.19 万亿立方米，其中有 1.90 万亿立方米的水足迹来自国内生产消费，该年份通过国际贸易节约了国内 0.29 万亿立方米的水资源。从对水资源供求压力起主要作用的蓝水足迹来源的分析得出，近年来外部蓝水足迹占全部蓝水足迹比例低于总的水足迹外部占比，且二者之间的差距有扩大趋势。仅从水足迹的角度考虑，这说明我国的贸易结构没有很好地向节约国内蓝水资源的方向发展。全面推进供给侧产业结构调整，优化农产品贸易战略并统筹考虑虚拟水贸易对可持续发展的战略意义，推进虚拟水进口并优化进口结构，以此满足国内居民不断增长的食物消费水需求，是缓解中国水资源压力的有效途径。

第 7 章

膳食结构与农业水土
资源平衡机制

7.1 农食系统居民食物消费水足迹与生产性 土地足迹特征分析

7.1.1 居民食物消费的水足迹特征分析

居民食物消费水足迹的两个直接决定因素：一是消费量，二是消费结构。不难理解，在同样的资源禀赋与技术水平条件下，如果居民食物消费结构相同，那么消费量大的群体有着更高的食物消费水足迹；而如果同样质量的食物消费水足迹更高，则意味着居民食物消费结构的差异。在本节中，我们将对居民食物消费的水足迹特征进行分析。

图 7 - 1a 展示了当前我国城市居民食物消费结构及水足迹构成对比情况，饮食结构与水足迹结构之间差异显著，谷物与肉类消费占据了食物消费水足迹的 60% 以上。需要指出的是占总体食物消费量仅为 12% 的肉类，其食物消费水足迹占比却高达 42%，肉类消费占比差异对单位重量的食物消费水足迹影响巨大。

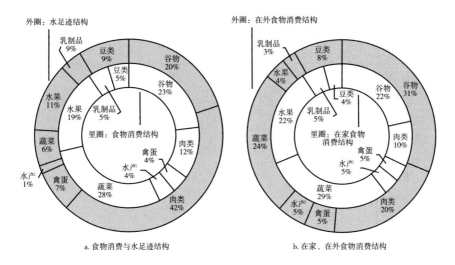

a. 食物消费与水足迹结构　　　　b. 在家、在外食物消费结构

图7-1　水足迹及食物消费构成

资料来源：根据调研数据整理而得。

另外，为了对整体的水足迹消费变化趋势进行准确地判断，应该充分考虑在外的消费量与消费结构信息。在家与在外食物消费结构差异明显，居民在外每千克食物消费水足迹远高于在家部分。在不考虑技术变化与地区生产自然资源禀赋差异的情况下，每千克食物消费水足迹主要由家庭食物消费结构决定。居民在家消费量占比位居前三的食物为蔬菜29%、水果22%、谷物22%，在外部分为谷物31%、蔬菜24%及肉类20%（见图7-1b）。

我们通过加权平均聚类分析方法，得出的水足迹所隐含的食物消费特征的自然分类。具体做法是，在进行聚类分析前，我们先将城市居民家庭人均年食物消费水足迹由小到大二十等分，然后按照8大类食物（谷物、肉类、禽蛋、水产、蔬菜、水果、乳制品、豆类及制品）消费量以及消费占比，对上述20组居民家庭使用加权平均方法进行聚类。以此得到城市居民人均食物消费水足迹按照食物消费量与消费结构进行分类的结果。

图7-2为聚类分析树状图。发现在2.5左右的相异度下聚类结果按照家庭人均食物消费水足迹由小到大分成4组，分别是人均水足迹最低25%、25%~65%、65%~90%以及最高10%的居民家庭。居民家庭人均

食物消费水足迹高低组间的食物消费差异显著，人均食物消费水足迹上升伴随着消费量与消费结构两方面的变化。

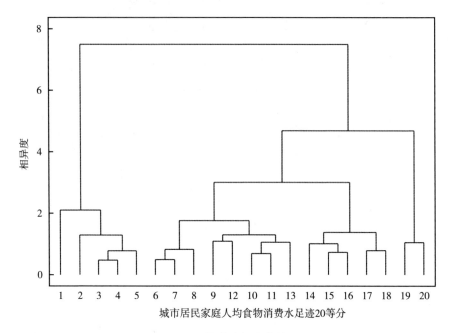

图7-2　聚类分析分类结果

资料来源：根据调研数据整理而得。

表7-1展示了各聚类组每种食物人均消费量以及消费占比。一方面，人均食物消费水足迹最低到最高组的各类食物人均消费量全面增加，其中肉类以及水果人均消费量增长十分显著，分别从第一组的34.94千克/年和64.14千克/年，增长到第四组的131.92千克/年以及214.81千克/年。另一方面，不同人均水足迹消费水平的居民家庭食物消费结构，表现出显著的异质性。从人均消费量占比来看，谷物、肉类、蔬菜和水果的消费量占比在各类别间差异较大，且从T检验结果来看除第三与第四组的水果及蔬菜消费占比、其他各组间的谷物、肉类、蔬菜以及水果消费占比均存在显著差异；具体来说，人均食物消费水足迹较低的居民家庭食物构成中谷物与蔬菜占比较高，人均水足迹较高的居民家庭食物构成中的肉类与水果占比更高。

表7-1　按各聚类组别食物消费

组别	人均水足迹（立方米/年）	谷物	肉类	禽蛋	水产	蔬菜	水果	乳制品	豆制品
消费量（千克/年）及结构 第一组	636.01	111.06 (28%)	34.94 (9%)	16.16 (4%)	13.04 (3%)	123.58 (31%)	64.14 (15%)	19.81 (5%)	16.16 (4%)
第二组	972.76	140.26 (25%)	59.44 (11%)	23.46 (4%)	21.90 (4%)	165.29 (29%)	107.41 (18%)	26.07 (5%)	25.55 (5%)
第三组	1340.69	155.39 (22%)	90.21 (13%)	28.68 (4%)	25.03 (3%)	195.54 (27%)	168.94 (22%)	29.20 (4%)	34.94 (5%)
第四组	1852.07	166.86 (20%)	131.92 (16%)	37.02 (4%)	23.99 (3%)	214.83 (25%)	238.81 (24%)	34.94 (4%)	36.50 (4%)

对比组		谷物	肉类	禽蛋	水产	蔬菜	水果	乳制品	豆制品
不同聚类组同各种食物消费占比T检验（T检验值与显著性） 第一组 V.S 第二组		-6.58***	5.62***	0.25	1.83**	-3.74***	3.12***	-0.49	2.02**
第一组 V.S 第三组		-12.07***	9.96***	-0.40	0.29	-6.94***	6.90***	-2.19**	3.38***
第一组 V.S 第四组		-9.06***	9.99***	0.37	-1.15	-5.47***	5.32***	-1.08	0.39
第二组 V.S 第三组		-7.13***	5.81***	-0.72	-1.67*	-3.90***	4.92***	-2.17**	1.71*
第二组 V.S 第四组		-6.31***	7.17***	0.28	-2.29**	-3.71***	4.06***	-1.04	-0.69
第三组 V.S 第四组		-2.69***	3.60***	0.67	-1.65*	-1.86*	1.30	0.06	-1.59

注：*** $P<0.01$，** $P<0.05$，* $P<0.10$。
资料来源：根据调研数据整理而得。

7.1.2　居民食物消费的生产性土地足迹特征分析

同样地，通过加权平均聚类分析方法，先将城市居民家庭人均年食物消费农食系统生产性土地足迹由小到大二十等分，然后按照 7 大类食物（谷物、肉类、禽蛋、水产、蔬菜、水果、乳制品）消费量以及消费占比，对上述 20 组居民家庭使用加权平均方法进行聚类。聚类结果按照家庭人均食物消费土地足迹由小到大分成 5 组，分别是人均土地足迹最低 30%、30% ～ 55%、55% ～ 75%、75% ～ 95% 以及最高 5% 的居民家庭。居民家庭人均食物消费土地足迹上升，同样伴随着消费量与消费结构两方面的变化。

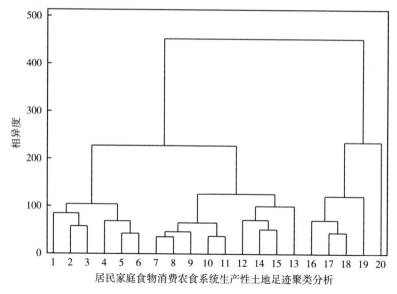

图 7 - 3　农食系统食物消费生产性土地足迹消费特征聚类
资料来源：根据调研数据而得。

表 7 - 2 展示了按照土地足迹各聚类组每种食物人均消费量以及消费占比。一方面，除乳制品外，人均食物消费土地足迹最低到最高组的各类食物人均消费量全面增加，其中肉类、蔬菜和水果人均消费量增长十分显著，分别从第一组的 31.96 千克/年、141.56 千克/年和 111.00 千克/年，增长到第五组的 154.23 千克/年、219.42 千克/年以及 154.92 千克/年。另一方面，不同人均土地足迹消费水平的居民家庭食物消费结构，表现出

显著的异质性。从人均消费量占比来看，谷物、肉类、蔬菜和水果的消费量占比在各类别间差异较大，人均食物消费土地足迹较低的居民家庭食物构成中谷物、蔬菜与水果占比较高，人均水足迹较高的居民家庭食物构成中的肉类占比更高。

表 7-2   按土地足迹各聚类组别间食物消费比较

	组别	总消费量	谷物	肉类	禽蛋	水产	蔬菜	水果	乳制品
消费量（千克/人/年）	第一组	493.63	146.46	31.96	21.73	13.56	141.56	111.00	27.36
	第二组	561.12	162.31	55.43	23.80	21.26	160.16	110.31	27.84
	第三组	622.68	171.86	74.85	25.15	26.27	176.69	124.43	23.42
	第四组	692.51	185.60	102.30	26.36	26.87	192.50	133.04	25.84
	第五组	810.52	198.19	154.23	25.92	29.41	219.42	154.92	28.44

	组别	农地足迹（公顷/人）	谷物	肉类	禽蛋	水产	蔬菜	水果	乳制品
消费结构（%）	第一组	0.286	29.66	6.42	4.40	2.73	28.69	22.53	5.56
	第二组	0.367	28.92	9.86	4.24	3.80	28.54	19.67	4.97
	第三组	0.431	27.60	12.03	4.04	4.23	28.39	19.96	3.75
	第四组	0.520	26.79	14.74	3.80	3.88	27.81	19.25	3.73
	第五组	0.676	24.45	19.03	3.20	3.63	27.07	19.11	3.51

资料来源：根据调研数据整理而得。

综上对居民食物消费水足迹特征的分析可知，把握居民食物消费量以及消费结构两个维度的变化特征，对更好地判断我国食物消费水需求的变化趋势有重要意义。那么，在各种社会经济因素持续发展变化的今天，主要社会经济因素变化是如何影响居民食物消费的呢？本章余下内容，笔者将对包括收入增长、老龄化以及家庭结构在内的核心因素对居民食物消费的影响进行统计分析。

同居民食物消费水足迹类似，在供给侧因素不变的前提下，影响居民食物消费农食系统土地足迹的两个直接决定因素，同样是消费量和消费结构。不难理解，如果居民食物消费结构相同，那么消费量大的群体有着更高的食物消费农地足迹；而如果单位重量的食物消费农地足迹更高，则意味着居民食物消费结构的差异。

图 7-4 展示了历年我国城市居民食物消费结构及土地足迹构成对比情

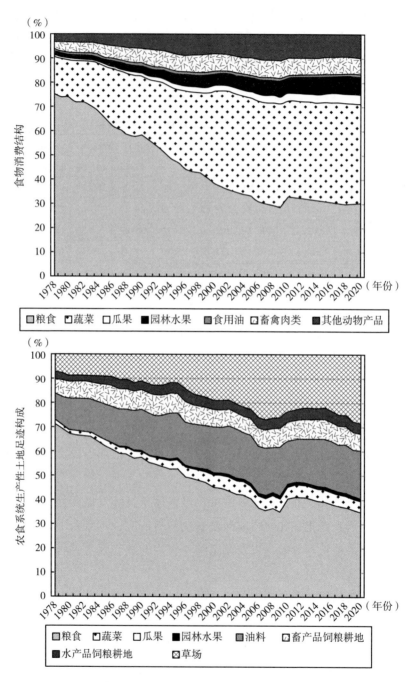

图 7-4 食物消费结构与农食系统生产性土地足迹结构比较
资料来源：FAOSTAT 和相关年份的《中国统计年鉴》。

况，据测算，2020 年我国居民蔬菜与水果消费量占全部食物消费量的 51.49%，而对应的蔬菜与水果消费的农食系统生产性土地的足迹占比仅为 5.67%；包括畜禽肉类和水产品在内的动物产品消费量占比为 16.14%，其对应的农地足迹占比却高达 39.65%。可见与水足迹类似，果蔬产品以及肉类消费占比的差异对单位重量的食物消费农地足迹影响巨大。

7.2 收入因素对膳食结构及农业自然资源需求的联动影响机制

收入增长对食物消费的影响，通常带来的不只是食物消费总量的上升，还导致显著的饮食结构变化，在我国当前阶段的表现为，谷物类食物消费占比逐渐下降，而肉蛋奶动物产品消费逐渐上升（见图 7 – 5），这种变化在发展中国家经济高速增长时期尤为显著。与改革开放初期相比，2020 年我国城乡居民实际可支配收入（纯收入）分别增长了约 17.3 倍和 21.4 倍，以 1978 年的价格为基准计算，1978 ~ 2020 年，42 年间年均实际增速分别达到 7.0% 与 7.6%，与此同时，居民人均年谷物消费量从 1978 年的 148.6 千克上升到 2020 年的 213.7 千克，消费量占比从 74.6% 下降到 29.9%，畜禽肉类消费则从 11.3 千克上升到 59.8 千克，对应消费量占比则从 3.2% 上升到 6.8%。然而这种变化趋势将会持续下去吗？据世界卫生组织（2003）报告收入增长前期，畜禽产品需求会显著上升，但在到达一定水平后会趋于平稳，并缓慢下降，从膳食热量来源于植物和动物产品的占比可以看出，这种变化特征在很多发达国家和地区都曾发生。

表 7 – 3 为样本城市居民按收入五等分（收入由低到高排序，按人数五等分）各收入组的食物消费量及构成比较。从食物消费量看，随收入提高消费变化特征比较明显的是肉类、水产以及乳制品的消费，三者消费量都随收入的增长而增加；从消费结构看，居民食物消费结构的随收入变化的特征就更为明显，其中谷物以及蔬菜的消费量占比随收入的上升出现一定的下降趋势，相反，肉类、禽蛋、水产以及乳制品的消费占比随着收入的增长而上升，水果以及豆制品占比在各收入组间维持在一定水平。

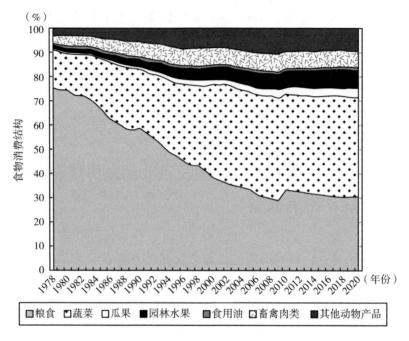

图7-5 居民食物消费结构变化情况

资料来源：相关年份的《中国统计年鉴》。

表7-3　　　　　　　　样本城市居民按人均收入五等分食物消费情况

类别	收入分组	谷物	肉类	禽蛋	水产	蔬菜	水果	乳制品	豆制品
消费量（千克/人/年）	低收入组	138.8	53.6	20.3	13.5	158.6	110.8	20.8	24.4
	中低收入组	138.8	62.9	21.8	17.2	160.7	114.9	23.4	25.5
	中等收入组	137.3	68.6	23.9	19.8	168.0	122.7	25.5	25.5
	中高收入组	140.9	66.0	26.0	22.9	166.4	119.6	29.6	28.6
	高收入组	132.1	72.3	26.0	32.2	170.6	119.6	30.2	26.5
结构（%）	低收入组	25.7	9.9	3.8	2.5	29.3	20.5	3.8	4.5
	中低收入组	24.6	11.1	3.9	3.0	28.4	20.3	4.1	4.5
	中等收入组	23.2	11.6	4.0	3.3	28.4	20.3	4.3	4.3
	中高收入组	23.5	11.0	4.3	3.8	27.7	19.9	4.9	4.8
	高收入组	21.7	11.9	4.3	5.3	28.0	19.6	4.9	4.4

资料来源：根据调研数据整理而得。

　　收入增长除对居民食物消费量以及消费结构都产生一定的影响之外，还带来了消费方式的变化，居民在外饮食支出随收入的增长出现十分明显的上升趋势（见图7-6）。据《中国城市（镇）生活与价格年鉴》统计结果，2011 年城镇居民最高收入户组在外饮食支出占食物支出的比例已高达 33.1%，与城市困难户相比高出 23.2 个百分点，后者仅为 9.9%。而城市平均在外饮食支出占比为 21.5%，中等及以下收入户均未达到平均水平。

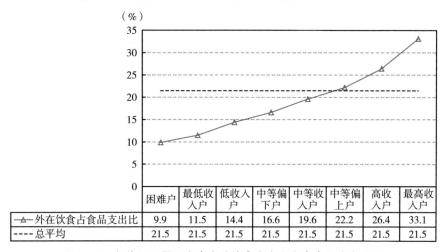

（%）	困难户	最低收入户	低收入户	中等偏下户	中等收入户	中等偏上户	高收入户	最高收入户
—△— 外在饮食占食品支出比	9.9	11.5	14.4	16.6	19.6	22.2	26.4	33.1
---- 总平均	21.5	21.5	21.5	21.5	21.5	21.5	21.5	21.5

图 7 - 6　各收入组居民家庭在外饮食支出占家庭食品支出比例
资料来源：《中国城市（镇）生活与价格年鉴》。

数据分析显示，食物消费水足迹与收入之间存在明显正相关关系。将所有样本家庭按照人均可支配收入五等分，人均在家食物消费水足迹呈现先增后减的趋势（见表 7 - 4），且在中高等收入组出现拐点，而人均在外食物消费水足迹随收入的增加呈现明显的上升趋势；人均水足迹受在外消费拉动的影响下，同样随收入的增加而上升，但增速减缓且在高收入组有下降趋势。

表 7 - 4　　不同收入水平家庭组间人均食物消费量与水足迹对比

收入/家庭规模	消费量（千克/年）			水足迹（立方米/年）			每千克水足迹（立方米）
	在家	在外	总计	在家	在外	总计	
低收入组	462.19	65.09	527.28	744.29	165.73	910.02	1.74
中低收入组	479.28	75.34	554.62	797.55	184.31	981.85	1.80
中等收入组	492.40	78.94	571.34	819.79	202.62	1022.41	1.83
中高收入组	494.81	94.52	589.34	823.44	237.46	1060.90	1.83
高收入组	464.75	120.82	585.57	770.23	289.82	1060.04	1.85
全部样本	464.20	86.45	550.65	769.31	214.44	983.75	1.79

资料来源：根据调研数据整理而得。

收入与水足迹之间的正效应来自收入增长带来的食物需求总量上升与消费结构变化的共同作用。表 7-4 最后一列人均每千克食物消费水足迹随收入提高而上升，这意味着，收入增长除了带来食物需求总量的上升外，还显著影响食物结构的变化，进而增加对水足迹需求，耗水量较大的畜禽肉类产品占比随收入上升同向变化，是每千克食物消费水足迹随之增长的主要原因。

同收入与水足迹的相关关系基本一致，食物消费农食系统生产性土地足迹与收入之间也存在较为明显正相关关系。如表 7-5 所示，人均食物消费农地足迹随收入增长呈现出一定的上升趋势，根据核算结果低收入组家庭人均农地食物消费足迹为 0.38 公顷/人/年，与之相比最高的 20% 收入家庭的人均农地食物消费足迹为 0.42 公顷/人/年，高出 10 个百分点。单位重量食物消费农地足迹随收入的上升有先增后减的变化趋势，最低的20% 收入组单位重量食物消费农地足迹最低为 0.69 公顷/吨，中等收入组居民家庭的该指标最高为 0.73 公顷/吨。

表 7-5　　　不同收入水平及家庭规模组间人均食物消费量与农地足迹对比

组别	农地足迹（公顷/人/年）	单位重量食物消费农地足迹（公顷/吨）
低收入组	0.38	0.69
中低收入组	0.40	0.71
中等收入组	0.41	0.73
中高收入组	0.40	0.70
高收入组	0.42	0.72
全部样本	0.40	0.71

7.3 人口因素对膳食结构及农业自然资源需求的联动影响机制

与收入增长同时发生的，是我国人口结构的快速老龄化。国家统计局发布的《中华人民共和国 2016 年国民经济和社会发展统计公报》显示，2016 年我国 60 岁及以上人口占比达到 16.7%，联合国《世界人口展望：

2015 年修订版》（*World Population Prospects*：*The 2015 Revision*）预测 2050 年，该比例将进一步达到 36.5%。

与收入效应不同的是，很多研究表明人口老龄化会对动物性食物的需求形成负面影响。从表 7 - 6 可见，2003 ~ 2022 年，我国居民家庭 14 岁以下儿童占比由 20.3% 下降到 17.0%，年均下降速度为 1.0%，与之同样发生显著变化的是 40 ~ 59 岁以及 60 岁以上人口占比逐年增长，分别从 25.8% 上升到 31.0% 以及从 12.2% 上升到 19.9%，年均增速分别为 1.0% 与 2.6%，由此可见，我国人口老龄化发展情况极为严峻。表 7 - 7 为对有老人（14 岁以下儿童）和无老人（14 岁以下儿童）家庭间食物消费差异性的检验。可见，有老人的家庭更倾向于在家消费食品，其人均在外食物消费占比仅为 8.1%，而没有老人的家庭这一比例为 18.7%，明显高于前者，可能的原因是退休老人的时间机会成本更低，所以更愿意在家用餐。相反，有 14 岁以下儿童的家庭更愿意外出用餐，其人均在外食物消费占比为 18.2% 高出没有 14 岁以下儿童家庭 4 个百分点，且在统计上显著。

表 7 - 6　　　　　　　　我国居民家庭人口结构变化情况

年份	户均人口	户均各年龄段人口数（人）				各年龄段人口占比（%）			
		0 ~ 14 岁	15 ~ 39 岁	40 ~ 59 岁	60 岁及以上	0 ~ 14 岁	15 ~ 39 岁	40 ~ 59 岁	60 岁及以上
2003	3.40	0.69	1.42	0.88	0.41	20.3	41.7	25.8	12.2
2004	3.38	0.65	1.40	0.91	0.42	19.3	41.3	27.0	12.4
2005	3.15	0.62	1.24	0.88	0.41	19.6	39.4	28.1	13.0
2006	3.19	0.59	1.24	0.94	0.42	18.5	38.8	29.4	13.3
2007	3.18	0.57	1.22	0.96	0.42	17.9	38.4	30.1	13.6
2008	3.17	0.55	1.19	0.99	0.44	17.3	37.5	31.2	14.0
2009	3.15	0.53	1.17	1.00	0.46	16.9	37.0	31.6	14.5
2011	3.08	0.51	1.23	0.92	0.42	16.5	39.9	29.9	13.7
2012	3.06	0.50	1.19	0.93	0.44	16.5	39.0	30.2	14.3
2013	3.01	0.49	1.15	0.92	0.45	16.4	38.1	30.6	14.9
2014	3.00	0.49	1.12	0.92	0.47	16.5	37.2	30.7	15.5
2015	3.17	0.52	1.16	0.98	0.51	16.5	36.6	30.8	16.1
2016	3.12	0.52	1.12	0.96	0.52	16.6	35.9	30.8	16.7

续表

年份	户均人口	户均各年龄段人口数（人）				各年龄段人口占比（%）			
		0 ~ 14 岁	15 ~ 39 岁	40 ~ 59 岁	60 岁及以上	0 ~ 14 岁	15 ~ 39 岁	40 ~ 59 岁	60 岁及以上
2017	3.05	0.51	1.08	0.93	0.53	16.8	35.3	30.5	17.3
2018	3.02	0.51	1.04	0.93	0.54	16.9	34.5	30.8	17.9
2019	2.94	0.49	1.00	0.92	0.53	16.8	34.0	31.1	18.1
2021	2.83	0.49	0.92	0.88	0.54	17.5	32.5	31.0	19.0
2022	2.81	0.48	0.90	0.87	0.56	17.0	32.2	31.0	19.9
年均增速（%）	-1.0	-1.9	-2.3	0.0	1.6	-1.0	-1.4	1.0	2.6

资料来源：由国家统计局人口抽样调查数据整理得出。

表 7 - 7 　　　　　　　有无老人、儿童家庭之间的食物消费比较

变量（单位）	是否有 60 岁以上老人			是否有 14 岁以下儿童		
	有	没有	p - 值	有	没有	p - 值
在家消费量（千克/人/年）	533.7	476.3	0.0000	443.6	517.2	0.0000
在外消费量（千克/人/年）	44.1	104.3	0.0000	97.9	80.2	0.0004
总消费量（千克/人/年）	577.9	580.7	0.7755	541.5	597.4	0.0000
人均在外食物消费占比（%）	8.1	18.7	0.0000	18.2	14.2	0.0000
谷物消费量占比（%）	25.0	24.7	0.4245	24.8	24.8	0.9692
肉类消费量占比（%）	10.2	12.0	0.0000	12.0	11.2	0.0182
禽蛋消费量占比（%）	4.4	4.0	0.0527	4.0	4.2	0.3594
水产消费量占比（%）	3.3	3.7	0.0888	3.7	3.5	0.3093
蔬菜消费量占比（%）	29.5	28.3	0.0138	27.1	29.4	0.0000
水果消费量占比（%）	18.3	18.2	0.8726	18.9	18.0	0.2108
乳制品消费量占比（%）	4.7	4.5	0.5282	4.8	4.4	0.2058
豆制品消费量占比（%）	4.6	4.6	0.8796	4.7	4.5	0.5030

资料来源：根据调研数据整理而得。

另外，表 7 - 7 中对居民家庭食物消费结构的检验表明，在 10% 的置信水平上，每消费一定重量的食品，有老人的家庭会消费较少的肉类及水产，而消费更多的禽蛋及蔬菜。有 14 岁以下儿童家庭，消费了更多的肉类，而消费更少的蔬菜。

　　再者，当前我国居民户均人口数近年来出现持续下降，已由 2003 年的 3.43 人下降到 2022 年的 2.81 人。从计划生育入宪以来我国的人口政策发生了一系列的变化，这势必会对当前的户均人口变化趋势产生一定的冲击。因此，有必要对家庭规模变化带来的一系列问题进行讨论。

　　如表 7-8 所示，几乎所有产品的人均消费量，都随家庭规模的上升出现了不同程度的下降。一个可能的解释是，居民家庭食物消费存在规模经济，即，在假定个体食物摄入量不变的情况下，人口规模较大的家庭更容易减少人均食物浪费量，从而降低人均食物消耗水平。另外，从表 7-9 中看出家庭规模对食物消费结构并没有很大的影响。

表 7-8　　　　　　　　　　不同规模家庭间的食物消费比较

变量（单位）	家庭人口数	谷物	肉类	禽蛋	水产	蔬菜	水果	乳制品	豆制品
消费量 （千克/人/年）	1 人	149	72	28	18	176	122	37	31
	2 人	150	63	29	22	188	137	29	29
	3 人	134	67	22	21	157	112	25	25
	4 人	125	57	20	18	144	99	21	24
	5 人及以上	120	55	17	18	140	90	20	18
结构 （%）	1 人	23.6	11.4	4.4	2.8	27.8	19.3	5.9	4.9
	2 人	23.2	9.7	4.4	3.4	29.1	21.2	4.4	4.5
	3 人	23.8	11.9	3.9	3.7	27.9	19.9	4.4	4.4
	4 人	24.6	11.2	3.9	3.5	28.4	19.5	4.1	4.7
	5 人及以上	25.2	11.4	3.6	3.7	29.3	19.0	4.1	3.7

资料来源：根据调研数据整理而得。

表 7-9　　　　　　　　　家庭规模对消费习惯的影响　　　　　　　单位：千克/人/年

家庭人口数	总消费	在家消费	在外消费	在外消费占比（%）
1 人	631	556	75	13.0
2 人	647	582	64	11.0
3 人	563	457	105	19.0
4 人	507	436	70	14.0
5 人及以上	478	430	48	10.0

资料来源：根据调研数据整理而得。

　　结合本章第一节对居民食物消费水足迹的特征分析，不难发现，在我国当前阶段，收入对居民食物消费的影响体现在消费量的增加以及肉类等动物产品消费占比的增长，这些变化很可能意味着水资源需求的上升。那么这一趋势是否会一直持续下去？又或者在收入达到一定水平后人们对健康的关注、对资源环保认知以及对食物其他社会文化属性诉求的增加会使得其食物消费水需求下降？另外，老龄化以及收入增长所引发的包括外出就餐在内的生活方式的转变，对食物消费水资源需求的影响最终仍将反映在其消费结构与消费量的变化上。

家庭人均食物消费水足迹及消费量随家庭规模的增大呈现下降趋势。只有一个人的家庭人均食物消费水足迹均值为1099.86立方米/年，而5口（及以上）之家人均仅为821.92立方米/年。这可能有两方面原因：一是存在规模经济，即，在假定个体食物摄入量不变的情况下，人口规模较大的家庭更容易减少人均食物浪费量，从而降低人均食物消耗水平；二是人口规模较大的家庭更容易出现食物消费量较小的小孩和老人，从而拉低了家庭的人均食物消费量和水足迹，这可以从按是否有儿童和老人分组考察人均食物消费水足迹的结果得到支撑。此外，人均每千克食物的水足迹在不同规模家庭之间基本相同，意味着家庭规模对食物消费结构的影响可能并不显著。

表7－10　　　　　不同家庭规模组间人均食物消费量与水足迹对比

家庭规模	消费量（千克/年）	水足迹（立方米/年）	每千克水足迹（立方米）	家庭规模	消费量（千克/年）	水足迹（立方米/年）	每千克水足迹（立方米）
1 人	520.54	90.79	611.32	866.13	233.73	1099.86	1.83
2 人	558.43	69.61	628.03	909.17	174.28	1083.45	1.76
3 人	447.99	104.06	552.06	744.84	257.4	1002.24	1.84
4 人	420.52	70.24	490.76	702.35	171.74	874.09	1.80
5 人及以上	412.77	49.73	462.50	695.93	125.99	821.92	1.79
全部样本	464.20	86.45	550.65	769.31	214.44	983.75	1.79

食物消费地点	是否有 14 岁以下儿童？			是否有 60 岁以上老人？		
	有	没有	p－值	有	没有	p－值
在家	719.08	824.75	0.00	839.65	767.80	0.00
在外	233.93	207.65	0.03	116.58	263.64	0.00
加总	953.01	1032.40	0.00	956.23	1031.44	0.00

资料来源：根据调研数据整理而得。

表 7 – 11　　　不同家庭规模组间人均食物消费量与农地足迹对比

家庭规模	农地足迹（公顷/人/年）	单位重量食物消费农地足迹（公顷/吨）
1 人	0.43	0.70
2 人	0.41	0.66
3 人	0.40	0.73
4 人	0.37	0.74
5 人及以上	0.36	0.75
全部样本	0.40	0.71

7.4　价格因素对膳食结构及农业自然资源需求的联动影响机制

价格变化所引起的需求变化总效应来自替代效应和收入效应两个部分。其中，替代效应反映了商品相对价格变化所带来的消费者购买决策的改变，收入效应则体现在价格变动引起购买能力变化，进而带来消费者对其商品需求水平的调整。

以水资源为例。如图 7 – 7a 所示，低水足迹食物降价后，预算线由 l_1 移至 l_2，居民食物消费决策点由 $A(Q_1, Q_2)$ 点移至 B 点，图 7 – 7b 中在假设两种食物单位重量的水足迹之比固定时，居民食物消费等水足迹曲线为直线，可以看到，当居民食物消费决策点从 A 移至 B 时，总的食物消费水足迹移至等水足迹曲线 l' 所表示的水平，易知，此时居民总的食物消费水需求下降了消费 $\Delta Q_1''$ 单位的低水足迹产品所需要的水资源量。理论上，在给定的预算约束下，低水足迹食品（高水足迹产品）价格下降（价格上升），引起的消费结构变化将带来整体食物消费水足迹的下降。综合考虑膳食结构均衡化调整策略，本部分设计了 6 种价格方案（包括肉类价格增加 10%、蔬菜价格下降 10%、水果价格下降 10%、肉类价格增加 20%、蔬菜价格下降 20%、水果价格下降 20%），并对各方案下的膳食结构以及单位质量食物消费水足迹进行测算。那么，何种价格方案能够同时实现改善膳食结构与降低农业水资源需求压力的双赢目标呢？

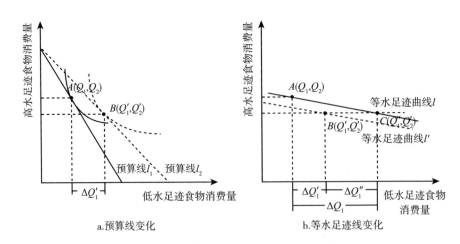

图 7-7　食物消费水需求的价格影响机制图示

　　由于本书重点为食物消费对水资源的影响，在食物消费结构部分的讨论应重视具有较高水足迹食品与低水足迹食品之间的替代，以通过模拟对具有较高水足迹产品（低水足迹食品）的提价（降价）方案，实现低水足迹食品对高水足迹食物的替代。另外，考虑在外消费日益凸显的地位及其与在家消费的差异，在下面进行不同方案的设定中，将在家在外部分分开讨论。

　　本书所用城市居民家庭食物消费的微观数据，通过计算整理得出各类食物的水足迹以及相对应的在家及在外消费部分的水足迹。整体看，居民每千克食物消费水足迹为 1.734 立方米/千克，其中，肉类产品消费水足迹最高位 4.825 立方米/千克（水产品水足迹为 1.215 立方米/千克，当水产品水足迹取 5.000 立方米/千克时，肉类产品水足迹为 5.860 立方米/千克；水产品水足迹的高低两个取值均低于肉类产品整体）、其余由大到小依次为其他食品（2.601 立方米/千克）、谷物（1.514 立方米/千克）、水果（1.074 立方米/千克）以及蔬菜（0.378 立方米/千克）。

　　另外，每种食物的每千克在外消费水足迹均大于在家消费部分，这也反映了各类食物消费结构的在家与在外消费部分的差异。表 7-12 最后一列为在外消费水足迹与在家消费水足迹的比值，反映了各类食物在家与在外消费的结构差异，分类别看，包括蛋类、豆类及乳制品的其他食品在家与在外食物消费水足迹差异最大，其次为肉类。整体上，居民食物在外消费水足迹比在家消费部分高出了近50个百分点，这说明二者在消费结构上的显著差异。

表 7-12			各类食品水足迹	单位：立方米/千克
种类	整体	在家消费	在外消费	在外消费水足迹/在家消费水足迹
食品	1.734	1.613	2.410	1.49
谷物	1.514	1.512	1.525	1.01
肉类1	4.825	4.651	5.349	1.15
肉类2	5.860	5.735	6.256	1.09
蔬菜	0.378	0.377	0.385	1.02
水果	1.074	1.074	1.094	1.02
其他	2.601	2.490	3.089	1.24

注：肉类1与肉类2的水足迹差异来自于水产品水足迹的不同取值。由于水产品水足迹不同研究结果差异大，因此本书水足迹取大小不同的两个取值，使得研究结论更具参考及可靠性。具体取值来源见肉类分析部分表 5-5。

根据不同食物的水足迹大小，我们对具有较高水足迹的肉类产品进行加价模拟，同时对具有较低水足迹的蔬菜与水果进行减价模拟，以通过居民对食物消费结构的调整，实现降低食物消费水足迹的目的。

7.5 本章小结

居民家庭人均食物消费水足迹高低之间的食物消费差异显著，人均食物消费水足迹上升伴随着消费量与消费结构两方面的变化。人均食物消费水足迹较低的居民家庭食物构成中谷物与蔬菜占比较高，人均水足迹较高的居民家庭食物构成中的肉类与水果占比更高。同居民食物消费水足迹类似，在供给侧因素不变的前提下，影响居民食物消费农食系统土地足迹的两个直接决定因素，同样是消费量和消费结构。不难理解，如果居民食物消费结构相同，那么消费量大的群体有着更高的食物消费农地足迹；而如果单位重量的食物消费农地足迹更高，则意味着居民食物消费结构的差异。

食物消费水足迹与收入之间存在明显正相关关系。将所有样本家庭按照人均可支配收入五等分，人均在家食物消费水足迹呈现先增后减的趋势，且在中高等收入组出现拐点，而人均在外食物消费水足迹随收入的增加呈现明显的上升趋势；人均水足迹受在外消费拉动的影响下，同样随收入的增加而上升，但增速减缓且在高收入组有下降趋势。收入与水足迹之间的正效应来自收入增长带来的食物需求总量上升与消费结构变化的共同作用。收入增长除了带来的食物需求总量的上升外，还显著影响食物结构的变化，进而增加对水足迹需求，耗水量较大的畜禽肉类产品占比随收入上升同向变化，是每千克食物消费水足迹随之增长的主要原因。

同收入与水足迹的相关关系基本一致，食物消费农食系统生产性土地足迹与收入之间也存在较为明显正相关关系。人均食物消费农地足迹随收入增长呈现出一定的上升趋势，单位重量食物消费农地足迹随收入的上升有先增后减的变化趋势。

对居民家庭食物消费结构的检验表明，每消费一定重量的食品，有老人的家庭会消费较少的肉类及水产，而消费更多的禽蛋及蔬菜。有14岁以下儿童家庭，消费了更多的肉类，而消费更少的蔬菜。当前我国居民户均人口数近年来出现持续下降。从计划生育入宪以来我国的人口政策发生了一系列的变化，这势必会对当前的户均人口变化趋势产生一定的冲击。几乎所有产品的人均消费量，都随家庭规模的上升出现了不同程度的下降。一个可能的解释是，居民家庭食物消费存在规模经济，即在假定个体食物摄入量不变的情况下，人口规模较大的家庭更容易减少人均食物浪费量，从而降低人均食物消耗水平。

理论上，根据不同食物的水足迹及生产性土地足迹大小差异，对具有较高水足迹的产品进行加价模拟，对具有较低水足迹的蔬菜与水果进行减价模拟，以通过居民对食物消费结构的调整，实现降低食物消费水土足迹的目的。另外，每种食物的每千克在外消费水足迹均大于在家消费部分，这也反映了各类食物消费结构的在家与在外消费部分的差异。分类别看，包括蛋类、豆类及乳制品的其他食品在家与在外食物消费水足迹差异最大，其次为肉类。整体上，居民食物在外消费水足迹比在家消费部分高出了近50个百分点，这说明二者在消费结构上的显著差异。

第 **8** 章

社会经济因素对膳食消费及农业自然资源的影响作用

在本章，我们先对本书所关注的包括收入增长、老龄化在内的核心影响因素做了相关统计分析，大致描绘了部分经济社会因素如何影响食物消费，并进一步利用城市居民家庭消费的微观数据，通过构建并估计 2-Step QUAIDS 模型对居民食物消费进行深入分析，从中分析出收入增长、老龄化以及本书所关注的价格因素对居民食物消费的影响，为第 5 章以及第 6 章的水资源需求分析提供重要依据。

具体地，本章我们将设定并在两个层面估计 2-Step QUAIDS 系统模型，来考察收入、价格以及我们关注的家庭人口结构对食物需求结构的影响。在第一层的估计中，我们将食品分为谷物、肉类（包括水产，下同）、蔬菜、水果及其他食品（蛋类、乳制品以及豆制品类）五大类产品，同时，把同一类产品的在家和在外消费视作两种产品①，从而可以更加有针对性

---

① 本章中将同一种食物的在家与在外消费作为不同种类处理，这样做一方面是因为居民在家与在外食物消费结构差异较大，需要对在家与在外消费的各种食物之间的补充与替代关系进行梳理；另一方面，本书的目标之一是考证是否可以通过对某种食物的价格干预来实现食物消费水需求管理，相对于在家消费而言，同种食物在外消费的价格内涵更为丰富，因此，将在家与在外消费分开处理的做法更为合理。

地考察在外消费在本章中的重要作用，这样在第一层估计的系统模型中共包括了 10 类产品。基于肉类消费对居民营养健康以及对水资源需求重要性的考虑，在第二层估计中，我们将对肉类产品进行更进一步的分析，将肉类产品分为猪肉、牛羊肉、禽肉、其他畜禽肉类（包括内脏等）以及水产五类，同样地将同一种产品的在家与在外消费视为两种不同的产品，这样，第二层的 2-Step QUAIDS 模型也包含了 10 种肉类产品。

在假定农业生产环境及技术条件不变的前提下，我们基于科学文献对样本居民的食物消费进行了水足迹核算，再通过两阶段的 2-Step QUAIDS 模型的估计结果，模拟预测收入与价格变化如何通过食物消费影响水足迹。本章我们仅简述 2-Step QUAIDS 模型的设定、估计方法以及估计结果，而把有关食物消费水足迹核算部分和模拟预测的相关分析留到第 5 章以及第 6 章进行讨论。

8.1 社会经济因素对膳食消费的影响作用

8.1.1 模型构建及数据介绍

本章进行居民食物需求分析时采用班克等（1997）提出的 QUAIDS 模型。该模型是基于迪顿等（1980）的 AIDS（Almost Ideal Demand System）模型的非线性扩展形式，主要区别在于 QUAIDS 模型中加入了支出的二次项，从而允许检验模型中每种商品的支出份额与总支出之间是否存在非线性关系，因而比 AIDS 模型具有更大的灵活性。

1. QUAIDS 模型设定

QUAIDS 模型的一般形式可以表达为：

$$w_i = \alpha_i + \sum_{j=1}^{n} \gamma_{ij} \ln(p_j) + \beta_i \ln\left[\frac{m}{a(p)}\right] + \frac{\lambda_i}{b(p)}\left\{\ln\left[\frac{m}{a(p)}\right]\right\}^2 + \mu_i$$

$$(8-1)$$

其中，i、j 表示城市居民家庭消费的第 i、j 种食物，n 为食物种类数，

w_i 为第 i 种食物的支出占系统中 n 种食物总支出 m 的比例，p_j 表示第 j 种食物的价格，α_i、γ_{ij}、β_i、λ_i 均为待估参数，μ_i 为误差项，假定服从联合正态分布。

式（8-1）中，$a(p)$、$b(p)$ 为价格指数，分别表示如下：

$$\ln a(p) = \alpha_0 + \sum_{j=1}^{n} \alpha_j \ln(p_j) + 0.5 \times \sum_{i=1}^{n} \sum_{j=1}^{n} \gamma_{ij} \ln(p_i) \ln(p_j) \tag{8-2}$$

$$b(p) = \prod_{i=1}^{n} p_i^{\beta_i} \tag{8-3}$$

为了考察居民家庭人口结构对食物消费的影响并控制地区差异，我们参照班克等（1997）的做法，把这些变量设定为式（8-1）中常数项 α_i 的线性组合，即：

$$\alpha_i = \delta_{0i} + \sum_{n_1=1}^{s_1} \delta_{1in_1} d_{n_1} + \sum_{n_2=1}^{s_2} \delta_{2in_2} num_{n_2} \tag{8-4}$$

其中，d_{n_1} 表示地区变量，num_{n_2} 表示家庭成员中处于不同年龄段的人口数。对家庭人口结构的控制一方面是由于已有文献表明人口结构对食物消费的影响不可忽视（白军飞等，2014），另一方面主要考虑到我国人口社会的快速老龄化。

将式（8-4）代入式（8-1）可得到本书的基础模型：

$$w_i = \delta_{0i} + \sum_{n_1=1}^{s_1} \delta_{1in_1} d_{n_1} + \sum_{n_2=1}^{s_2} \delta_{2in_2} num_{n_2} + \sum_{j=1}^{n} \gamma_{ij} \ln(p_j)$$
$$+ \beta_i \ln \left[\frac{m}{a(p)} \right] + \frac{\lambda_i}{b(p)} \left\{ \ln \left[\frac{m}{a(p)} \right] \right\}^2 + \mu_i \tag{8-5}$$

QUAIDS 模型是基于给定效用水平下的消费者支出最小化问题，应符合各种食物的支出占比总和为 1，因此，式（8-5）在理论上应满足以下 3 条性质：第一，加总性，保证每种商品的支出之和等于总支出；第二，齐次性，使价格与支出的等比变化不影响需求量；第三，对称性，保证补偿的需求曲线对价格的齐次性。为满足这些理论要求，模型（8-5）估计中需要相应引入如下约束条件：

$$\sum_{i=1}^{n} \delta_{0i} = 1, \sum_{i=1}^{n} \delta_{1in_1} = 0, \sum_{i=1}^{n} \delta_{2in_2} = 0, \sum_{i=1}^{n} \beta_i = 0,$$
$$\sum_{i=1}^{n} \lambda_i = 0, \sum_{i=1}^{n} \gamma_{ij} = 0 \tag{8-6}$$

$$\sum_{j=1}^{n} \gamma_{ij} = 0 \qquad\qquad (8-7)$$

$$\gamma_{ij} = \gamma_{ji} \qquad\qquad (8-8)$$

2. 2-Step QUAIDS 模型估计

用微观调查数据估计食物需求系统模型时，观测值中常常存在某些商品消费支出为零的现象，其中由于观察期短和消费频率低，以及由于大宗耐用消费品一次性支出总价高所导致的零支出现象尤为普遍。从计量分析角度而言，这种现象也称为截尾因变量问题，这在本书所用数据中也存在（详见章节 8.1.2）。不做处理将可能导致模型参数估计不一致和有偏问题（Lee & Pitt，1986）。对这一问题的处理方法在文献中较多，如韦尔等（Wales et al.，1983）和海恩等（Heien et al.，1990），但每种方法都有其优缺点。我们采用两阶段一致估计方法（consistence two-step estimation procedure）（Shonkwiler & Yen，1999）解决这一问题。该方法的基本思想是：在第一阶段通过 0-1 二元 Probit 模型，估计并得到居民家庭是否消费各种产品的累积分布函数 $\Phi(Z_i'\rho_i)$ 和概率密度函数 $\phi(Z_i'\rho_i)$，然后在第二阶段中，将估计的 $\Phi(Z_i'\rho_i)$ 与 $\phi(Z_i'\rho_i)$ 嵌入模型（8-5）中进行参数估计[①]。具体地，该两阶段一致估计方法可以表达为：

$$w_i = d_i w_i^* = \begin{cases} f(x_i) + \varepsilon_i; & 若(Z_i'\rho_i) + v_i > 0 \\ 0; & 若(Z_i'\rho_i) + v_i \le 0 \end{cases} \quad (i=1,2,\cdots,n) \quad (8-9)$$

其中，d_i 为第一阶段 Probit 模型因变量，d_i 等于 1 表示居民家庭消费了第 i 种食品，等于 0 表示观察期未消费该食品，即 $d_i = \begin{cases} 1;若(Z_i'\rho_i) + v_i > 0 \\ 0;若(Z_i'\rho_i) + v_i \le 0 \end{cases}$，其中 v_i 为服从正态分布的误差项，ρ_i 为 Probit 模型的系数向量；Z_i 与 x_i 分别为一阶段 Probit 模型与 2-Step QUAIDS 中的自变量向量，其中 Z_i 中包含第二阶段模型中所有自变量和其他可能影响家庭消费与否的变量，在本书中，包括户主受教育程度和家庭成员内是否正在进行减肥计划两组虚拟

[①] 由于 2-Step QUAIDS 模型最终估计方程中累积分布函数 $\Phi(Z_i'\rho_i)$ 以及概率分布函数 $\phi(Z_i'\rho_i)$ 的加入，故本研究在模型估计过程中不再需要满足上述加总性要求（Yen et al.，2010）。

变量。

另外，式（8-9）中 w_i^* 表示为：

$$w_i^* = f(x_i) + \varepsilon_i \tag{8-10}$$

本章中：

$$f(x_i) = \delta_{0i} + \sum_{n_1=1}^{s_1} \delta_{1in_1} d_{n_1} + \sum_{n_2=1}^{s_2} \delta_{2in_2} num_{n_2} + \sum_{j=1}^{n} \gamma_{ij} \ln(p_j)$$
$$+ \beta_i \ln\left[\frac{m}{a(p)}\right] + \frac{\lambda_i}{b(p)} \left\{\ln\left[\frac{m}{a(p)}\right]\right\}^2 \tag{8-11}$$

从式（8-9）可以推导出 w_i 的非条件均值为：

$$\begin{aligned} E(w_i \mid x_i, Z_i) &= f(x_i) + 2\delta_i \phi(Z_i'\rho_i) \\ &= E(w_i \mid x_i, Z_i; (Z_i'\rho_i) + v_i > 0) \times P((Z_i'\rho_i) + v_i > 0) \\ &\quad + E(w_i \mid x_i, Z_i; (Z_i'\rho_i) + v_i \leq 0) \times P((Z_i'\rho_i) + v_i \leq 0) \\ &= \Phi(Z_i'\rho_i) f(x_i) + \delta_i \phi(Z_i'\rho_i) \end{aligned} \tag{8-12}$$

其中，δ_i 表示第一阶段 Probit 模型与第二阶段 QUAIDS 模型误差项协方差矩阵。综上两阶段一致的 QUAIDS 模型由式（8-9）改写为最终估计方程表达式：

$$w_i = E(w_i) + \zeta_i = \Phi(Z_i'\rho_i) f(x_i) + \delta_i \phi(Z_i'\rho_i) + \zeta_i \tag{8-13}$$

将式（8-11）代入式（8-13）得：

$$\begin{aligned} w_i = \Phi(Z_i'\rho_i) &\left\{\delta_{0i} + \sum_{n_1=1}^{s_1} \delta_{1in_1} d_{n_1} + \sum_{n_2=1}^{s_2} \delta_{2in_2} num_{n_2} + \sum_{j=1}^{n} \gamma_{ij} \ln(p_j)\right. \\ &\left. + \beta_i \ln\left[\frac{m}{a(p)}\right] + \frac{\lambda_i}{b(p)} \left\{\ln\left[\frac{m}{a(p)}\right]\right\}^2\right\} + \delta_i \phi(Z_i'\rho_i) + \zeta_i \tag{8-14} \end{aligned}$$

本书将居民消费的食物分为谷物、肉类、蔬菜、水果及其他食品五类。考虑居民在家与在外食物消费结构差异大，且同种食物在家与在外部分的支出占比随食物支出的增长表现出不同的变化趋势（见图 8-1），将同一类食物的在家和在外消费视作两种产品，能够更细致更完整地描绘居民食物消费状况，研究结果更加可靠。变量说明及基本描述统计如表 8-2 所示。

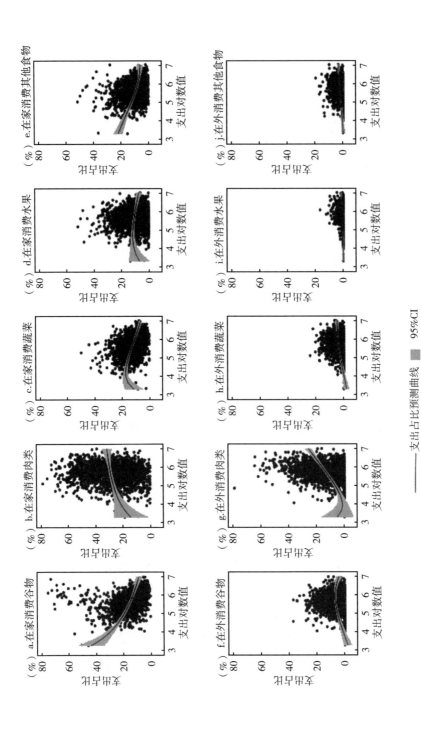

——支出占比预测曲线 ■ 95%CI

图 8-1 各食物消费占比随支出变化情况

3. 弹性计算

支出弹性和非补偿的价格弹性的计算公式如式（8－15）、式（8－16）所示：

$$e_i = \frac{\partial \ln(m_i)}{\partial \ln(m)} = 1 + \mu_i / w_i \qquad (8-15)$$

$$e_{ij}^u = \frac{\partial \ln(m_i)}{\partial \ln(p_j)} = \mu_{ij} / w_i - \cup_{ij} \qquad (8-16)$$

其中，μ_i 和 μ_{ij} 分别为：

$$\mu_i = \frac{\partial w_i}{\partial \ln m} = \frac{\partial \Phi(Z_i' \rho_i)}{\partial \ln m} \times f(x_i) + \Phi(Z_i' \rho_i) \times \frac{\partial f(x_i)}{\partial \ln m} + \delta_i \frac{\partial \phi(Z_i' \rho_i)}{\partial \ln m}$$

$$(8-17)$$

$$\mu_{ij} = \frac{\partial w_i}{\partial \ln p_j} = \frac{\partial \Phi(Z_i' \rho_i)}{\partial \ln p_j} \times f(x_i) + \Phi(Z_i' \rho_i) \times \frac{\partial f(x_i)}{\partial \ln p_j} + \delta_i \frac{\partial \phi(Z_i' \rho_i)}{\partial \ln p_j}$$

$$(8-18)$$

式（8－16）中 $\cup_{ij}$ 为克罗内克（Kronecker）函数，定义如下：

$$\cup_{ij} = \begin{cases} 1; & \text{当 } i = j \text{ 时} \\ 0; & \text{当 } i \neq j \text{ 时} \end{cases} \qquad (8-19)$$

补偿的价格弹性由下式计算得出：

$$e_{ij}^c = e_{ij}^u + e_i w_j \qquad (8-20)$$

收入弹性指由于收入变化引起的需求量变化的程度，为了估计收入弹性，本书对家庭支出函数的设定如下：

$$\ln(m) = s_0 + s_1 \ln(inc) + s_2 [\ln(inc)]^2 \qquad (8-21)$$

其中，inc 表示城镇居民家庭收入，对第 i 种食物的收入弹性表示如下：

$$e_{inci} = \frac{\partial \ln(m_i)}{\partial \ln(inc)} = \frac{\partial \ln(m_i)}{\partial \ln(m)} \times \frac{\partial \ln(m)}{\partial \ln(inc)} = e_i \times [s_1 + 2s_2 \ln(inc)] \qquad (8-22)$$

另外，为了更方便直观地比较收入对肉类消费结构的影响，在弹性计算中引入了收入对各种肉类产品支出占比的弹性：

$$e_{incwi} = \frac{\partial \ln(w_i)}{\partial \ln(inc)} = (e_i - 1) \times [s_1 + 2s_2 \ln(inc)] \qquad (8-23)$$

4. 资料来源及描述性统计

本章主要资料来源于 2010~2012 年对我国 9 个具有区域代表性的城市，共 1781 户居民家庭的饮食消费调查，分析数据针对每种食物价格以及人均支出删除部分异常值，实际使用样本量为 1591 户。这些城市包括成都、西安、沈阳、厦门、哈尔滨、太原、台州、南宁以及兰州，具有较广泛的区域覆盖面。其中成都的调查在 2010 年 6~9 月开展，西安、沈阳、厦门的调查在 2011 年 6~9 月完成，其余城市调查在 2012 年同期开展。调查采用连续一周的记账方式，内容既包括家庭成员详细的食物消费信息，也包括样本家庭详细的社会经济和人口统计信息，文章所用数据的另外一个重要价值在于包括了详尽的在外消费信息。这为实现本书研究目标提供了重要的数据基础。尽管该数据时限较早，但在回答本书的问题上有突出优势。①该数据详细收集了调查周内每个样本家庭一日三餐的所有信息，包括成员个体特征信息和每一餐的发生场所、时间、消费构成，以及对本书研究至关重要的食物价格信息；②该数据允许研究人员清晰地识别在外和在家消费，以及食物购买时的加工程度等信息，这使得我们在测度食物消费背后的（虚拟）水资源时可以更加精确；③消费结构是本书主要研究内容，由于该数据来自 9 个具有区域代表性的城市居民家庭，由于其社会经济水平处在全国前列①，进一步地，比较近年来城镇居民食物消费结构和变化趋势可以看到，样本家庭各类食物消费占比均值以及回归分析估计得出的非条件均值，更为接近《中国统计年鉴》中 2018 年及以后的城镇居民食物消费结构，可以更好地代表当前全国整体情况。

表 8-1　　　　　　样本城市居民与全国城市居民食物消费结构比较　　　　单位：%

数据来源		谷物	肉类（包括水产品）	蔬菜	水果	其他（蛋类、乳制品、豆制品）
《中国统计年鉴》城镇居民数据	2013 年	32.2	12.4	30.2	14.9	10.3
	2015 年	29.8	12.8	30.6	16.1	10.7

---

① 以 2010 年可比价格计算，样本城市家庭每月人均可支配收入为 1705 元，这与 2016~2017 年全国居民人均可支配收入持平，2016 年为 1696 元，2017 年为 1820 元。

续表

数据来源		谷物	肉类 （包括水产品）	蔬菜	水果	其他（蛋类、 乳制品、豆制品）
《中国统计年鉴》 城镇居民数据	2017 年	28.5	12.7	30.9	17.3	10.5
	2018 年	28.6	13.2	29.8	17.9	10.5
调研数据	非条件均值	24.3	12.9	28.8	20.9	13.1
	平均值	24.8	15.0	28.6	18.3	13.2
2400 千卡水平下的均衡膳食模式		17.1	8.6	32.9	20.0	21.4

资料来源：《中国统计年鉴》、调研数据及《中国居民膳食指南（2016）》（下称《指南》）。

样本城市家庭每月人均可支配收入（以 2010 年为基础调整）为 1705 元，食物消费总支出为 326 元/月，其中肉类支出最高为 143.3 元/月，占食物消费总支出的 41.0%，其中在家肉类支出占比 28.2%，在外肉类支出占比为 12.8%；其次为谷物消费支出 65.16 元/月，占食物消费支出的 21.3%；再次为蔬菜、然后是其他食品支出（包括蛋类、乳制品及豆类）支出分别占食物支出的 15.6% 和 11.3%；支出最少的为水果占食物支出的 10.7%。样本家庭平均人口数为 2.84 人，家庭人员构成中户均 40～59 岁人口最多为 1.18 人，其次是 15～39 岁人口 0.85 人、60 岁以上人口以及 14 岁以下儿童人数分别是 0.48 人和 0.33 人。

表 8-2　　　　　　　　　变量及基本描述性统计（一）

类别	变量名称	单位及变量说明	均值	标准差	最小值	最大值
第一层被解释变量（占家庭食品支出比例）	在家谷物支出占比	%	15.0	10.8	0	74.8
	在家肉类支出占比	%	28.2	15.5	0	78.2
	在家蔬菜支出占比	%	12.0	6.6	0	49.4
	在家水果支出占比	%	10.1	8.3	0	51.3
	在家其他食品支出占比	%	9.2	7.2	0	51.0
	在外谷物支出占比	%	6.3	6.5	0	37.2
	在外肉类支出占比	%	12.8	13.1	0	78.9
	在外蔬菜支出占比	%	3.6	4.0	0	24.2
	在外水果支出占比	%	0.6	1.5	0	16.6
	在外其他支出占比	%	2.2	2.7	0	19.5

续表

类别	变量名称	单位及变量说明	均值	标准差	最小值	最大值
第一层主要解释变量	在家谷物价格	元/千克	7.73	6.30	0.25	78.45
	在家肉类价格	元/千克	26.74	8.21	5.06	73.47
	在家蔬菜价格	元/千克	4.74	1.93	1.55	17.31
	在家水果价格	元/千克	6.34	3.87	0.51	36.04
	在家其他食品价格	元/千克	8.39	4.13	1.83	60.73
	在外谷物价格	元/千克	17.51	10.59	1.42	115.95
	在外肉类价格	元/千克	52.99	30.93	1.86	228.74
	在外蔬菜价格	元/千克	13.80	8.74	0.53	84.82
	在外水果价格	元/千克	28.62	17.99	0.81	177.91
	在外其他价格	元/千克	15.81	11.66	0.88	114.95
其他主要解释变量	14岁以下儿童数	人	0.33	0.49	0	2
	15~39岁人数	人	0.85	0.76	0	3
	40~59岁人数	人	1.18	0.88	0	3
	60岁以上人数	人	0.48	0.78	0	3
	家庭食物支出	元/月	325.66	162.73	26.48	1105.14
其他控制变量	户主受教育程度	分段变量	4.16	1.21	1	7
	是否有人在减肥	(1=有，0=无)	0.28	0.45	0	1
	东北	沈阳、哈尔滨 (1=是，0=否)	0.24	0.43	0	1
	东部	厦门、台州 (1=是，0=否)	0.18	0.39	0	1
	西北	西安、太原、兰州 (1=是，0=否)	0.35	0.48	0	1
	西南	成都、南宁 (1=是，0=否)	0.22	0.42	0	1

注：此处汇报的价格以及支出变量均为实际值，并非模型中所使用的对数值。户主受教育程度由数字1至7分别表示：学前教育水平、小学水平、初中水平、高中水平、职业学校水平、大学水平、大学以上水平。

资料来源：调研数据。

8.1.2　2–Step QUAIDS 模型回归结果分析

进行 Probit 模型估计的主要目的在于，得到各种食物消费的概率分布，进而在需求系统模型中对各种食物消费支出占比的期望值进行估计，另外也提供了各种因素对消费者进行某种消费决策影响的信息。另外，本部分研究的重点是得到居民家庭收入、支出、家庭人口结构以及价格因素对居民消费的影响。本章两层食物消费的实证结果分析部分仅汇报 Probit 模型的估计结果，以及第一及第二阶段估计的弹性值。

1. 第一层食物消费回归结果

表 8 – 3 汇报了第一阶段的 Probit 模型的估计结果及边际效应，模型被解释变量为 0、1 二元变量，当城市居民家庭某种食物消费支出不为零时因变量取值为 1，反之取值为 0。自变量除各种食物在家在外消费的价格对数值之外，还包括家庭各年龄段人口数、户主受教育程度、是否有家庭成员在进行减肥计划变量以及地区虚拟变量。

从估计结果可见，家庭食物支出对数值对居民家庭除在家消费的谷物以及其他食品之外的各种食物的消费决策，都有显著的正向影响，比较支出对各种食物消费的边际效果可知，家庭食物消费支出对在外各种食品的边际影响，要远大于在家食品消费。另外，各年龄段人口数对不同的食物消费决策有不同影响，我们将结合下文的弹性估计值对此作出更为详尽的分析。

表 8 – 4 汇报了 5 种食物在家在外消费的收入弹性、支出弹性、非补偿以及补偿价格弹性估计值以及显著性，其中大部分的弹性值都通过了 5% 水平下的显著性检验。本部分接下来的内容将对各种弹性估计结果分别进行分析重点讨论价格弹性部分，为了考虑收入增长带来的食物消费水需求的变化，文章同时对收入弹性进行了较为详细的分析，以便为后面的水足迹预测做更全面的讨论。

表 8－3　Probit 边际效应（一）

变量	在家消费					在外消费				
	谷物	肉类	蔬菜	水果	其他	谷物	肉类	蔬菜	水果	其他
家庭食物支出对数值	-0.007 (0.01)	0.018** (0.01)	0.026*** (0.01)	0.081*** (0.02)	-0.008 (0.01)	0.289*** (0.02)	0.335*** (0.03)	0.342*** (0.03)	0.341*** (0.03)	0.338*** (0.03)
14 岁以下儿童数	0.040*** (0.01)	0.017* (0.01)	0.021** (0.01)	0.019 (0.02)	0.033*** (0.01)	-0.001 (0.02)	0.009 (0.02)	0.007 (0.02)	-0.004 (0.02)	0.003 (0.02)
15~39 岁人数	0.034*** (0.01)	-0.007 (0.01)	0.001 (0.01)	-0.023** (0.01)	0.017** (0.01)	-0.008 (0.02)	-0.014 (0.02)	-0.017 (0.02)	-0.027 (0.02)	-0.008 (0.02)
40~59 岁人数	0.047*** (0.01)	0.002 (0.01)	0.014* (0.01)	-0.007 (0.01)	0.027*** (0.01)	-0.049** (0.02)	-0.065*** (0.02)	-0.068*** (0.02)	-0.033* (0.02)	-0.064*** (0.02)
60 岁以上人数	0.059*** (0.01)	0.010 (0.01)	0.048*** (0.01)	0.012 (0.01)	0.044*** (0.01)	-0.109*** (0.02)	-0.134*** (0.02)	-0.136*** (0.02)	-0.082*** (0.02)	-0.120*** (0.02)
户主受教育程度	0.000 (0.00)	-0.005* (0.00)	-0.003 (0.00)	0.017*** (0.01)	0.003 (0.00)	0.019*** (0.01)	0.009 (0.01)	0.006 (0.01)	0.029*** (0.01)	0.019** (0.01)
是否有家庭成员在减肥	0.006 (0.01)	0.001 (0.01)	-0.012 (0.01)	0.008 (0.02)	-0.004 (0.01)	-0.021 (0.02)	-0.037* (0.02)	-0.023 (0.02)	-0.050** (0.02)	-0.024 (0.02)
LR chi2 (20)	101.91	37.21	72	99.59	53.73	415.2	463.46	448.04	457.36	484.96
Prob > chi2	0.0000	0.0111	0.0000	0.0000	0.0001	0.0000	0.0000	0.0000	0.0000	0.0000
R²	0.3100	0.1732	0.1965	0.1163	0.1715	0.2437	0.2561	0.2456	0.2199	0.2525
样本量	1591									

注：* p<0.10，** p<0.05，*** p<0.01。

表 8 - 4　2-Step QUAIDS 模型弹性值及显著性（一）

类别		在家					在外				
		谷物	肉类	蔬菜	水果	其他	谷物	肉类	蔬菜	水果	其他
支出弹性 $\left(\frac{\partial \ln\left(m_i\right)}{\partial \ln\left(m\right)}\right)$		0.779**	0.949**	0.828**	1.193**	0.744**	1.028**	2.210**	1.035**	3.053**	0.874**
收入弹性 $\left(\frac{\partial \ln\left(m_i\right)}{\partial \ln\left(inc\right)}\right)$		0.356**	0.433**	0.378**	0.544**	0.339**	0.469**	1.008**	0.472**	1.393**	0.399**
收入对支出占比的弹性 $\left(\frac{\partial \ln\left(w_i\right)}{\partial \ln\left(inc\right)}\right)$		-0.101**	-0.023**	-0.078**	0.088**	-0.117**	0.013	0.552**	0.016	0.936**	-0.058
非补偿价格弹性	在家谷物	**-0.462****	-0.068**	-0.119**	-0.102**	-0.270**	0.033	-0.152	0.091*	-0.452	0.035
	在家肉类	-0.124**	**-0.971****	0.522**	-0.332**	0.158**	-0.562**	-0.093	-0.038	-1.009**	0.057
	在家蔬菜	-0.040**	0.235**	**-0.905****	-0.036*	0.803**	-0.175**	-0.494**	0.052	-0.270	0.120
	在家水果	-0.087**	-0.117**	0.004	**-0.974****	-0.041**	0.035	0.140**	0.147*	0.142	-0.081**
	在家其他食品	-0.130**	0.069**	0.599**	-0.052**	**-0.896****	0.015	-0.245**	0.059	4.232**	0.169**
	在外谷物	-0.003	-0.096**	-0.069**	0.022	0.010	**-0.863****	0.128**	-0.096	0.497**	-0.070**
	在外肉类	0.033**	0.011	-0.088**	-0.029	-0.005	0.145**	**-0.997****	0.853**	-1.596**	-0.049**
	在外蔬菜	0.072**	0.021	0.040*	-0.008	0.058**	-0.048	-0.068*	**-1.302****	-0.908**	0.103*
	在外水果	-0.002	-0.014	0.035	-0.024	0.496**	0.096**	-0.213**	-0.166**	**-2.170****	-0.054**
	在外其他	0.003	-0.003	-0.003	-0.006	0.000	0.005	-0.019	-0.011	-0.066	**-1.058****

续表

类别		在家					在外				
		谷物	肉类	蔬菜	水果	其他	谷物	肉类	蔬菜	水果	其他
补偿价格弹性	在家谷物	-0.331**	0.091**	0.021	0.098**	-0.145**	0.206**	0.220**	0.265**	0.061	0.181**
	在家肉类	0.124**	-0.669**	0.785**	0.047	0.394**	-0.236**	0.609**	0.290**	-0.040	0.335**
	在家蔬菜	0.062**	0.359**	-0.796**	0.120**	0.901**	-0.040	-0.205**	0.187**	0.130	0.235**
	在家水果	0.001	-0.010	0.097**	-0.839**	0.043**	0.151**	0.389**	0.263**	0.486**	0.018
	在家其他食品	-0.050**	0.166**	0.684**	0.070**	-0.819**	0.120**	-0.018	0.165**	4.545**	0.259**
	在外谷物	0.031**	-0.055**	-0.033*	0.073**	0.042**	-0.819**	0.223**	-0.052	0.629**	-0.033
	在外肉类	0.097**	0.088**	-0.020	0.068**	0.056**	0.229**	-0.816**	0.938**	-1.347**	0.022
	在外蔬菜	0.091**	0.044**	0.060**	0.021	0.076**	-0.023	-0.015	-1.277**	-0.834**	0.124**
	在外水果	0.001	-0.010	0.038*	-0.019	0.499**	0.101**	-0.204**	-0.162**	-2.157**	-0.050**
	在外其他	0.014**	0.011**	0.010**	0.012**	0.011*	0.021	0.014	0.004	-0.021	-1.045**
人口特征弹性	14岁以下儿童数	-0.017**	-0.028**	-0.028	0.051	0.099**	0.130**	0.080**	0.097**	0.075**	-0.171**
	15~39岁人口数	0.051**	0.004	-0.098**	0.159**	0.099**	0.110**	0.067**	0.090**	0.071**	-0.173**
	40~59岁人口数	-0.033**	0.029**	-0.028**	0.004	-0.007**	0.004	0.004	-0.006**	0.005**	0.001
	60岁以上老人数	-0.009**	0.027**	-0.023**	0.007**	-0.012**	0.004*	0.007	-0.015**	0.003**	0.001

注：** $p < 0.05$，* $p < 0.10$。

收入弹性、支出弹性及价格弹性分别反映了在其他因素不变的情况下，由收入、支出或价格变化所引起的某种食物需求变化的程度。对于本章第一层食物消费的 2-Step QUAIDS 模型估计弹性值汇报如表 8-4。10 种食品的支出弹性、价格弹性以及价格弹性估计值大都在 5% 的统计水平上显著。另外，本章中为了更好地考察收入变化对食物消费结构的影响，构建了各种食品收入对其支出占比的弹性，表示当收入上升 1 个百分点，对应的某种食物消费支出占家庭食物消费总支出的比例变动了多少个百分点，当该产品的支出占比随收入增加而增加时该弹性值为正，反之则为负。

（1）收入弹性与支出弹性。如表 8-4 所示，所有食品的在家在外消费的收入以及支出弹性均大于 0，且在 5% 的水平上显著。除在家水果消费的收入弹性大于 1 之外，其他食品的在家在外收入弹性均小于 1，且在外水果消费的收入弹性最高为 1.393，高于在外肉类消费的收入弹性值，表明除在外肉类及水果消费以外，城市居民其他食品的在家在外消费都具有必需品属性；另外，除其他食品在外消费之外，所有食品的在外消费以及在家水果消费的支出弹性均大于 1，支出弹性值大于 1 的食品由大到小依次为：在外消费的水果、在外消费的肉类、在家消费的水果、在外消费的蔬菜以及在外消费的谷物，除此之外，我们发现，所有食品的在外消费部分的收入与支出弹性均大于在家消费部分。

当前我国城市居民食物消费仍然以在家消费为主，本书样本居民家庭在家食物消费量占比达到 85.3%，在家食物消费支出占比为 65.7%，为考察收入对居民食物消费习惯以及消费结构的影响，表 8-4 同时汇报了收入对各种食物支出占比的弹性。可以看出，除在家水果消费以外，其他所有食品的在家消费的收入对支出占比的弹性值均为负，且在 5% 的显著性水平上，在外其他食品的收入对支出占比的弹性值也为负，但在统计上并不显著。与此同时，其他在外消费的其他食品的这一弹性值均为正，且在外肉类消费以及在外水果消费的弹性值统计上显著，因此可以判断，随收入增长，城市居民食物消费将表现出在家消费向在外消费转移之变化，且从消费结构上看，肉类以及水果消费支出占比将继续上升。

（2）价格弹性。价格弹性是本书分析的重点依据，自价格弹性反映了消费者在进行某种商品消费决策时对该商品价格变动的反应程度，对于正常商品来说自价格弹性一般为负值，即商品价格上升时，消费者会减少对该商品的支出。从非补偿的自价格弹性看，五种食物的在家消费部分的自价格弹性均小于1，且在外消费部分的自价格弹性均大于对应食物的在家消费部分，各种食物的在家消费都对价格缺乏弹性，在外消费的水果、蔬菜以及其他食品的自价格弹性均大于1，对其价格变动的反映更为敏感。

补偿的价格弹性反映了当食品价格发生变化时，为保持消费者原有的消费水平或者效用水平，对其进行收入补偿。从表8-4汇报结果可知，五种食品在家在外消费的补偿自价格弹性的绝对值均小于非补偿自价格弹性，收入补偿能在一定程度上抵消各种食物价格变化对居民消费的影响，其中收入补偿作用最大的是在家肉类消费，在外消费五种食品的补偿价格弹性与非补偿价格弹性之间的差别较小，这说明收入补偿对各种在外消费食品因为价格上升带来的对应食品消费支出影响的缓冲作用较小。进一步地，补偿后的蔬菜、水果及其他食品的在外消费自价格弹性仍然显著大于1，这说明此三种食品的支出受价格影响较大。

比较马歇尔自价格弹性与支出弹性绝对值发现，在家消费的谷物和水果以及在外消费的谷物、肉类、水果的支出弹性均大于其自价格弹性绝对值，这意味着当各种食物价格与支出同比变化时，消费者倾向于增加对应食物的消费支出。对应地，当在家消费的肉类、蔬菜、其他食品以及在外消费的蔬菜及其他食品的价格与家庭食物消费支出同比变化时，消费者将减少对应食物的支出。另外，马歇尔自价格弹性绝对值大于1的食品，有3种，按照绝对值从大到小依次为在外消费的水果和在外消费的蔬菜；除在家谷物外其他食物自价格弹性绝对值都接近于1。

交叉价格弹性给出了不同商品之间的互补或者替代关系，以及对其他商品价格变动的灵敏程度，当商品1的价格上涨使得商品2的支出下降时，交叉价格弹性为负值，此时商品1与商品2表现出互补品关系，反之则为替代品关系。

分析下表补偿交叉价格弹性可知，在10%的水平上显著，对于在家消费的谷物来说，其他4种在家消费食品均对其表现出显著的互补品关系，而在外消费的肉类及蔬菜与在家消费的谷物为替代关系；在家消费的谷物、水果以及在外消费的谷物与在家消费的肉类之间为互补关系，在家消费的蔬菜以及在家消费的其他食品对其表现出显著的替代关系，除谷物以外的其他在外消费的食品的价格变化对在家消费的肉类支出无显著影响；在家消费的谷物、在外消费的谷物及肉类与在家消费的蔬菜为互补品关系，在家消费的肉类、其他食品以及在外消费的蔬菜与其为替代品关系；对于在家消费的水果，所有其他在家消费的食品都与之表现出互补品关系，而在外消费的所有产品的价格变化对在家水果支出均无显著影响；在家消费的肉类、蔬菜与在外消费的谷物之间为互补品关系，在外消费的肉类及水果与其为替代品关系；在家消费的谷物、蔬菜及其他在家消费食品和在外消费的蔬菜、水果都对在外消费的肉类表现出互补品关系，在家消费的水果与在外消费的谷物与之表现出替代关系；在外消费的水果对在外消费的蔬菜表现出互补品关系，在家消费的谷物、水果对在外消费的肉类与其为替代品关系；在家消费的谷物、肉类与在外消费的肉类、蔬菜均同在外消费的水果之间为互补品关系，在家消费的其他食品、在外消费的谷物与之呈现出显著的替代品关系。

至此，我们获得了收入、支出以及产品价格变化对消费支出的影响，同时获取了各种产品之间的互补与替代关系，这为下面分析在上述各种经济社会因素变化的情境下的居民食物消费变化特征提供了重要依据。本章余下的内容我们将进一步通过构建需求系统模型对肉类消费进行详尽的分析。

2. 第二层食物消费回归结果

随着生活水平的提高，肉类消费在有关居民膳食营养问题的领域扮演着重要角色，因肉类消费过量及消费结构不合理引致的健康问题日益凸显。有研究表明，畜禽肉类需求增长已经成为我国食物消费水需求压力的最主要来源（Liu et al.，2008）。同时，由于食物消费结构变化，特别是肉类产品的大量摄入，超重、肥胖等健康问题日益凸显（程广燕等，2015；蒋乃华等，2002），并逐渐成为我国居民健康的最主要威胁。城市居民人均畜禽肉类消费量占食物消费比例达到 11.0%，远超过 2016 年《中国居民膳食指南》（以下简称《指南》）推荐的 4.3% 的成人均衡膳食标准①。

之所以对肉类产品进行更为深入的讨论，主要基于以下两方面的考虑：一方面，本书的主旨目标之一是研究食物消费对水资源的影响，考虑肉类产品生产过程中直接和间接消耗的水资源远高于生产谷物、蔬菜、水果等其他农产品（Mekonnen et al.，2010a，2010b），因此，由食物消费引致的水资源需求将很大程度上取决于肉类消费需求的变化。与此同时，生产单位重量的畜肉、禽肉以及水产所需要的水资源差异也十分悬殊（Mekonnen et al.，2010b），这意味着在消费量一定的前提下，肉类消费结构改变将引起水需求总量的显著变化。另一方面，脱离个体的营养约束去讨论如何通过食物消费以实现水资源的有效管理，是有失于偏颇的。从均衡营养膳食的角度来看，我国城市居民畜禽肉类消费量占比过高，水产品占比偏低，如果按照《中国居民膳食指南》中"同类互换、多种多样"的膳食调节原则，完全可以通过减少畜肉产品摄入同时相应增加水产品消费来改善膳食模式。由于生产单位畜肉产品所需水资源高于水产品和禽肉产品，这种出于营养改善的调整方案同时下拉水资源需求，因此合理的肉类消费结构调整，可同时实现改善居民膳食结构以及保护水资源两个目标。

随着经济社会的快速发展，我国居民饮食消费在过去的三十年间发生了巨大的变化，其中，最为突出的变化莫过于谷物类直接消费的下降和动物类产品消费的快速上升。以肉类消费为例，在 1986~2016 年 30 年间，我国人均肉类产品年消费量从 19.4 千克增长到 43.4 千克，年均增速达到 2.7%（见表 8-5）。

表 8-5　　　　　　　我国居民主要肉类产品消费量及消费结构

年份	人均每年消费量（千克）					肉类消费结构（%）			
	肉类	猪肉	牛羊肉	禽类	水产品	猪肉	牛羊肉	禽类	水产品
1986	19.4	13.0	1.2	1.7	3.4	67.2	6.0	9.0	17.8
2001	28.1	14.4	2.0	4.6	7.2	51.1	6.9	16.2	25.8
2011	38.3	17.6	3.0	7.6	10.1	45.9	7.8	19.9	26.4
2012	39.2	18.0	2.9	7.8	10.6	45.9	7.3	19.9	26.9

---

① 此处给出为 2400 千卡/天的热量需求水平下的膳食均衡模式，《中国居民营养与慢性病状况报告（2015）》指出，2012 年我国居民每人每天平均能量摄入为 2172 千卡。

续表

年份	人均每年消费量（千克）					肉类消费结构（%）			
	肉类	猪肉	牛羊肉	禽类	水产品	猪肉	牛羊肉	禽类	水产品
2013	39.0	19.8	2.5	6.4	10.4	50.7	6.3	16.4	26.6
2014	41.3	20.0	2.5	8.0	10.8	48.5	6.0	19.4	26.1
2015	42.6	20.1	2.9	8.4	11.2	47.3	6.8	19.7	26.3
2016	43.4	19.6	3.3	9.1	11.4	45.2	7.5	21.0	26.3
30 年间年均增速（%）	2.7	1.4	3.5	5.7	4.1	-1.3	0.7	2.9	1.3

资料来源：相关年份的《中国统计年鉴》。

表 8 - 6 展示了样本城市居民的肉类消费以及支出构成。可见，在家肉类消费仍然占据主导地位，其消费量及支出占比分别为 75.1% 与 65.9%；分产品来看，牛羊肉在外消费量占该产品比例最高为 38.5%。这意味着，每消费 1 千克的牛羊肉消费就有 0.385 千克来自于在外消费部分，其次为禽肉，占比为 29.6%，水产品最低为 18.7%；肉类消费以猪肉消费为主，各种肉类产品消费量占比由大到小依次为：猪肉、水产、禽肉、牛羊肉和其他畜禽肉类消费量占比分别为 46.5%、24.2%、14.1%、9.6% 和 5.7%，对应支出占比依次为 39.9%、24.6%、14.3%、15.2% 和 6.1%。

表 8 - 6　　　　　　　　样本城市居民肉类消费以及支出结构　　　　　单位：%

项目		占肉类消费量比例	占肉类支出比例	占该产品消费量比例	占该产品支出比例	该项产品零支出户占比
在家消费部分	猪肉	35.3	27.5	76.0	68.9	3.0
	牛羊肉	5.9	7.8	61.5	51.1	56.4
	禽肉	9.9	9.3	70.4	64.8	42.2
	其他畜禽肉类	4.3	4.0	75.6	65.3	64.7
	水产品	19.7	17.3	81.3	70.4	32.6
在外消费部分	猪肉	11.2	12.4	24.0	31.1	30.2
	牛羊肉	3.7	7.4	38.5	48.9	52.9
	禽肉	4.2	5.0	29.6	35.2	60.1
	其他畜禽肉类	1.4	2.1	24.4	34.7	74.6
	水产品	4.5	7.3	18.7	29.6	50.2

资料来源：根据调研数据整理而得。

　　另外，除在家猪肉产品消费以外，其他 9 种肉类消费在为期 7 天的调查中均存在相当比例的零消费样本，按零消费户占比由大到小依次为：在外其他畜禽肉类产品、在家消费的其他畜禽肉类产品、在外消费的禽肉、在家消费的牛羊肉、在外消费的牛羊肉、在外消费的水产、在家消费的禽肉以及在家消费的水产。

　　从前面的模型分析中我们已经得出，随收入以及食物消费支出的增长，城市居民家庭消费的肉类产品支出占比将继续上升，从收入对支出占比的弹性估计值来看，在家肉类消费的收入对支出占比的弹性为 −0.023，在外消费部分这一弹性值为 0.552，二者均在 5% 的置信水平上显著，这意味着，虽然在家肉类食品消费随着收入的上升的占家庭食物支出的比例将下降，然而，随收入上升，在外肉类消费占食物支出的比例将以明显快于在家肉类消费占比下降的速度，快速上升。

表 8 – 7　　　　　　　　　变量及基本描述性统计（二）

变量	变量名称	单位及变量说明	均值	标准差	最小值	最大值
被解释变量（占家庭肉类支出比例）	在家猪肉支出占比	%	34.2%	0.24	0.0%	100.0%
	在家牛羊肉支出占比	%	7.9%	0.14	0.0%	100.0%
	在家禽肉支出占比	%	9.0%	0.12	0.0%	75.2%
	在家其他畜禽肉类支出占比	%	4.0%	0.09	0.0%	100.0%
	在家水产支出占比	%	14.6%	0.18	0.0%	85.9%
	在外猪肉支出占比	%	12.3%	0.15	0.0%	100.0%
	在外牛羊肉支出占比	%	6.9%	0.12	0.0%	86.9%
	在外禽肉支出占比	%	4.0%	0.08	0.0%	64.1%
	在外其他畜禽肉类支出占比	%	1.8%	0.05	0.0%	39.2%
	在外水产支出占比	%	5.3%	0.09	0.0%	60.0%
主要解释变量	在家猪肉价格	元/千克	24.48	6.63	2.30	64.69
	在家牛羊肉价格	元/千克	43.43	11.27	1.69	117.70
	在家禽肉价格	元/千克	28.27	13.57	2.71	118.04
	在家其他畜禽肉类价格	元/千克	31.15	12.11	1.69	147.20
	在家水产价格	元/千克	23.66	12.77	2.20	112.71
	在外猪肉价格	元/千克	46.84	29.39	1.86	239.54

续表

变量	变量名称	单位及变量说明	均值	标准差	最小值	最大值
主要解释变量	在外牛羊肉价格	元/千克	85.21	42.80	3.37	388.99
	在外禽肉价格	元/千克	62.82	34.02	2.35	297.42
	在外其他畜禽肉类价格	元/千克	72.01	38.45	5.17	428.42
	在外水产价格	元/千克	64.32	40.60	2.37	322.63

资料来源：根据调研数据整理而得。

表 8 - 8 仅汇报了肉类消费的 Probit 模型估计的边际效应。从回归结果可见 10 个模型均显著。

表 8 - 9 汇报了猪肉、牛羊肉、禽肉、其他畜禽肉类以及水产品在家及在外消费部分的收入弹性、支出弹性、收入对支出占比的弹性、价格弹性以及各年龄段人口弹性值。下面将对回归结果进行详细分析。

收入弹性与支出弹性。从弹性估计结果来看，各产品的收入弹性、支出弹性、收入对支出占比的弹性（除在家消费的水产品以外）均在 5% 的水平上显著。从支出弹性看，除在家消费的猪肉以及水产外，其他 8 种肉类食品的支出弹性均大于 1，弹性值从大到小依次为在外消费的水产、在外消费的禽肉、在外消费的牛羊肉、在外消费的其他畜禽肉类、在家消费的牛羊肉、在家消费的其他畜禽肉类、在外消费的猪肉以及在家消费的禽肉，弹性值分别为：2.466、2.408、1.868、1.548、1.353、1.275、1.185 和 1.139。整体上，所有肉类的在外消费部分的支出弹性均大于 1，且显著大于同一种肉类的在家消费部分的支出弹性，这说明，城市居民在外肉类消费需求更大，其中，对在外水产以及禽肉消费来说，居民家庭肉类消费支出每增加 1%，将分别引起这两种肉类消费支出增长 2.466% 和 2.408%。

随着收入增长，城市居民肉类消费将呈现肉类消费习惯以及肉类消费结构的双重变化。与支出弹性相似，五种肉类产品的在外消费部分的收入弹性均大于其在家消费部分，同样显示出居民家庭对在外消费的肉类产品的更高需求，且所有在家消费的五种肉类产品的收入弹性均小于 1。从弹性值的大小来看，随收入增长居民家庭将在外消费更多的水产。从收入

表8-8 Probit 边际效应（二）

变量	在家					在外				
	猪肉	牛羊肉	禽肉	其他畜禽肉类	水产	猪肉	牛羊肉	禽肉	其他畜禽肉类	水产
家庭食物支出对数值	0.028*** (-0.006)	0.205*** (-0.018)	0.174*** (-0.017)	0.089*** (-0.018)	0.144*** (-0.015)	0.208*** (-0.014)	0.305*** (-0.017)	0.207*** (-0.017)	0.198*** (-0.018)	0.263*** (-0.017)
14岁以下儿童	0.018 (-0.011)	-0.006 (-0.026)	0.011 (-0.026)	0.034 (-0.025)	0.025 (-0.023)	0.056** (-0.023)	-0.033 (-0.024)	0.0455** (-0.022)	-0.001 (-0.022)	0.013 (-0.024)
15~39岁人数	-0.009 (-0.007)	-0.031 (-0.019)	-0.028 (-0.019)	0.021 (-0.018)	-0.022 (-0.017)	0.020 (-0.015)	0.000 (-0.017)	0.044*** (-0.017)	0.008 (-0.017)	-0.013 (-0.017)
40~59岁人数	0.004 (-0.008)	0.003 (-0.020)	-0.021 (-0.020)	0.006 (-0.019)	0.021 (-0.018)	-0.026 (-0.017)	-0.033* (-0.019)	0.003 (-0.018)	-0.029* (-0.017)	-0.027 (-0.019)
60岁以上人数	0.021** (-0.010)	0.017 (-0.022)	0.004 (-0.022)	0.023 (-0.021)	0.040** (-0.020)	-0.097*** (-0.018)	-0.073*** (-0.020)	-0.070*** (-0.019)	-0.075*** (-0.019)	-0.089*** (-0.020)
户主受教育程度	-0.007* (-0.004)	0.000 (-0.010)	-0.003 (-0.010)	-0.005 (-0.010)	0.009 (-0.009)	0.017* (-0.009)	0.011 (-0.010)	0.059*** (-0.009)	0.012 (-0.009)	0.040*** (-0.009)
是否有家庭成员在减肥	0.008 (-0.011)	-0.024 (-0.026)	0.009 (-0.026)	-0.040 (-0.026)	0.070*** (-0.024)	-0.022 (-0.022)	-0.033 (-0.024)	-0.014 (-0.023)	-0.006 (-0.022)	-0.021 (-0.024)
LR chi2 (20)	81.52	290.40	306.19	262.66	472.75	522.25	554.24	592.04	355.82	546.98
Prob > chi2	0.0000	0.0000	0.0000	0.0000	0.0000	0.0000	0.0000	0.0000	0.0000	0.0000
Pseudo R²	0.1754	0.1332	0.1413	0.1271	0.2355	0.2681	0.2519	0.2766	0.1974	0.2480
样本量	1591									

注：* $p<0.10$，** $p<0.05$，*** $p<0.01$；括号里的数表示示标准误。

表 8-9　2-Step QUAIDS 模型弹性值及显著性（二）

变量		在家					在外				
		猪肉	牛羊肉	禽肉	其他畜禽肉类	水产	猪肉	牛羊肉	禽肉	其他畜禽肉类	水产
支出弹性 $\left(\dfrac{\partial \ln(m_i)}{\partial \ln(m)}\right)$		0.712**	1.353**	1.139**	1.275**	0.952**	1.185**	1.868**	2.408**	1.548**	2.466**
收入弹性 $\left(\dfrac{\partial \ln(m_i)}{\partial \ln(inc)}\right)$		0.469**	0.891**	0.750**	0.840**	0.627**	0.780**	1.231**	1.586**	1.020**	1.625**
收入对支出占比的弹性 $\left(\dfrac{\partial \ln(w_i)}{\partial \ln(inc)}\right)$		-0.190**	0.232**	0.091**	0.181**	-0.032	0.122**	0.572**	0.928**	0.361**	0.966**
非补偿价格弹性	在家猪肉	**-0.999**	0.135**	0.027	0.051	-0.029	0.164**	-0.200**	-0.471**	0.276**	-0.012
	在家牛羊肉	0.028	**-1.446**	-0.254**	-0.027	0.026	0.039	-0.056	0.186*	0.412**	-0.104
	在家禽肉	0.043*	-0.278**	**-1.271**	0.215**	-0.102**	-0.119**	0.016	-0.350**	-0.066	-0.131**
	在家其他畜禽肉类	0.032	-0.124**	0.132**	**-1.249**	0.048	-0.053	-0.313**	-0.916**	0.203**	-0.226**
	在家水产	0.242**	-0.068	-0.086	0.007	**-1.045**	0.172**	-0.491**	-0.214	0.300	-0.774**
	在外猪肉	0.030	0.000	-0.110**	-0.113**	0.099**	**-1.201**	-0.153**	0.192	0.054	-0.069
	在外牛羊肉	-0.087**	0.007	0.091**	-0.264**	-0.005	-0.209**	**-1.320**	0.120	-0.008	0.141*
	在外禽肉	-0.065**	0.128**	-0.028	-0.460**	0.246**	-0.027	-0.100**	**-1.395**	-0.089	-0.103*
	在外其他畜禽肉类	0.161**	0.052	-0.005	0.030	0.155**	0.036	-0.206**	-0.411**	**-1.268**	-0.275**
	在外水产	0.010	-0.032*	0.033**	-0.124**	0.115**	-0.032**	-0.089**	-0.012	0.059	**-1.288**

续表

| 变量 | | 在家 | | | | | 在外 | | | | |
---	---	猪肉	牛羊肉	禽肉	其他畜禽肉类	水产	猪肉	牛羊肉	禽肉	其他畜禽类	水产
补偿价格弹性	在家猪肉	−0.697**	0.710**	0.510**	0.593**	0.375**	0.667**	0.593**	0.551**	0.933**	1.035**
	在家牛羊肉	0.081**	−1.344**	−0.168**	0.069	0.097**	0.128**	0.084**	0.367**	0.529**	0.082
	在家禽肉	0.106**	−0.158**	−1.170**	0.328**	−0.018	−0.014	0.181**	−0.137	0.071	0.087
	在家其他畜禽肉类	0.060	−0.070	0.177**	−1.198**	0.086**	−0.006	−0.239**	−0.820**	0.265**	−0.128*
	在家水产	0.347**	0.132**	0.082	0.196**	−0.904**	0.347**	−0.214**	0.143	0.529**	−0.409**
	在外猪肉	0.101**	0.135**	0.004	0.014	0.194**	−1.083**	0.033	0.432**	0.209**	0.177**
	在外牛羊肉	−0.049**	0.078**	0.151**	−0.197**	0.045	−0.146**	−1.221**	0.247**	0.074	0.271**
	在外禽肉	−0.049**	0.159**	−0.002	−0.430**	0.268**	0.000	−0.057	−1.340**	−0.053	−0.047
	在外其他畜禽肉类	0.170**	0.069**	0.010	0.046	0.167**	0.051	−0.182**	−0.380**	−1.248**	−0.243**
	在外水产	0.035**	0.016	0.073**	−0.079**	0.149**	0.010	−0.023	0.074	0.114**	−1.201**

注：** $p < 0.05$，* $p < 0.10$。

表 8 – 10   2-Step QUAIDS 模型弹性值及显著性（二）

| | | 在家 | | | | | 在外 | | | | |
---	---	猪肉	牛羊肉	禽肉	其他畜禽肉类	水产	猪肉	牛羊肉	禽肉	其他畜禽类	水产
人口特征弹性	14 岁以下儿童数	0.014**	−0.009**	−0.034	−0.032	−0.263**	−0.314**	−0.244**	0.069**	0.061	0.054**
	15～39 岁人口数	0.016**	0.008	−0.117*	−0.021	−0.156**	−0.240**	−0.235**	0.084**	−0.015	0.067**
	40～59 岁人口数	−0.015**	−0.010**	0.011**	−0.009**	0.007	0.002	0.013**	0.001	0.006	0.002**
	60 岁以上老人数	0.040**	0.003	−0.013**	−0.007**	0.021**	−0.003	0.012**	−0.006**	−0.002	−0.003
样本量						1591					

注：** $p < 0.05$，* $p < 0.10$。

对各产品支出占比的弹性可见，在家消费猪肉的这一弹性值显著为负，在家消费水产品的该弹性值也为负但不显著，其余 8 种肉类产品的收入对支出占比的弹性值均显著为正值，从大到小依次为在外消费的水产品、在外消费禽肉、在外消费牛羊肉、在外消费的其他畜禽肉、在家消费的牛羊肉、在家消费的其他畜禽肉以及在家消费的禽肉，可见随着收入水平的增长城市居民肉类消费同时显现出向在外消费转移的消费习惯以及肉类消费结构双重变化。

价格弹性。补偿的自价格弹性绝对值均小于非补偿的自价格弹性，说明收入补偿能够在一定程度上抵消价格变动对居民肉类消费的影响。从非补偿的价格弹性值看，除在家猪肉消费以外，其他 9 种肉类产品消费的自价格弹性绝对值均大于 1，且在 5% 的水平上显著，属于富有弹性产品，可见各种肉类对价格反应都比较明显，其中，在家牛羊肉消费的自价格弹性绝对值最大，其次为在外禽肉消费。

比较各种肉类消费的支出弹性与非补偿自价格弹性可知，在家消费的猪肉、在家消费牛羊肉、在家消费的禽肉、在家消费的水产品以及在外消费的猪肉这 5 种肉类产品的支出弹性均小于对应食物的马歇尔自价格弹性的绝对值，表明，这 5 种肉类支出与对应食物价格同比变化时，城市居民家庭将减少这些食物消费。相应地，在家消费的其他畜禽肉类以及除猪肉以外的其他在外消费的 4 种肉类产品消费的支出弹性，均大于对应食物的马歇尔自价格弹性的绝对值。当这 5 种食物支出与对应食物价格同比变化时，城市居民家庭将增加这些肉类的消费。同样，比较各类食物的收入弹性与马歇尔自价格弹性发现，除在外消费的禽肉以及在外消费的水产外，其他 8 种肉类消费的收入弹性均小于非补偿的自价格弹性，这说明，当食物价格与收入同比变化时，城市居民家庭将增加在外消费的禽肉以及水产同时减少其他肉类产品的消费。

为了考察价格变化对居民食物消费结构的影响，进而推出对食物消费水足迹的影响，在这里，我们同样通过交叉价格弹性，考察了各种肉类产品之间的补充以及替代关系。对非补偿价格弹性的汇报可见：

在家消费的猪肉不仅对自身价格变动不敏感，其他肉类消费对其影响也较小。在家消费的禽肉、在家消费的水产以及在外消费的其他畜禽肉类，对在家猪肉消费的交叉价格弹性均显著为正值，但影响力较小，当这3种肉类的价格分别上升1%时，将会导致在家消费的猪肉分别上升0.043%、0.242%和0.161%；另外，在外消费的牛羊肉以及在外消费的禽肉价格变动对在家消费的猪肉影响为负向，对其表现出互补品关系，当这两种肉类消费价格上升时将引起在家猪肉消费的下降，但同样影响较小，交叉价格弹性分别为 -0.087 和 -0.065。

在家消费的牛羊肉对在家消费的禽肉、其他畜禽肉类以及在外消费的水产表现出显著的互补品关系，当这三种肉类价格上升时，将带来在家消费牛羊肉的下降，其中对在家消费禽肉的互补性最强，当在家消费的禽肉价格上升1%时，将引起在家牛羊肉的消费下降0.278%，同时，在家消费的牛羊肉为在家消费的猪肉、在外消费的禽肉以及在外消费的其他畜禽肉的替代品，且对在家消费猪肉的替代性最强，当在家消费的猪肉价格上升1%时，在家消费的牛羊肉将上升0.135%。

在家消费的禽肉为在家消费的牛羊肉以及在外消费猪肉的互补品，且对在家消费的牛羊肉的互补性最强，当在家消费的牛羊肉价格上升1%时，会导致在家禽肉消费下降0.254%；在家禽肉消费对在家其他畜禽肉类产品、在外消费的牛羊肉以及在外消费的水产品表现出替代性，从交叉价格弹性值看，对在家其他畜禽肉类的替代性最强，当在家消费的其他畜禽肉类价格上升1%将带来在家禽肉消费增加0.132%。

在家消费的其他畜禽肉类，为除在外消费的畜禽肉类以外的其他4种肉类产品的在外消费部分的互补品，这几种肉类产品价格的增长，将导致在家其他畜禽肉类消费的下降，其中对在外消费的禽肉价格变动最敏感，当在外消费的禽肉价格上升1%将导致在家消费的其他畜禽肉类下降0.460%；同时，其对在家消费的禽肉表现出显著的替代效应，当在家消费的禽肉价格上升1%，将使其他畜禽肉类的在家消费增长0.215%。

在家消费的水产品对在家消费的禽肉表现出互补品关系，当在家消费的禽肉价格上升1%时，在家消费的水产品将下降0.102%；在家消费的水产品同时是在外消费的猪肉、在外消费的禽肉、在外消费的其他畜禽肉以及在外消费的水产的替代品，其中对在外消费的禽肉的替代性最大，在外消费的禽肉价格增加1%将使得水产品的在家消费增加0.246%。

在外消费的猪肉为在家消费的禽肉、在外消费的牛羊肉以及在外消费的水产品的互补品，其中对在外消费的牛羊肉的互补性最强，交叉价格弹性值为 -0.209；另外，在外消费的猪肉为在家消费的猪肉以及在家消费的水产的替代品，且对在家消费的水产替代性更强，交叉价格弹性值为 0.172。

在外消费的牛羊肉几乎为其他所有种肉类产品的互补品（其中与在家牛羊肉及在家禽肉消费的交叉价格弹性不显著），其中对在家消费的水产品的互补性最强，当在家水产价格上涨 1% 将引起在外牛羊肉消费下降 0.491%。

在外消费的禽肉对在家消费的猪肉、在家消费的禽肉、在家消费的其他畜禽肉类、在外消费的其他畜禽肉均表现出互补品关系，其中，对其他畜禽肉类的互补性最强，交叉价格弹性为 -0.916；另外，对在家牛羊肉消费表现出替代品关系。

在 10% 的水平上，在外消费的其他畜禽肉类为在家消费的猪肉、在家消费的牛羊肉、在家消费的其他畜禽肉类的替代品，其中，对在家消费的牛羊肉的替代性最强，在家消费的牛羊肉价格上涨 1%，将使得在其他畜禽肉类的在外消费增长 0.412%。

在外消费的水产对在家消费的禽肉、在家消费的其他畜禽肉类、在家消费的水产、在外消费的禽肉以及在外消费的其他畜禽肉表现出互补品关系，其中对在家消费的水产的互补性最强，交叉价格弹性为 -0.774；另外，在外消费的水产为在外消费的牛羊肉的替代品，交叉价格弹性为 0.141。

通过前述对各种肉类产品的分析可知，城市居民对肉类产品依然有较大的需求，且收入水平的增长也在一定程度上带来了肉类消费习惯与结构的变化，主要表现在在外消费占比的增长和水产以及禽肉产品消费占比的增加。另外，本章发现，当前城市居民对除在家消费的猪肉外的其他肉类产品的消费有较强的自价格弹性。在 10% 的水平上，从交叉价格弹性值来看，在家及在外消费的猪肉受其他肉类产品价格变动的影响较小。相对地，肉类产品的在外消费部分对其他产品价格的变动更为敏感。另外，不同人口结构的城镇居民家庭对肉类需求存在差异。未来城镇居民家庭人口结构的变化将在一定程度上影响肉类需求。

8.2 社会经济因素对农业自然资源的影响作用

通过前面的分析，我们已经得出了主要社会经济因素对居民食物消费的影响。那么，本书主要目标之一，即社会经济因素是如何通过对食物消费量以及消费结构的影响进一步影响农食系统的自然资源需求呢？在当前农产品市场从全面供不应求的矛盾逐渐向结构性矛盾转移的大环境下，需要对食物消费水土足迹及其背后的影响因素进行充分研究。因此，在本章我们首先厘清居民消费的水足迹和农地足迹特征，讨论主要社会经济因素对居民食物消费的影响机制，为对水足迹及农地足迹的预测分析以及食物消费价格变化的模拟方案给出基础依据。本章基于城市居民家庭微观调研数据，分析了我国城市居民家庭的食物消费水足迹和农地足迹构成及其影响因素，考察了收入增长与人口老龄化的影响。在此基础上，对我国未来城市居民食物消费水足迹和农地足迹进行了预测。

8.2.1 模型构建

为了对整体的水足迹消费变化趋势进行准确地判断，应该充分考虑在外的消费量与消费结构信息。本章样本人均食物消费水足迹为 983.8 立方米/年，其中在家消费部分为 769.3 立方米/年，占比 78.2%。人均在外食物消费量占比为 15.7%，但在外人均消费水足迹为 214.4 立方米/年，占总的人均水足迹比例为 21.8%。城市居民在家在外每千克食物消费水足迹分别为 1.66 立方米/千克与 2.48 立方米/千克，在外消费部分每千克食物消费水足迹高出在家消费部分 50 个百分点。为更好地将在家消费数据与在外消费部分的数据作比较，在假定在家与在外饮食结构相同的条件下，计算了补偿在外消费量后的人均水足迹值为 912.6 立方米/年，这与实际上总的家庭人均食物消费水足迹值相差 71.2 立方米/年，这一差值正是在家与在外食物消费结构不同的表现。

为了实证分析收入增长和人口老龄化对食物消费水足迹的影响，设定了以下模型：

$$\ln(Y_i) = \alpha_{i0} + \beta_{i1}\ln(pinc) + \beta_{i2}[\ln(pinc)]^2$$
$$+ \sum_{u=1}^{n1}\gamma_{iu}demo_{iu} + \sum_{v=1}^{n2}\delta_{iv}Z_{iv} + \varepsilon_i \qquad (8-24)$$

其中，模型中的被解释变量 Y_i 为第 i 户居民家庭人均食物消费水足迹（农食系统土地足迹），$pinc_i$ 为人均可支配收入，$\ln$ 表示取自然对数，$[\ln(pinc)]^2$ 为人均可支配收入对数的二次项，用来捕捉收入对人均水足迹可能的非线性影响；$demo_i$ 为一组家庭人口结构变量，分别表示样本家庭中各年龄段人数，用以考察人口老龄化对食物消费水足迹的影响；Z 代表一组控制变量，在本章研究中包括户主性别、户主受教育程度以及地区控制变量；ε_i 为误差项，假定服从正态分布；α_{i0}、β_{i1}、β_{i2}、γ_{iu}、δ_{iv} 为待估参数；$n1$、$n2$ 分别为人口特征变量与控制变量个数。

实证分析中，本章除对家庭人均消费水足迹进行回归分析之外，另将在家与在外人均消费水足迹分别作单独回归。一方面，在外食物消费占比持续上升，在居民食物消费中占据越来越重要的地位，有必要对该部分食物消费做单独分析并与在家消费进行比较；另一方面，在家与在外食物消费结构差异不容忽视，在外消费的水足迹构成中单位质量水足迹较高的肉类及谷物占据更高的比例。此外，为更好地说明收入增长与老龄化对食物消费水足迹的影响，引入每千克食物消费水作为被解释变量，这能有效地展现各种因素对居民食物消费结构的作用，从而更好地刻画经济、社会、人口特征因素变化下的食物消费水足迹构成的变化轨迹。这样，本章模型分析实际上包含了 4 个模型，对应的被解释变量分别为：家庭人均食物消费水足迹、家庭人均在家食物消费水足迹、家庭人均在外食物消费水足迹和每千克食物消费水足迹。在这些模型中，方程右边的解释变量与模型一相同。

8.2.2　实证结果分析

为了实证分析收入与人口老龄化对居民食物消费水足迹的影响，根据表 8-11 的模型 2 的设定，首先对人均食物消费水足迹进行模型估计（模型1），采用的估计方法为最小二乘法回归（OLS），其中人口老龄化由一组代表家庭各年龄段人口占比的变量组成。进一步，为了深入探讨收入变化与老龄化对食物消费水足迹的影响路径，分别用在家和在外食物消费水足迹替换模型1中的被解释变量重新估计模型（模型2，模型3）。此外，本书还用每千克食物消费水足迹作为被解释变量进行了回归（模型4），这样做的原因是，在技术不变的前提下，每千克食物消费水足迹的差异主要由食物消费结构决定，因此模型4能够更清楚地告诉读者由收入增长与老龄化引致的食物消费结构变化对水足迹的影响。表8-11汇报了4个模型的回归结果。

表8-11　　　　　　　　OLS模型回归结果（一）

变量	人均食物消费水足迹			每千克食物水足迹
	总量（模型1）	在家（模型2）	在外（模型3）	模型4
人均收入对数值	0.143 *** (0.02)	0.072 ** (0.03)	0.683 *** (0.12)	0.047 *** (0.01)
人均收入对数值平方	-0.055 *** (0.01)	-0.129 *** (0.03)	-0.1 (0.09)	-0.017 ** (0.01)
家庭人口数	-0.081 (0.01)	-0.017 (0.02)	0.081 (0.06)	-0.007 (0.01)
老年人比例	-0.06 * (0.03)	0.492 *** (0.06)	-2.904 *** (0.20)	-0.142 *** (0.02)
中年人口比例	-0.049 (0.03)	0.411 *** (0.06)	-1.138 *** (0.20)	-0.076 *** (0.02)
青年人口比例[a]	—	—	—	—
儿童比例	-0.06 (0.06)	0.399 *** (0.12)	-0.175 (0.40)	-0.001 (0.04)
户主性别	0.011 (0.02)	-0.01 (0.03)	0.009 (0.11)	0.017 * (0.01)
户主受教育水平	0.015 ** (0.01)	-0.002 (0.01)	0.156 *** (0.04)	0.007 * 0.00
省份变量[b]	略	略	略	略
常数项	6.865 *** (0.06)	6.266 *** (0.10)	3.993 *** (0.35)	0.652 *** (0.03)

注：（1）* $p < 0.10$，** $p < 0.05$，*** $p < 0.01$；（2）有关a、b的解释：a. 中青年人口比例变量在回归过程被删去；b. 4个模型均已控制省份变量，此处未做相应汇报。

模型 1 ~ 模型 3 结果显示，收入以及家庭结构都对人均食物消费水足迹有显著非线性影响。从模型 1 的回归结果看，人均可支配收入的一次项参数估计显著为正，二次项参数显著为负，这表明，随着收入水平的上升，人均食物消费水足迹将呈现显著的递减式上升趋势，并最终会在收入达到一定水平时达到最高点，之后，随着收入的继续提高转而开始下降。简单的计算可知，人均食物消费水足迹在人均可支配收入达到 3669 元/月（以 2010 年计价）时达到最高点。与人均食物消费总水足迹相似，在家食物消费水足迹也随收入上升呈先增后降的变化趋势，但其峰值出现时点大大提前，在其他因素不变的前提下人均在家食物消费水足迹最高点出现在 1322 元/月。与此不同的是，在外食物消费水足迹随收入增长呈线性增长，这一方面由于收入增长会使家庭在外消费占比增加，另一方面则与在外消费与在家消费的结构不同有关，其中在水足迹核算中权重较高的畜禽产品在在外消费中的占比远高于在家消费是主要原因。这一结果进一步表明，在评估我国食物消费水足迹以及整个农业水资源供需压力时，忽视在外消费会导致显著误判。此外，收入对每千克食物消费水足迹的影响（模型 4）也呈现先升后降的趋势，这更加清晰地反映出居民饮食结构随收入增长的变化特征，即收入增长前期，水足迹核算中权重较高的畜禽产品需求会显著上升，但在到达一定水平后会趋于平稳，并缓慢下降。据世界卫生组织（2003）报告，从膳食热量来源于植物和动物产品的占比可以看出，这种变化特征在很多发达国家和地区都曾发生。

食物消费水足迹显著受到家庭人口规模和构成的影响。首先，家庭人口规模与人均食物消费总水足迹之间存在显著负相关关系，这可以用规模经济来解释，即随着家庭人口规模增大，人均食物消耗会显著下降，这并不是因为大家庭中人们吃得更少，而是因为家庭式的食物共享消费方式可以有效地降低人均食物浪费量。其次，人口结构对水足迹的影响与预期一致，家庭 60 岁以上老年人占比越高的家庭人均食物消费水足迹越低，这在 10% 的水平上显著。但值得注意的是，老年人占比对在家和在外食物消费水足迹的影响完全相反，对在家有显著正影响，对在外有显著负影响，这可能与老年人多的家庭在家做饭的时间机会成本较低有关，因此，更倾向于在家消费，而相应减少在外消费。除老年人群体外，回归结果并没有发现家庭人均总水足迹受到其他年龄组人口占比的显著影响。另外，儿童比例对每千克食物消费水足迹无显著影响，40～59 岁中年人口与 60 岁以上老龄人口比例均与每千克食物消费水足迹呈显著负向相关关系，且与中年人口相比老年人口比例变化对每千克食物消费水足迹作用更大，这意味着，老龄化的发展将会加速城市居民由水需求较高的食物消费结构向较低水需求的消费结构转变。

表 8-12 对居民食物消费农食系统生产性土地足迹的回归结果显示，收入以及家庭结构对人均食物消费农地足迹以及单位重量食物消费农地足迹都有显著非线性影响。对人均食物消费农地足迹的分析表明，人均可支配收入的一次项参数估计显著为正，二次项参数显著为负，随着收入水平的上升，人均食物消费农地足迹将呈现显著的递减式上升趋势，并最终会在收入达到一定水平时达到最高点，之后，随着收入的继续提高转而开始下降。计算可知，在生产技术、生产布局等其他因素不变的前提下，人均食物消费水足迹在人均可支配收入达到 9230 元/月（以 2010 年为基准价）时达到最高点，未来一段时间我国的人均食物消费农食系统的用地需求还将继续增加。此外，收入对每千克食物消费农地足迹的影响也呈现先升后降的趋势，这更加清晰地反映出居民饮食结构随收入增长的变化特征，即收入增长前期，水足迹核算中权重较高的畜禽产品需求会显著上升，但在到达一定水平后会趋于平稳，并缓慢下降。

表 8-12　　　　　　　　　　OLS 模型回归结果（一）

变量	人均食物消费土地足迹	每千克食物水足迹
人均收入对数值	0.189 ** (0.077)	0.267 ** (0.126)
人均收入对数值平方	-0.011 ** (0.005)	-0.017 ** (0.009)
家庭人口数	-0.021 *** (0.003)	0.013 ** (0.005)
老年人比例	-0.053 *** (0.011)	-0.115 *** (0.018)
中年人口比例	-0.004 (0.011)	-0.053 *** (0.018)
青年人口比例[a]	—	

续表

变量	人均食物消费土地足迹	每千克食物水足迹
儿童比例	-0.013 (0.021)	-0.020 (0.034)
户主性别	0.012 * (0.006)	0.018 * (0.010)
户主受教育水平	0.002 (0.002)	0.002 (0.004)
省份变量[b]	略	略
常数项	-0.257 (0.283)	-0.257 (0.462)

注：(1) $*p < 0.10$，$**p < 0.05$，$***p < 0.01$；(2) 有关 a、b 的解释：a. 中青年人口比例变量在回归过程被删去；b. 4 个模型均已控制省份变量，此处未做相应汇报。

食物消费农地足迹显著受到家庭人口规模和构成的影响。家庭人口规模与人均食物消费总农地足迹之间存在显著负相关关系，随着家庭人口规模增大，人均食物消耗会显著下降，家庭式的食物共享消费方式可以有效地降低人均食物浪费量。其次，人口结构对土地足迹的影响与预期一致，家庭 60 岁以上老年人占比越高的家庭人均食物消费农地足迹越低。另外，儿童比例对每千克食物消费农地足迹无显著影响，40~59 岁中年人口与 60 岁以上老龄人口比例均与每千克食物消费土地足迹呈显著负向相关关系，且与老年人口相比中年人口比例变化对每千克食物消费农地足迹作用更大，这意味着，老龄化的发展将会加速城市居民由农地需求较高的食物消费结构向较低农地需求的消费结构转变。

8.3　农食系统食物消费水土资源的需求预测

本部分内容在我国居民收入水平持续提高、老龄化发展不断加剧的经济社会发展背景下，对未来食物消费水足迹进行预测分析。本章暂不考虑收入增长与人口结构变化之外的因素对城镇居民食物消费的影响，在资源环境以及技术水平不变的前提假定下，设定 6 个预测方案：方案 1~方案 3

只考虑城镇居民实际收入在不同增长速度下对食物消费水足迹的影响，分别设定年均实际增速为4%、5%和6%；方案4~方案6是在方案1~方案3的基础上同时考虑了老龄化发展的影响，根据国务院2016年公开发布的《国家人口发展规划（2016—2030年）》以及联合国《世界人口展望：2015年修订版》（*World Population Prospects：The 2015 Revision*）预测我国60岁以上老年人口占比将在2030年达25%，2040年增长到28%，设定城镇人口老龄化按此预测同步增长，得到各年老龄人口占比。

表8-13汇报了各方案下的我国城镇居民家庭人均食物消费水足迹预测值。比较方案1~方案3可知，收入增长越快人均食物消费水足迹拐点出现的更早且峰值更低，在年均实际收入增速为4%、5%和6%三种方案下，城市居民人均食物消费水足迹分别在2026年、2024年和2023年达到峰值并开始下降，对应人均食物消费水足迹分别为1478立方米/年、1410立方米/年和1366立方米/年；另外，同时考虑家庭人口老龄化因素的人均水足迹预测值要低于只考虑收入增长的水足迹预测值。

表8-13	城镇居民家庭人均食物消费水足迹预测				单位：立方米/年	
年份	不考虑老龄化方案			考虑老龄化方案		
	方案1 (4%)*	方案2 (5%)*	方案3 (6%)*	方案4 (4%)*	方案5 (5%)*	方案6 (6%)*
2024	1463	1410	1359	1459	1406	1355
2025	1473	1407	1343	1469	1403	1339
2026	1478	1396	1319	1473	1392	1315
2027	1475	1378	1287	1470	1373	1282
2028	1467	1352	1247	1462	1348	1242
2029	1452	1320	1201	1446	1315	1196
2030	1431	1282	1148	1425	1277	1143
2035	1246	1018	831	1240	1013	826

注：( )*中数字表示设定对应方案中城市居民家庭人均收入的实际年均增长速度。

收入增长得越快就越能通过对食物消费的影响抵消人口增长带来的水资源压力，老龄化的发展同样对水资源需求有负向影响。表8-14左侧汇报了基于我国人口及城镇化发展现状的城镇居民食物消费水足迹总量预测值，由于城镇人口增长，我国城镇食物消费水足迹峰值的出现要略晚于人均食物消费水足迹，方案1～方案3三种增长方案下的水足迹总量峰值分别出现在2030年、2027年和2025年，对应水足迹为1.418万亿立方米/年、1.299万亿立方米/年和1.225万亿立方米/年，且收入增速越高水足迹拐点出现越早峰值越低；表8－14右侧汇报了考虑老龄化因素后带来的城市居民食物消费水足迹总量预测值的变化情况，可见方案4～方案6得出的各年份水足迹变化值均为负，这意味着老龄化将会抵消一部分城镇居民食物消费水需求，因此不考虑人口结构变化的现实情况将会导致对未来食物消费水需求量的高估。

表8－14　　　　　　　我国城镇居民食物消费水足迹总量预测

年份	收入增长方案下我国城镇居民食物消费水足迹总量预测值（万亿立方米/年）			同时考虑老龄化后居民食物消费水足迹总量预测值变化（亿立方米/年）		
	方案1	方案2	方案3	方案4	方案5	方案6
2024	1.312	1.264	1.219	-33.5	-32.4	-31.4
2025	1.344	1.283	1.225	-37.6	-36.1	-34.6
2026	1.370	1.294	1.223	-41.8	-39.7	-37.6
2027	1.391	1.299	1.213	-46.0	-43.2	-40.5
2028	1.406	1.296	1.195	-50.2	-46.5	-43.2
2029	1.415	1.287	1.170	-54.3	-49.7	-45.5
2030	1.418	1.270	1.138	-58.3	-52.6	-47.4
2035	1.261	1.030	0.841	-63.2	-52.1	-42.9

　　注：估计过程中所用城镇人口数据是由《世界人口展望：2015年修订版》给出我国各总人口数以及《国家人口发展规划（2016—2030年）》中预测给出的对应年份城镇化率推算得出。

8.4　本章小结

　　另外，本章对影响居民食物消费的几个核心因素进行剖析，分析了包括收入、人口老龄化、家庭规模对居民食物消费的影响机制，主要结论如下：收入增长、人口老龄化以及家庭规模的变化都对居民饮食消费产生着不同的影响。收入增长将继续对食物消费结构、消费量以及消费方式产生影响，有老人的家庭更倾向于在家消费食品，相反，有14岁以下儿童的家庭更愿意外出用餐；每消费一定重量的食品，有老人的家庭会消费较少的肉类及水产，而消费更多的禽蛋及蔬菜；有 14 岁以下儿童的家庭，单位质量的食品消费了更多的肉类，而消费更少的蔬菜；人均各种食物消费量随家庭规模的上升出现不同程度的下降，居民家庭食物消费存在规模经济降低了人均食物消耗水平。

对食物消费的 2-Step QUAIDS 模型结果表明，除在家水果消费以外的其他所有食品的在家消费的收入对支出占比的弹性值均为负，且在 5% 的水平上显著，在外其他食品的收入对支出占比的弹性值也为负，但在统计上并不显著，与此同时，其他在外消费的其他食品的这一弹性值均为正，且在外肉类消费以及在外水果消费的弹性值统计上显著。因此可以判断，随收入增长，城市居民食物消费将表现出在家消费向在外消费转移之变化，且从消费结构上看，肉类以及水果消费支出占比将继续上升。

肉类消费在有关居民膳食营养问题的领域，以及在食物消费水足迹的估计中扮演着重要角色，因肉类消费过量及消费结构不合理引致的健康及水资源需求问题日益凸显。对肉类消费的进一步研究表明，肉类消费习惯也会随着收入水平的提高发生向在外消费转移之变化，城市居民在外肉类产品消费占比将继续增加；另外，肉类消费结构也将随着收入增长以及家庭人口结构的变化而变化，其中畜肉产品消费占比有下降趋势，水产及禽肉占比将进一步增长。肉类消费结构上的变化将带来单位重量肉类消费水足迹的下降，一定程度上会缓冲消费水需求的增长。另外，本章对两个层次共计 20 种食品的需求系统模型估计，通过价格弹性得出了各产品的价格敏感性以及相互之间的补充替代关系，这为下面分析在上述各种经济社会因素变化的情境下，居民食物消费水足迹的变化特征提供了重要依据。

笔者讨论了收入、老龄化、家庭规模变化对居民食物消费的影响，并通过 2-Step QUAIDS 模型的构建与估计获得了两个层面上的各种食物的相关价格弹性、收入弹性以及支出弹性等。前面的研究结果为本章探求食物消费对水资源需求的影响提供了便利的条件。基于城市居民家庭微观调研数据，本章分析了我国城市居民家庭的食物消费水足迹构成及其影响因素。主要结论如下：

对居民食物消费的水足迹特征的分析表明：居民家庭人均食物消费水

足迹高低组间的食物消费差异显著，人均食物消费水足迹上升伴随着消费量与消费结构两方面的变化。一方面，人均食物消费水足迹最低到最高组的各类食物人均消费量全面增加，其中肉类以及水果人均消费量增长十分显著。另一方面，不同人均水足迹消费水平居民家庭的食物消费结构，表现出显著的异质性。从人均消费量占比来看，谷物、肉类、蔬菜和水果的消费量占比在各类别间差异较大，具体来说，人均食物消费水足迹较低的居民家庭食物构成中，谷物与蔬菜占比较高，人均水足迹较高的居民家庭食物构成中的肉类与水果占比更高。

对居民食物消费的农食系统生产性土地足迹特征的分析表明：人均食物消费农地足迹上升伴随着消费量与消费结构两方面的变化。一方面，除乳制品外，人均食物消费农地足迹最低到最高组的各类食物人均消费量全面增加，其中肉类、蔬菜、水果人均消费量增长十分显著。另一方面，不同人均农地足迹消费水平居民家庭的食物消费结构，表现出显著的异质性。从人均消费量占比来看，谷物、肉类、蔬菜和水果的消费量占比在各类别间差异较大，果蔬产品以及肉类消费占比的差异对单位重量的食物消费农地足迹影响巨大。因此，把握居民食物消费量以及消费结构两个维度的变化特征对更好地判断我国食物消费水需求的变化趋势有重要意义。

通过对收入增长以及人口老龄化因素对我国水资源需求的影响以及预测分析，在收入增长、老龄化和水足迹之间建立了有机联系，从收入增长与人口老龄化角度考察了我国居民食物消费水足迹现状并对其未来趋势进行预测，回答了社会经济因素的变化是如何影响食物消费水资源需求的问题。对收入增长与老龄化对居民食物消费水足迹影响的分析结果表明：

在资源环境以及技术水平不变的前提下，居民食物消费水足迹随收入上升呈现递减式上升的发展趋势，这意味着，随城镇居民收入的持续增长，由食物消费结构变化所带来的水土资源供需压力将会进一步加大，其中，对于水资源来说，估计结果显示在 2027 年左右来自消费端的水资源需求压力逐渐缓解，并达到水资源需求的最高点。与收入增长作用相反，我国人口老龄化对食物消费水足迹有显著负影响，因此，认识并利用这一自然趋势，将十分有助于更加科学动态地应对水资源压力。具体地：首先，居民食物消费水足迹及在家食物消费水足迹随着收入水平呈现先升后降的发展趋势，但在外消费水足迹在未来一段时间内仍然表现出较强的增长态势。因此，忽略在外消费（包括消费量及其与在家消费结构上的差异）将造成对食物消费水需求的低估，以及对未来食物消费水足迹变化趋势的误判。其次，40～59 岁中年人口比例与 60 岁以上老龄人口比例，均与每千克食物消费水足迹呈反向相关关系，且比较系数可知，60 岁以上老年人口比例变化对每千克食物消费水足迹作用更大，老龄化的发展将会加速当前食物消费结构发展路径的转变。再次，对未来消费水足迹的预测显示，人均收入增长速度越高食物消费水足迹越早地开始下降，且预测的水足迹峰值越低。最后，老龄化将抵消部分由收入增长带来的食物消费水需求，不考虑人口老龄化因素会导致对食物消费水足迹的高估。

第9章

膳食结构与农业水土资源平衡机制：模拟分析

对居民食物消费需求系统的估计可知，居民家庭正在发生且未来一段时间将会持续表现出，以肉类和水果消费挤出当前占比本就偏低的蔬菜及其他食物为主要特征的变化，如果不加干预，这种变化一方面将进一步推升食物消费水资源需求，另一方面也将加大居民膳食结构的失衡程度，影响健康水平。

本章我们将依据需求系统模型估计各种食物的价格弹性值，模拟不同价格变化情景下，居民通过对食物消费结构的调整，最终引起食物消费水需求发生怎样的变化，通过对两个层次不同食物的价格变化的模拟，对食物消费水足迹作出相关预测。另外，"绿色消费"有保护生态环境及有益健康两个层面的内涵。以降低食物消费水需求为目的，但是脱离个体健康要求的食物消费干预，是有失于偏颇的。笔者将在膳食营养框架下模拟讨论各种方案的优缺性，以期未来在需求端探寻实现水资源有效管理与居民膳食结构改善的平衡机制。在前面的论述中，我们分析了对不同食物进行价格干预得到的水足迹估计结果。那么在引入膳食健康因素之后，上面所得出的以对水足迹干预效果为评判标准的干预方案是否依然是最优选择？下面我们将对这一问题进行分析讨论。

9.1 价格在膳食结构与农业自然资源平衡机制中的作用

表9–1分别为对肉类、蔬菜、水果三种食物的在家消费与在外消费分别进行不同程度的价格变化模拟结果。

表9–1　　　　　　第一层食物消费的价格变化对水足迹的影响

价格变动（%）	各情境下每千克食物消费水足迹（立方米/千克）						各情境下水足迹变动百分比（%）					
	在家消费肉类	在外消费肉类	在家消费蔬菜	在外消费蔬菜	在家消费水果	在外消费水果	在家消费肉类	在外消费肉类	在家消费蔬菜	在外消费蔬菜	在家消费水果	在外消费水果
2	1.632	1.645	1.632	1.647	1.644	1.647	−0.9	−0.2	−1.0	−0.1	−0.2	−0.1
6	1.603	1.641	1.600	1.645	1.635	1.645	−2.7	−0.4	−2.9	−0.2	−0.8	−0.2
10	1.575	1.636	1.566	1.642	1.626	1.643	−4.4	−0.7	−4.9	−0.3	−1.3	−0.3
14	1.548	1.632	1.532	1.640	1.617	1.642	−6.0	−0.9	−7.0	−0.5	−1.9	−0.4
18	1.523	1.629	1.496	1.637	1.607	1.640	−7.6	−1.2	−9.2	−0.7	−2.5	−0.5
22	1.498	1.625	1.459	1.634	1.596	1.638	−9.1	−1.4	−11.4	−0.8	−3.1	−0.6
26	1.475	1.622	1.421	1.630	1.584	1.636	−10.5	−1.6	−13.7	−1.1	−3.8	−0.7
30	1.452	1.619	1.382	1.626	1.572	1.634	−11.8	−1.7	−16.1	−1.3	−4.6	−0.8

结果表明，以对每千克食物消费水足迹下降的幅度为标准看，对同一食品的在家与在外消费价格进行相同幅度的变化模拟，在家部分的价格变动所带来的效果要明显优于在外部分。以肉类消费为例，对在家以及在外肉类消费分别加价10%，将会导致食物消费水足迹的期望值从1.648立方米/千克分别下降到1.575立方米/千克以及1.636立方米/千克，下降幅度分别为4.4个百分点和0.7个百分点，蔬菜与水果的价格变动方案可得到相同结论。另外，对三种食品的价格影响效果最大的为在家消费的蔬菜、其次为在家消费的肉类，在家消费的水果价格的影响效果在三者中最差。

进一步地，随着价格变化幅度的提高，上述三种方案之间的差距也逐渐加大，起初对在家肉类以及对在家蔬菜分别进行相同幅度的加价与降价模拟，所获得的水足迹下降的百分比相接近，随着价格变化幅度的提高，二者之间的差距越来越明显，蔬菜价格变化的影响效果凸显出来，具体见表9-1。

表9-2给出了对肉类、蔬菜以及水果进行幅度为10%的价格调整干预后，居民食物消费结构调整后的结果。同当前的消费占比的非条件均值相比较，结合各产品的自价格弹性、各产品之间的互补与替代关系以及各产品每千克消费水足迹，我们能够得出居民对每种干预的决策反应。以在家消费的肉类为例，对其进行加价10%的干预后，在家肉类消费量占比期望值由之前的11.1%下降到9.2%，同时消费量占比出现明显变化的是在家消费的蔬菜，其消费量占比分别从26.8%上升到28.6%。前面估计结果给出在家消费蔬菜对在家消费肉类的交叉价格弹性为0.522，在5%的置信水平上显著，是对在家肉类消费替代性最强的食品。

表9-2　　　　　　　不同价格变化情境下食物消费结构比较　　　　单位：%

项目		在家					在外				
		谷物	肉类	蔬菜	水果	其他	谷物	肉类	蔬菜	水果	其他
当前消费量占比非条件均值		21.3	11.1	26.8	20.7	11.8	3.0	1.8	2.0	0.3	1.3
肉类价格增加 10%	在家	21.3	9.2	28.6	20.3	12.1	2.9	1.8	2.0	0.2	1.4
	在外	21.4	11.1	26.6	20.8	11.8	3.0	1.5	2.2	0.2	1.3
蔬菜价格下降 10%	在家	20.4	10.3	31.0	19.8	10.3	2.9	1.8	1.9	0.2	1.3
	在外	21.1	11.1	26.6	20.6	11.7	3.0	1.8	2.5	0.3	1.3
水果价格下降 10%	在家	20.5	10.7	25.5	24.1	11.3	2.9	1.7	1.9	0.2	1.3
	在外	21.4	11.1	26.9	20.8	11.2	3.0	1.9	2.1	0.4	1.4

同样地，我们可以分析其他干预方案的干预结果。简而言之，价格干预是消费者对商品自身价格变化以及其价格变化引起的其他商品对其的替代与互补作用的共同结果。

表 9 – 3　　　　　　　不同价格变化情境下食物消费水足迹变化情况

项目		水产品水足迹为 1.216 立方米/千克			水产品水足迹为 5.000 立方米/千克		
		食物消费水足迹 (%)	水足迹变动百分比 (%)	水足迹变动绝对值 (%)	食物消费水足迹 (%)	水足迹变动百分比 (%)	水足迹变动绝对值 (%)
当前消费量占比非条件均值		1.648			1.784		
肉类价格增加 10%	在家	1.575	-4.4	-0.073	1.692	-5.2	-0.093
	在外	1.636	-0.7	-0.012	1.770	-0.8	-0.014
蔬菜价格下降 10%	在家	1.566	-4.9	-0.082	1.695	-5.0	-0.089
	在外	1.642	-0.3	-0.006	1.779	-0.3	-0.006
水果价格下降 10%	在家	1.626	-1.3	-0.022	1.758	-1.5	-0.027
	在外	1.643	-0.3	-0.005	1.781	-0.2	-0.003

　　通过上述对各种肉类产品的分析可知，城市居民对肉类产品依然有较大的需求，且收入水平的增长也在一定程度上带来了肉类消费习惯与结构的变化，主要表现在在外消费占比的增长和水产以及禽肉产品消费占比的增加。另外，本章的研究发现，从非补偿的价格弹性值看，除在家猪肉消费以外，其他 9 种肉类产品消费的自价格弹性绝对值均大于 1，且在 5% 的水平上显著，属于富有弹性产品，可见各种肉类对价格反映都比较明显，其中，在家牛羊肉消费的自价格弹性绝对值最大，其次为在外禽肉消费。

　　为了反映我国城市居民食物消费水足迹的真实情况，本书所使用的猪肉、牛羊肉、禽肉以及其他畜禽肉类产品的水足迹系数，是基于梅肯等（2010b）对我国上述 5 种肉类产品下一层食物细分之下的各种食品的水足迹核算的样本均值。水产品的水足迹则是由 1.055 的料肉比以及当前72% 的养殖占比，按梅肯等（2010a）核算的我国谷物产品水足迹推算得出，另外，由于不同研究的水产品水足迹差异较大，因此在此处本章也选取了齐默和雷诺（2003）的研究成果，即 5.000 立方米/千克。如表 9 – 4 所示。

表 9－4 　　　　　　　　　肉类产品水足迹及其调整说明 　　　　　　单位：立方米/千克

种类	肉类消费	在家肉类消费	在外肉类消费	注
肉类产品整体[1]	4.825	4.651	5.346	水产品水足迹为 1.216 立方米/千克时
肉类产品整体[2]	5.860	5.735	6.256	水产品水足迹为 5.000 立方米/千克时
猪肉	5.993	5.993	5.993	
牛羊肉	12.078	12.080	12.073	
禽肉	3.087	3.087	3.087	
其他畜禽肉类	2.730	2.798	2.519	
水产品[1]	1.216	1.216	1.216	由 1.055 的粮食折算系数比以及当前 72% 的养殖占比按谷物产品水足迹推算得出
水产品[2]	5.000	5.000	5.000	取自齐默和雷诺 (Zimmer & Renault, 2003)

注：由于测算标准不同在现有文献资料中，水产品料肉比差异非常大 (0.4－2)，本章使用部分使用研究系数均值 1.055 （钟甫宁等，2012；胡小平等，2010；程国强等，1998；唐华俊等，2012）。

我国城市居民每千克肉类消费水足迹为 4.825 立方米/千克（当水产品水足迹取 1.216 立方米/千克时，当取 5.000 立方米/千克的水产品水足迹取值时，每千克肉类消费水足迹为 5.860 立方米/千克），其中猪肉消费水足迹为 5.993 立方米/千克，牛羊肉为 12.078 立方米/千克、禽肉及水产分别为 3.087 立方米/千克与 1.216 立方米/千克。可见，在外消费的肉类产品水足迹要高出在家消费部分 15 个百分点，这也同样说明了在家与在外食物消费结构上的差异。

城市居民当前的肉类消费结构对水资源需求较高，本章样本当前每千克肉类消费水足迹为 5.053 立方米/千克，非条件均值为 5.121 立方米/千克，同《中国居民膳食指南》建议的膳食均衡标准的肉类消费结构对应的水足迹相比，分别高出了 32.6% 和 34.4%，后者仅为 3.81 立方米。

由于肉类产品间水足迹差异悬殊，消费结构的变化对单位重量肉类消费水足迹影响大。畜肉产品比同等重量禽肉以及水产品具有更高的水足迹，从降低水足迹的角度考虑，对肉类消费结构干预的关键在于，应充分重视具有较低水足迹的禽肉及水产对高水足迹畜肉产品的替代性，以通过对具有较高水足迹产品（低水足迹食品）的提价（降价）干预实现肉类消

费结构的改变，进而达到降低水足迹的目的。下面进行干预方案的设定
时，同样将在家与在外消费部分分开讨论。

我们将模拟对 5 种肉类产品的价格干预情景，估计并对比不同情境下
的每千克肉类消费水足迹变化情况，得出以下结论：首先，对 5 种肉类产
品的在家消费部分进行价格干预所带来的对水足迹的影响，大于同等干预
幅度下的同种肉类的价格干预效果；其次，干预效果位于前五位的肉类
是，在家消费的水产品、在家消费的牛羊肉、在家消费的猪肉、在外消费
的牛羊肉以及在家消费的禽肉，其中，对在家消费的水产品价格进行干预
对水足迹的影响最大，且随着价格干预幅度的提高与其他干预方案之间的
差距也越大；另外，在价格变动幅度小于等于 20% 的时候，对在家牛羊肉
的价格干预效果要优于对在家消费的猪肉价格的干预效果，之后随着价格
变动幅度的提高，对在家猪肉的价格干预效果优于前者，与该情况类似
的，在价格变动幅度小于 22% 时，对在外消费的牛羊肉价格的干预效果要
优于对在家消费的禽肉的干预效果，之后随价格变化幅度提高，对在家消
费的禽肉进行价格干预的效果更优。

表 9 - 5　　　　　　　　肉类消费的价格变化对水足迹的影响

价格变动幅度（%）	在家					在外				
	猪肉 立方米/ 千克	牛羊肉 立方米/ 千克	禽肉 立方米/ 千克	其他畜禽肉类 立方米/ 千克	水产 立方米/ 千克	在外猪肉 立方米/ 千克	在外牛羊肉 立方米/ 千克	在外禽肉 立方米/ 千克	其他畜禽肉类 立方米/ 千克	在外水产 立方米/ 千克
2	5.105 (-0.3)	5.102 (-0.4)	5.113 (-0.2)	5.119 (0.0)	5.088 (-0.6)	5.114 (-0.1)	5.110 (-0.2)	5.121 (0.0)	5.120 (0.0)	5.115 (-0.1)
6	5.074 (-0.9)	5.067 (-1.1)	5.097 (-0.5)	5.113 (-0.1)	5.020 (-2.0)	5.099 (-0.4)	5.089 (-0.6)	5.122 (0.0)	5.118 (-0.1)	5.103 (-0.4)
10	5.043 (-1.5)	5.034 (-1.7)	5.079 (-0.8)	5.107 (-0.3)	4.947 (-3.4)	5.086 (-0.7)	5.070 (-1.0)	5.122 (0.0)	5.116 (-0.1)	5.089 (-0.6)
14	5.010 (-2.2)	5.003 (-2.3)	5.060 (-1.2)	5.101 (-0.4)	4.870 (-4.9)	5.072 (-0.9)	5.051 (-1.4)	5.121 (0.0)	5.114 (-0.1)	5.075 (-0.9)
18	4.978 (-2.8)	4.974 (-2.9)	5.039 (-1.6)	5.093 (-0.5)	4.788 (-6.5)	5.059 (-1.2)	5.034 (-1.7)	5.120 (0.0)	5.112 (-0.2)	5.059 (-1.2)
22	4.944 (-3.5)	4.947 (-3.4)	5.017 (-2.0)	5.084 (-0.7)	4.700 (-8.2)	5.047 (-1.4)	5.017 (-2.0)	5.119 (0.0)	5.109 (-0.2)	5.042 (-1.5)

续表

价格变动幅度（%）	在家					在外				
	猪肉立方米/千克	牛羊肉立方米/千克	禽肉立方米/千克	其他畜禽肉类立方米/千克	水产立方米/千克	在外猪肉立方米/千克	在外牛羊肉立方米/千克	在外禽肉立方米/千克	其他畜禽肉类立方米/千克	在外水产立方米/千克
26	4.910 (−4.1)	4.921 (−3.9)	4.993 (−2.5)	5.074 (−0.9)	4.606 (−10.1)	5.035 (−1.7)	5.001 (−2.3)	5.117 (−0.1)	5.106 (−0.3)	5.023 (−1.9)
30	4.875 (−4.8)	4.897 (−4.4)	4.967 (−3.0)	5.063 (−1.1)	4.507 (−12.0)	5.023 (−1.9)	4.986 (−2.6)	5.115 (−0.1)	5.102 (−0.4)	5.002 (−2.3)

注：括号中为食物消费水足迹非条件均值的变化幅度，单位为:%

表 9-6 给出了对猪肉、牛羊肉、禽肉、其他畜禽肉类以及水产进行幅度为 10% 的价格调整干预，居民肉类消费结构调整后的结果。同当前的消费占比期望值相比较，并结合各个产品的自价格弹性以及通过交叉价格弹性得出的各产品之间的互补与替代关系，以及各产品每千克消费水足迹，我们能够得出居民对每种干预是如何作出反应，最终达到降低水足迹的目的。以在家消费的水产品为例，对其进行降价 10% 的干预后，在家水产品消费占比期望值从 17.0% 增长到 20.6%，同时消费量占比出现明显变化的是在家以及在外猪肉消费，占比期望值分别由之前的 47.3% 下降到 45.3% 和从 8.7% 下降到 7.4%。对在家消费的猪肉价格进行加价干预的效果，同样是通过在家猪肉消费的减少以及在家水产品消费的增加来达到降低水足迹的效果，不难发现，由于在家消费的牛羊肉具有较高的自价格弹性，因此对在家牛羊肉的干预所达到的降低水足迹的效果，基本上是消费者对在家牛羊肉自身价格变化作出的对该产品消费决策的结果。

表 9-6　　　　　　　　不同价格变化情景下的肉类消费结构　　　　　　　单位：%

项目		在家					在外				
		猪肉	牛羊肉	禽肉	其他肉类	水产	猪肉	牛羊肉	禽肉	其他肉类	水产
当前消费量占比期望均值		47.3	5.7	8.9	3.8	17.0	8.7	3.0	1.9	0.9	2.7
水产品价格下降10%	在家	45.3	5.6	8.7	3.7	20.6	7.4	3.1	1.8	0.9	2.8
	在外	47.6	5.8	8.8	3.9	17.0	7.8	3.0	1.9	0.9	3.3

续表

项目		在家					在外				
		猪肉	牛羊肉	禽肉	其他肉类	水产	猪肉	牛羊肉	禽肉	其他肉类	水产
猪肉价格增加10%	在家	44.9	5.6	9.4	4.1	17.9	9.4	3.1	1.9	1.0	2.8
	在外	48.0	5.8	8.9	3.9	17.4	7.8	2.8	1.9	0.9	2.7
牛羊肉价格增加10%	在家	48.0	4.5	8.8	3.9	17.2	8.9	3.1	1.9	1.0	2.7
	在外	47.5	5.8	9.1	3.8	17.2	8.7	2.4	1.9	0.9	2.7
禽肉价格下降10%	在家	46.0	5.7	10.9	3.7	16.7	8.6	3.0	1.9	0.9	2.6
	在外	47.4	5.6	8.9	4.0	16.4	8.7	3.1	2.4	0.9	2.7
其他畜禽肉类价格下降10%	在家	46.8	5.7	8.7	4.7	16.8	8.6	3.1	2.0	0.9	2.7
	在外	46.9	5.7	9.0	3.9	16.8	8.8	3.1	2.0	1.2	2.7

通过对两个层次的食品进行价格干预，我们得到以下两个基本结论：首先，对居民在家消费产品的价格干预效果要大于对同种产品在外消费部分同幅度的干预。一方面，虽然在外消费占比持续增加，但在家消费仍处于主导地位。并且，在外消费价格内涵相对于在家消费而言更为丰富，并不能简单地等同于食物的消费价格，还应包括对服务以及用餐环境的支付，因此对在外消费部分的干预效果并不仅仅表现在食物消费结构上面。其次，对不同食品的干预方案要充分考虑该方案所实现水足迹的降低的机制，由于各产品的自价格弹性以及产品之间的交叉价格弹性，应注意消费者是怎样调整的食品消费结构，由于食品消费结构所关系到的并不仅是每千克食物消费水足迹，还关系着居民膳食营养问题，对此，我们将在下一节对上述各方案的优缺性在居民营养健康及资源环境的双重框架下进行讨论。

表 9-7　　　　不同价格变化情景下肉类消费水足迹变化情况

项目	水产品水足迹为1.216立方米/千克			水产品水足迹为5.0立方米/千克		
	肉类消费水足迹（立方米/千克）	水足迹变动百分比（%）	水足迹变动绝对值（立方米/千克）	食物消费水足迹（立方米/千克）	水足迹变动百分比（%）	水足迹变动绝对值（立方米/千克）
当前肉类消费水足迹非条件均值	5.121			5.863		

续表

项目		水产品水足迹为 1.216 立方米/千克			水产品水足迹为 5.0 立方米/千克		
		肉类消费水足迹（立方米/千克）	水足迹变动百分比（%）	水足迹变动绝对值（立方米/千克）	食物消费水足迹（立方米/千克）	水足迹变动百分比（%）	水足迹变动绝对值（立方米/千克）
猪肉价格增加 10%	在家	5.043	−1.5	−0.078	5.825	−0.6	−0.038
	在外	5.086	−0.7	−0.035	5.844	−0.3	−0.019
牛羊肉价格增加 10%	在家	5.034	−1.7	−0.087	5.787	−1.3	−0.076
	在外	5.070	−1.0	−0.051	5.822	−0.7	−0.041
禽肉价格下降 10%	在家	5.079	−0.8	−0.042	5.810	−0.9	−0.052
	在外	5.122	0.0	0.001	5.845	−0.3	−0.018
其他畜禽肉类价格下降 10%	在家	5.107	−0.3	−0.014	5.843	−0.3	−0.020
	在外	5.116	−0.1	−0.005	5.856	−0.1	−0.007
水产品价格下降 10%	在家	4.947	−3.4	−0.174	5.834	−0.5	−0.029
	在外	5.089	−0.6	−0.032	5.859	−0.1	−0.004

9.2 基于价格变化情境的平衡机制模拟分析

根据《指南》，65 岁以上老人热量需求约为成人的 0.9，故在计算样本居民膳食平衡指数（DBI）时，将老人按照 0.9 个成人折算；同样地，7～10 岁儿童热量需求约为成人的 0.75（按热量均值），样本儿童年龄均值为 7.9 岁儿童按照 0.75 个成人折算，得出样本居民人均食物消费量。另外，《中国居民营养与慢性病状况报告（2015）》指出，2012 年我国居民每人每天平均能量摄入为 2172 千卡，故在此计算膳食平衡指数时，我们采用何宇纳等（2009）给出的膳食平衡指数（DBI−07）在 9200 千焦也就是 2198 千卡下的得分标准。对应食物的分值如表 9−1 所示。整体看，我国城市居民食物消费存在低度的膳食失衡，存在中度的摄入过量问题，其中，畜肉摄入过量问题较为严重。

大体上看，居民对肉类的涨价作出的反应是，较大幅度地减少肉类消费增加蔬菜消费，同时小幅减少了谷物以及水果消费，增加了包括蛋类、乳制品及豆制品在内的其他食物消费；对在家消费的蔬菜降价的反应是，减少谷物、肉类、水果以及其他食品消费，同时，大幅增加蔬菜消费；对在家消费的水果降价的反应与蔬菜类似，都是减少其他 4 种食物消费的同时大幅增加水果消费。从图 9-1 不难发现，整体上，与《指南》建议的均衡膳食模式相比，对在家消费的肉类的涨价干预带来的居民食物消费结构的变化方向更接近均衡模式。

表 9-8 城市居民膳食平衡指数（DBI-07）分值

种类		9200 千焦（2198 千卡）得分标准说明	样本居民平均消费量	得分	人均达到或超过推荐量的家庭占比
谷物		<25g = -12；275~325g = 0；>525g = 12	395.62	6	83.7%
果蔬	蔬菜	≥400g = 0；200~399g = -2；1~199g = -4；0g = -6	469.72	0	63.5%
	水果	≥300g = 0；150~299g = -2；1~149g = -4；0g = -6	335.09	0	43.8%
乳制品及豆类	乳制品	≥300g = 0；每降低 50g 分值减 1	72.43	-5	2.4%
	豆类	≥40g = 0；20~39g = -2；1~19g = -40g = -6	73.84	0	66.9%
动物食品	畜禽肉类	0g = -4；1~50g = -2；50~100g = 0；101~150g = 2；>150g = 4	186.58	4	94.3%
	水产	<30g = -4；30~44g = -3；45~59g = -2；60~74g = -1；≥75g = 0	59.78	-2	31.4%
	禽蛋	>75g = 4；51~75g = 2；25~50g = 0；1~24g = -2；0g = -4	65.95	2	81.1%
酒精及调味品	食盐#	≤6g = 0；7~12g = 2；>12g = 4	10.5	2	
	食用油#	≤30g = 0；31~60g = 2；>60g = 4	24.93	0	
	酒#		18.9	0	
食物种类#		食物最低量限值大豆类 5g，其他食物为 25g，每种食物达到或超过最低限值取 0，否则取 1		0	
饮水量				0	

续表

种类	9200 千焦（2198 千卡）得分标准说明	样本居民平均消费量	得分	人均达到或超过推荐量的家庭占比
正端分（HBS）	指标中的正分相加，反映膳食中摄入过量的程度，取值在 0～32。其中，0 表示无摄入过量，1～6、7～13、14～19、19 分以上分别为较适宜、低度、中度、高度摄入过量。		14	
负端分（LBS）	指标中的负分相加取绝对值（0～72），0 表示无摄入不足情况，得分在 1～14 范围为适宜，分值 15～29、29～43、43 分以上分别表示低度、中度以及高度的摄入不足。没有饮水量数据时的分值范围为 0～60，1～12、13～24、25～36、36 分以上分别表示为较适宜、低度、中度、高度摄入不足。		7	
膳食质量距（DQD）	分值 1～17、18～34、35～50、50 以上分别表示为较适宜、低度、中度、高水平膳食失衡。没有饮水量数据时，分值范围为 0～72，其中分值 1～14、15～29、30～43、43 以上分别表示较适宜、低度、中度、高度膳食失衡。		21	

注：由于本书微观调查数据未涉及食盐等调味品、食用油及酒精饮料的相关信息，故此处给出的食盐摄入量采用了《中国居民营养与慢性病状况报告（2015）》给出的 2012 年我国居民食盐摄入量，食用油以及酒精饮料消费量采用了《中国统计年鉴》2012 年的城市居民消费数据。

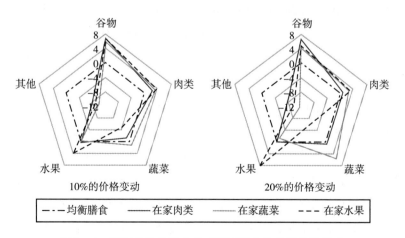

图 9-1 不同食物价格变动对居民膳食结构调整的影响

　　因此，虽然对在家消费蔬菜的降价干预会带来食物消费水足迹更快速的下降，但是对在家消费蔬菜的价格干预也带来了水果以及其他食物消费占比的较大幅度下降，虽然也使得肉类消费占比出现下降，但下降幅度较小。我国居民当前的食物消费结构不合理的主要矛盾是肉类的消费过量以及乳制品的摄入不足，显然，对蔬菜的价格干预并不能够实现居民膳食模式的改善。比较对在家消费的肉类的涨价干预，可以发现，该方案较大幅度地降低了肉类消费占比，且维持了蔬菜及水果的消费占比的合理水平，同时增加了城市居民其他食物消费，并在一定程度上降低了谷物消费占比。

　　更进一步，均衡膳食方面，与《指南》建议的均衡膳食模式相比，在家消费的肉类价格上涨带来的居民食物消费结构的变化更接近均衡模式。城市居民当前的食物消费结构与均衡模式比较仍有较大差距，5 种食物总计偏离均衡膳食模式 24.80 个百分点。水果 10% 及 20% 的降价方案，均加剧了当前的膳食失衡程度，总计偏离均衡膳食模式百分点数由当前的 24.80，分别增加至 27.98 和 32.25；肉类与蔬菜在 10% 水平的价格变动方案，均在一定程度上改善了当前居民食物消费的不均衡程度，在家消费的肉类价格上涨 10% 以及在家消费的蔬菜价格下降 10% 的方案，分别使得当前居民食物消费模式的偏离百分点数，从 24.80 下降到 19.61 和 20.16。在幅度为 20% 的价格变动方案下，肉类价格方案对居民食物消费结构的改善作用更为明显，而蔬菜在 20% 的价格降幅下，却加剧了整体膳食结构的失衡程度。原因是，中国居民当前的食物消费结构不合理的主要矛盾是肉类以及谷物的消费过量、果蔬以及乳制品消费占比偏少，对蔬菜较大幅度的价格干预，虽然也改善了谷物、肉类的失衡情况，但也使得果蔬占比偏高，且令包括乳制品在内的其他食物的占比更低（从低于均衡状态 8.30 个百分点，增加到 11.19 个百分点）。在家消费肉类的涨价方案则较大幅度地降低了城市居民肉类消费，并在一定程度上降低了谷物消费，且同时增加了果蔬及其他食物消费占比水平，完全符合当前城镇居民均衡膳食的调整方向。综上，综合考虑降低食物消费水资源需求及居民膳食均衡的两个目标，对在家消费的肉类食品进行价格干预的方案更为合理。

表 9 - 9　　　　　不同价格变化情境下的城市居民食物消费结构　　　　单位：%

价格变动幅度（%）	在家消费肉类提价					在家消费蔬菜降价					在家消费水果降价				
	谷物	肉类	蔬菜	水果	其他	谷物	肉类	蔬菜	水果	其他	谷物	肉类	蔬菜	水果	其他
2	24.3	12.5	29.2	20.9	13.2	24.1	12.8	29.6	20.8	12.8	24.1	12.8	28.5	21.6	13.0
6	24.2	11.8	29.9	20.7	13.4	23.7	12.5	31.2	20.4	12.2	23.7	12.6	28.0	22.9	12.8
10	24.2	11.0	30.6	20.5	13.5	23.3	12.1	32.9	20.0	11.6	23.4	12.4	27.4	24.3	12.6
14	24.2	10.4	31.4	20.4	13.7	22.8	11.8	34.7	19.7	11.0	22.9	12.2	26.8	25.8	12.3
18	24.1	9.8	32.1	20.2	13.8	22.4	11.5	36.5	19.2	10.4	22.4	11.9	26.2	27.3	12.1
22	24.0	9.2	32.9	20.0	13.9	21.8	11.1	38.4	18.8	9.8	22.0	11.7	25.6	28.9	11.8
26	23.9	8.6	33.6	19.8	14.1	21.3	10.8	40.4	18.3	9.2	21.5	11.4	24.9	30.6	11.5
30	23.9	8.1	34.3	19.5	14.2	20.7	10.4	42.5	17.8	8.6	20.9	11.2	24.2	32.5	11.2

相比较而言，在家消费部分的食物价格方案对食物消费结构的影响作用，显著大于在外消费部分的价格方案，故本部分仅对在家消费的价格方案进行讨论。

水资源需求方面，各方案下的食物消费水足迹均得到了一定程度的下降。如：当在家消费的肉类价格上升 10%、蔬菜和水果价格分别下降 10%时，家庭单位重量食物消费水足迹下降了 5.32 个百分点、5.02 个百分点和 1.53 个百分点，且随着价格变动幅度的增加对应的节水效应也更加明显。

表 9 - 10　　　　　价格变化方案、健康膳食结构及水足迹

不同价格方案下各种食物消费占比偏离均衡膳食模式的百分点数[a]								
价格方案	谷物	肉类	蔬菜	水果	果蔬	其他	总计[b]	水足迹下降百分点数
当前期望值偏离百分点	7.20	4.30	- 4.10	0.90	- 3.20	- 8.30	24.80	
在家消费肉类价格增加 10%	7.15(↓)	2.55(↓)	-2.00(↑)	0.10(↓)	- 1.90(↑)	-7.80(↑)	19.61(↓)	5.32
在家消费蔬菜价格下降 10%	6.24(↓)	3.63(↓)	0.22(↑)	- 0.39(↓)	- 0.17(↑)	-9.69(↓)	20.16(↓)	5.02

不同价格方案下各种食物消费占比偏离均衡膳食模式的百分点数[a]								
价格方案	谷物	肉类	蔬菜	水果	果蔬	其他	总计[b]	水足迹下降百分点数
在家消费水果价格下降10%	6.26(↓)	3.88(↓)	-5.24(↓)	3.85(↑)	-1.39(↑)	-8.75(↓)	27.98(↑)	1.53
在家消费肉类价格增加20%	7.02(↓)	0.97(↓)	-0.18(↑)	-0.37(↓)	-0.55(↑)	-7.44(↓)	15.97(↓)	10.01
在家消费蔬菜价格下降20%	5.06(↓)	2.80(↓)	4.77(↑)	-1.44(↓)	3.33(↑)	-11.19(↓)	25.26(↑)	10.49
在家消费水果价格下降20%	5.17(↓)	3.30(↓)	-6.75(↓)	7.65(↑)	0.90(↑)	-9.37(↓)	32.25(↑)	3.31

注：a. 不同价格方案下各种食物消费占比偏离均衡膳食模式的百分点数。例如当前消费情况期望值的对应谷物偏离值为 7.20，指当前居民食物消费结构中的谷物占比，比均衡膳食模式下的谷物消费占比高 7.20 个百分点；b. 总计偏离百分点为五种食物偏离点数的绝对值之和，该数值越高说明整体的食物消费结构偏离均衡膳食模式越多；（）中箭头表示，在该当方案下，对应食物占比变化方向，（↑）表示占比增加，（↓）表示占比下降，下同。

鉴于肉类消费对居民食物消费水需求以及居民膳食健康不可忽视的影响，我们对营养约束下的肉类价格变化对肉类消费水资源的影响做了更进一步的分析。

根据《指南（2016）》给出的 2400 千卡/天的热量需求水平下的膳食均衡模式，人均每天摄入的肉类构成是畜禽肉类及水产各 75 克，而本章所用样本城市居民人均每天消费畜禽肉类 186.58 克，已经属于严重超标，而每天消费的水产量为 59.78 克，尚未达到均衡模式推荐的摄入水平。且在 2000 千卡及以上的能量水平，对于平衡膳食模式下的肉类消费结构来说，其中建议的水产摄入占肉类消费比都在 50% 以上（包括 50%）。

而现实情况是，居民畜禽肉类消费占肉类消费比例超过 75%，从均衡营养膳食的角度来看，我国城市居民畜禽肉类消费量占比过高，水产品占比偏低，如果按照《中国居民膳食指南》中"同类互换、多种多样"的膳食调节原则，完全可以通过减少畜肉产品摄入同时相应增加水产品消费来改善膳食模式。另外，据《中国居民营养与慢性病状况报告（2015）》，2012 年我国居民平均膳食脂肪供能比超 30%，18 岁以上成人超重率与肥胖率升至 30.1% 和 11.9%，10 年间分别上升 5.1 个和 4.3 个百分点，应该充分重视减少脂肪含量较高的肉类摄入对居民健康的重要意义。由于生产单位重量畜肉产品所需的水资源高于水产品和禽肉产品，这种出于营养改善的调整方案同时下拉水资源需求，因此，合理的肉类消费结构调整应该可以同时实现改善居民膳食结构以及降低食物消费水资源需求两个目标。

　　表 9 - 11 所汇报的为对肉类产品进行不同干预方案后的居民肉类消费结构比较。根据前面论述已知，从降低肉类消费水足迹的角度来说，价格干预效果位于前五位的肉类是，在家消费的水产品、在家消费的猪肉、在家消费的牛羊肉、在外消费的牛羊肉以及在家消费的禽肉。其中，在水产品水足迹为 1.216 千克/立方米时，对在家消费的水产品价格进行干预对水足迹的影响最大，且随着价格干预幅度的提高与其他干预方案之间的差距也越大。当水产品取较高水足迹值，即 5.0 千克/立方米时，价格变化对水足迹变动幅度的影响位于前五位的肉类依然是，在家消费的水产品、在家消费的猪肉、在家消费的牛羊肉、在外消费的牛羊肉以及在家消费的禽肉。但此时影响幅度由大到小依次为：在家消费的牛羊肉、在家消费的禽肉、在外消费的牛羊肉、在家消费的猪肉以及在家消费的水产品。

表 9 - 11　　　　　不同价格变化情境下的城市居民肉类消费结构　　　　单位：%

价格变动幅度（%）	方案 1. 在家水产降价					方案 2. 在家猪肉提价				
	猪肉	牛羊肉	禽肉	其他畜禽肉类	水产	猪肉	牛羊肉	禽肉	其他畜禽肉类	水产
2	55.4	8.7	10.7	4.7	20.3	55.7	8.7	10.9	4.8	19.8
6	54.1	8.7	10.6	4.7	21.8	55	8.7	11.1	4.9	20.2
10	52.8	8.7	10.5	4.6	23.4	54.3	8.7	11.3	5.1	20.7
14	51.3	8.6	10.4	4.6	25.1	53.5	8.7	11.5	5.2	21.1
18	49.8	8.6	10.2	4.5	26.9	52.7	8.7	11.7	5.3	21.6
22	48.3	8.7	10	4.4	28.8	51.8	8.7	11.9	5.4	22.1
26	46.7	8.4	9.8	4.3	30.8	50.9	8.7	12.2	5.6	22.6
30	45	8.3	9.6	4.2	32.9	50	8.8	12.4	5.7	23.1

续表

价格变动百分比（%）	方案 3. 在家禽肉降价					方案 4. 在家牛羊肉提价				
	猪肉	牛羊肉	禽肉	其他畜禽肉类	水产	猪肉	牛羊肉	禽肉	其他畜禽肉类	水产
2	55.8	8.7	11.2	4.7	19.6	56.3	8.5	10.8	4.8	19.7
6	55.2	8.7	12	4.6	19.5	56.6	8	10.8	4.8	19.8
10	54.6	8.7	12.8	4.6	19.3	56.9	7.6	10.8	4.9	19.9
14	54	8.7	13.7	4.5	19.2	57.2	7.2	10.7	4.9	20
18	53.3	8.6	14.6	4.4	19	57.5	6.8	10.7	5	20.1
22	52.6	8.6	15.7	4.3	18.9	57.7	6.4	10.7	5	20.2
26	51.8	8.5	16.8	4.2	18.7	58.0	6.1	10.6	5	20.3
30	51	8.4	18	4.1	18.5	58.2	5.7	10.6	5.1	20.4

更直观的，图 9 - 2 给出了居民对不同肉类 10% 以及 20% 的价格变化所做出的肉类消费结构调整结果。虚线为我国城市居民当前的肉类消费结构，以此为参照，其他灰度不同的实线表示了各种肉类价格

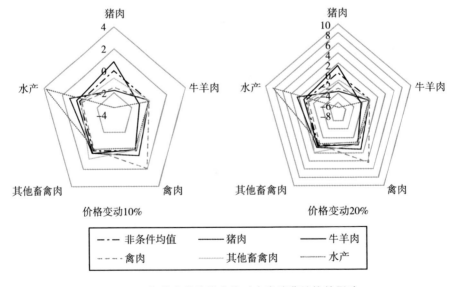

图 9 - 2　各种肉类价格变化对肉类消费结构的影响

变动居民相对于当前肉类消费结构的调整结果，超出虚线部分表示居民增加了该类肉类产品的消费占比，反之则表示该类肉类消费占比出现了下降。

显而易见，仅从膳食营养层面去考量干预效果，对在家水产品的价格干预效果是最优的。对在家消费的水产品进行降价干预的结果是，居民较大幅度地增加水产品消费，且在维持牛羊肉、禽肉以及其他畜禽肉类占比基本稳定略有下降的同时，较快速地降低了猪肉消费的比例，这对当前城市居民脂肪摄入过量的现实情况有重要意义。次优方案为对在家消费的猪肉进行涨价干预，即表 9 - 4 中方案 2，其对猪肉与水产的调整方向与方案 1 相同，但对牛羊肉、禽肉及其他畜禽肉类的影响与方案 1 相反，居民会倾向于增加对这 3 种肉类的消费。再次为方案 3 对禽肉的降价干预，该方案在显著提高禽肉消费占比的同时，将降低其他 4 种肉类产品的消费占比。最次为方案 4 对在家牛羊肉的涨价干预，该方案虽然提高了水产消费占比，但作用十分有限，平均对在家牛羊肉的价格每向上调整 4 个百分点，只会带来水产品消费占比增长 0.1 个百分点，且降低了脂肪含量较低的牛羊肉及禽肉消费占比，而脂肪含量较高的猪肉消费占比却出现上涨。在当前居民脂肪摄入严重超标的背景下，该方案无疑是将居民肉类消费结构向偏离均衡水平的方向推进。因此，即便方案 4 对肉类消费水足迹的降低作用较大，但在"绿色消费"双重内涵的框架下，这并非一个好的干预方案。

9.3　价格机制对不同收入组居民家庭影响的异质性分析

考虑不同收入群体之间的消费结构与价格弹性差异，本书将样本家庭按照人均收入三等分（低收入组、中等收入组与高收入组）分别进行 2-Step

QUAIDS 模型估计，获取对应价格弹性，并据此进行了肉类价格上涨及蔬菜价格下调两个方案下的模拟①。

不同收入组居民家庭对肉类与蔬菜价格变化方案的反应有一定差异。对于 3 个收入组来说，高收入组膳食结构偏离均衡模式最多，共计偏离 25.75 个百分点。从对整体膳食结构的调整作用来说，肉类与蔬菜 10% 的价格变动方案，均在一定程度上改善了各收入组居民膳食结构，在幅度为 20% 的价格变动方案下，肉类价格方案对各收入组居民食物消费结构的改善作用都更为明显，而蔬菜价格降幅达到 20% 时，却加剧了三组居民膳食结构的失衡程度。不同收入组间比较可知，价格变化对高收入组居民的膳食模式改善以及食物消费水足迹的降低作用最为显著，具体地，肉类与蔬菜的价格变化使得该组居民膳食结构的失衡程度分别缩减了 5.02 个和 5.44 个百分点，对应水足迹分别下降 5.36 个和 5.20 个百分点。进一步地，肉类的价格上升，使得中等收入组与低收入组居民减少了肉类消费，增加了蔬菜消费以及包含乳制品在内的其他食品消费，水果消费也更接近均衡膳食水平，但是也应该注意到在此方案下，中等收入家庭及低收入家庭也的谷物消费占比也出现了小幅增加。对高收入组居民家庭来说，肉类价格的上升使得其膳食结构在谷物、肉类、蔬菜、水果以及其他食物 5 个维度都得到了改善。

综上，价格机制在改善公众膳食结构与降低水资源需求两个方面的作用力具有一致性。对在家消费肉类食品的价格管理方案，在降低水资源消费需求的同时，推动了城镇居民膳食结构的均衡与合理化。区分不同收入居民家庭的研究可知，高收入组的价格方案全方位改善了其膳食模式，且同时最大限度地降低了单位质量食物消费水足迹。

---

① 本部分呈现的不同收入组居民家庭比较分析，是建立在对高、中、低三个收入组家庭进行的 2-Step QUAIDS 模型（共计30个方程）估计获取的商品价格弹性（自价格弹性与交叉价格弹性）的基础之上，由于篇幅原因，此处不对回归结果及弹性值作具体汇报，仅将价格方案下三个收入组消费结构及水足迹变化预测在表 9-12 中展示出来。

表 9 - 12　各收入组间 2-Step QUAIDS 模型估计弹性值

类别		在家					在外				
		合物	肉类	蔬菜	水果	其他	合物	肉类	蔬菜	水果	其他
低收入组 (534 个样本)	在家合物	-0.357	-0.076	-0.174	-0.18	-0.35	0.037	-0.516	0.114	0.056	-0.058
	在家肉类	-0.111	-0.932	0.227	-0.322	0.234	0.14	-0.558	0.361	-0.431	-0.343
	在家蔬菜	-0.11	0.123	-0.951	-0.062	0.585	0.401	-0.786	-0.161	1.172	-0.196
	在家水果	-0.127	-0.091	0.005	-1.000	-0.039	-0.109	0.033	0.612	-0.565	0.095
	在家其他食品	-0.195	0.07	0.388	-0.037	-0.91	0.283	-0.248	-0.233	5.197	-0.054
	在外合物	0.003	-0.007	0.034	-0.005	0.064	-0.748	-0.063	-0.108	-0.14	-0.129
	在外肉类	-0.086	-0.003	-0.067	-0.084	-0.002	0.032	-0.941	1.574	-0.525	0.004
	在外蔬菜	0.024	0.037	-0.006	0.019	0.011	0.153	0.128	-1.596	0.032	-0.121
	在外水果	0.005	0.004	0.07	-0.042	0.344	-0.022	-0.07	0.068	-2.884	-0.013
	在外其他	-0.002	-0.013	0.002	0.005	-0.011	-0.039	0.072	-0.007	0.048	-1.03
中等收入组 (535 个样本)	在家合物	-0.466	-0.001	-0.214	-0.092	-0.341	0.094	-0.187	0.045	-0.178	-0.031
	在家肉类	-0.008	-0.92	0.03	-0.224	0.135	0.001	-0.171	-0.253	-1.473	-0.351
	在家蔬菜	-0.148	0.037	-0.917	0.04	0.673	0.077	-0.251	-0.021	-0.066	-0.066
	在家水果	-0.104	-0.089	0.02	-1.035	-0.043	-0.108	0.033	0.04	-0.154	0.032
	在家其他食品	-0.202	0.058	0.493	0.002	-0.831	0.069	-0.086	0.065	3.839	0.026
	在外合物	0.028	0.002	-0.001	-0.043	-0.01	-0.891	-0.009	-0.177	-0.588	-0.087
	在外肉类	-0.011	0.002	0.000	-0.108	0.057	0.01	-1.002	0.467	-1.375	-0.011
	在外蔬菜	0.03	0.001	0.003	0.019	0.029	-0.048	-0.09	-1.26	-0.411	-0.078
	在外水果	0.022	-0.005	0.051	-0.062	0.373	-0.071	-0.163	0.033	-1.828	0.058
	在外其他	0.009	-0.02	0.01	-0.014	0.015	-0.035	-0.013	-0.008	0.217	-1.015

续表

类别	在家					在外				
	谷物	肉类	蔬菜	水果	其他	谷物	肉类	蔬菜	水果	其他
高收入组（522个样本） 在家谷物	-0.402	-0.103	-0.059	-0.109	-0.224	0.059	-0.144	-0.027	-0.557	0.125
在家肉类	-0.251	-0.939	0.567	-0.429	0.19	-0.126	-0.258	0.295	-0.944	0.266
在家蔬菜	-0.045	0.286	-0.971	-0.074	0.796	0.171	-0.565	-0.153	-0.744	0.339
在家水果	-0.056	-0.154	0.003	-0.935	-0.03	-0.101	0.136	0.349	0.539	-0.188
在家其他食品	-0.17	0.078	0.559	-0.029	-0.954	0.105	-0.213	-0.02	2.465	0.271
在外谷物	-0.031	-0.06	-0.023	0.014	0.019	-0.942	-0.035	0.072	0.532	-0.024
在外肉类	0.066	0.005	-0.122	-0.068	-0.064	-0.06	-0.973	1.019	-0.302	-0.13
在外蔬菜	0.051	0.134	0.049	-0.013	0.159	0.291	-0.153	-1.69	-1.312	0.342
在外水果	0.004	0.016	0.052	0.002	0.431	0.176	-0.13	-0.117	-2.275	-0.033
在外其他	0.004	0.004	-0.005	-0.01	0.01	0.06	-0.061	-0.036	-0.195	-1.014

表 9 - 13　不同收入组间比较

消费量占比（%）		谷物	肉类	蔬菜	水果	其他	水足迹（立方米/千克）
消费量非条件均值占比	低收入组	24.72	12.68	29.09	20.13	13.37	1.81
	中等收入组	24.35	13.02	28.88	20.92	12.83	1.82
	高收入组	23.50	13.61	28.43	21.47	12.99	1.85

续表

		谷物	肉类	蔬菜	水果	其他	总计偏离百分比	水足迹下降百分比（%）
当前期望值	低收入组	7.62	4.08	-3.81	0.13	-8.03	23.67	
	中等收入组	7.25	4.42	-4.02	0.92	-8.57	25.18	
	高收入组	6.40	5.01	-4.47	1.47	-8.41	25.75	
价格调整后偏离均衡膳食百分比（%）	肉类价格上升10% 低收入组	7.86（↑）	2.37（↓）	-2.62（↑）	-0.14（↓）	-7.48（↓）	20.47（↓3.20）	4.56
	中等收入组	7.84（↑）	2.73（↓）	-3.32（↑）	0.91（↓）	-8.15（↑）	22.95（↓2.23）	4.34
	高收入组	6.31（↓）	3.14（↓）	-2.42（↑）	0.91（↓）	-7.94（↑）	20.73（↑5.02）	5.36
	蔬菜下降10% 低收入组	6.46（↑）	3.44（↓）	0.28（↑）	-0.81（↓）	-9.37（↓）	20.36（↓3.31）	4.66
	中等收入组	6.32（↓）	3.82（↓）	-0.06（↑）	-0.13（↓）	-9.94（↓）	20.28（↓4.90）	4.48
	高收入组	5.29（↓）	4.20（↓）	-0.24（↑）	0.67（↓）	-9.91（↑）	20.31（↓5.44）	5.20
	肉类价格上升20% 低收入组	8.02（↑）	0.89（↓）	-1.49（↑）	-0.47（↓）	-6.96（↑）	17.84（↓5.83）	-8.52%
	中等收入组	8.19（↑）	1.18（↓）	-2.90（↑）	0.68（↓）	-7.86（↑）	20.81（↑4.37）	-8.76%
	高收入组	5.97（↓）	1.44（↓）	-0.65（↑）	0.11（↓）	-7.61（↑）	15.79（↓9.97）	-10.76%
	蔬菜下降20% 低收入组	5.12（↓）	2.72（↓）	4.79（↑）	-1.89（↓）	-10.73（↓）	25.24（↑1.57）	-9.79%
	中等收入组	6.11（↓）	3.59（↓）	5.84（↑）	-0.56（↓）	-10.90（↑）	27.01（↑1.83）	-5.74%
	高收入组	4.86（↓）	3.78（↓）	5.97（↑）	0.49（↓）	-11.02（↓）	26.13（↑0.37）	-7.20%

注：（a）不同价格方案下各种食物消费占比，指当前消费情况下五种食物消费占比为各点对应各种食物消费占比偏离均衡膳食模式的百分点数。例如当前消费情况期望值的对应各物偏离值为7.20，指当前居民食物消费结构中的谷物占比，比均衡膳食模式下的谷物占比高7.20个百分点；（b）总计偏离百分比为五种食物消费占比偏离点数的绝对值之和，该数值越高说明整体的食物消费结构偏离均衡膳食模式越多；（）中箭头表示，对应消费占比变化方向，（↑）表示占比增加，（↓）表示占比下降。

9.4 本章小结

本章根据 2-Step QUAIDS 模型的一致估计，从水足迹的角度讨论了价格变化对食物消费的影响所带来的资源环境效应，在价格因素与资源环境之间建立了桥梁。证实了从消费端合理利用价格机制实现居民膳食结构改善与食物消费水资源需求双赢的可能性。主要结论如下：

第一，对居民食物消费的弹性分析和水足迹估计表明，从消费端进行水资源需求管理具有可行性。分析表明，在家消费产品的价格变化，所产生的食物消费水足迹变化幅度，明显大于对同类产品在外消费部分同等幅度的价格变化效果。虽然在外消费占比持续增加，但在家消费仍处于主导地位。各产品的在外消费占比低，并且，在外消费价格内涵相对于在家消费而言更为丰富，并不能简单地等同于食物的消费价格，还应包括对服务以及用餐环境的支付，在外消费部分的支付价格变化所带来的影响并不仅仅表现在食物消费结构上面。当在家以及在外肉类消费价格增加 10% 时，将会导致食物消费水足迹的期望值从 1.648 立方米/千克分别下降到 1.575 立方米/千克以及 1.636 立方米/千克，下降幅度分别为 4.4 个百分点和 0.7 个百分点（此处水产品水足迹取 1.216 立方米/千克，当水产品水足迹取 5.000 立方米/千克时，下降幅度分别为 5.2% 和 0.78%）。

第二，不论是从个体健康还是保护资源的层面去评估，当前城市居民的整体的食物消费结构以及对健康与水足迹影响较大的肉类消费结构都具有不合理性。一方面，我国居民因人均畜肉消费严重超标所带来的健康问题日趋严重，居民膳食模式亟待调整；另一方面，当前城市居民每千克食物消费水足迹为 1.734 立方米/千克，比《中国居民膳食指南》建议的膳食均衡标准下的水足迹高出了 16 个百分点，后者为 1.490 立方米/千克，主要因素是肉类食品消费占比过高；对于肉类消费而言，当前我国居民肉类消费水足迹为 4.825 立方米/千克，高出均衡模式下的肉类消费水足迹 23 个百分点，后者为 3.920 立方米/千克，主要因素是畜肉产品消费占比过高而水产占比偏低。

　　第三，制定以降低水足迹为目标的食物价格干预方案时，必须深入考虑各个干预方案实现水足迹下降的作用机制，充分考察价格干预对居民食物消费结构的影响，必须将膳食健康纳入方案制定的主要参考依据，否则，极有可能在干预的过程中，将居民食物消费构成向偏离平衡膳食的方案推进。对在家消费的蔬菜的降价干预会带来食物消费水足迹更快速的下降，但是对在家蔬菜的价格干预也带来了水果以及其他食物消费占比的较大幅度下降，虽然也使得肉类消费占比出现下降，但下降幅度较小。对蔬菜的价格干预并不能够实现居民膳食模式的改善。相对而言，对在家消费的肉类的涨价干预不仅较大幅度地降低了肉类消费占比，且维持了蔬菜及水果的消费占比的合理水平，同时增加了城市居民其他食物消费，并在一定程度上降低了谷物消费占比。此方案的综合评价更优。对于肉类消费，前文估计得到的除在家消费的猪肉以外，其他肉类产品消费的自价格弹性绝对值均大于1，且部分肉类产品间的替代效应明显，通过价格干预实现对居民肉类消费结构的改善，进而实现对水资源需求的管理是可能的。其中，对在家消费的水产品进行降价干预效果最优，居民对在家水产品价格的下降的反应是，较大幅度地增加水产品消费，且在维持牛羊肉、禽肉以及其他畜禽肉类占比基本稳定略有下降的同时，较快速地降低了猪肉消费的比例，这对当前城市居民脂肪摄入过量的现实情况有重要意义。

第10章

研究结论与政策启示

随着生活水平的提高，居民食物消费需求与消费习惯发生了显著的变化，其背后是不可忽视的资源环境成本。本书通过对农食系统的居民食物消费水足迹与农地足迹的研究表明，需求端快速变化的食物消费需求正持续加大水土资源供求矛盾。在当前农产品市场从全面供不应求的矛盾逐渐向结构性矛盾转移的大环境下，需要对食物消费的农食系统资源需求及其背后的影响因素进行充分的研究。

本书通过对我国居民食物消费变迁路径的回顾，并与亚洲其他国家及地区间的对比，分析了我国居民食物消费当前的发展阶段，讨论了水土资源分布与国内农食系统生产布局的匹配情况。借助资源科学领域水足迹以及生态足迹的概念，分析我国国内食物消费水足迹的内部及外部构成，讨论由于食物消费变化引致的农食系统生产性土地足迹的变化情况，分析未来中国居民食物消费变化的可能趋势对我国水土资源需求的影响。通过食物消费在社会经济因素（收入增长、老龄化）和水土足迹之间建立了有机联系，从收入增长与人口老龄化角度考察了我国居民食物消费水土资源需求现状并对其未来趋势进行预测，回答了社会经济因素的变化是如何影响食物消费的农食系统自然资源需求的问题。运用一致的 2-Step QUAIDS 模型，对我国 9 个城市的共 1781 户居民家庭的饮食消费调查微观数据进行实证分析，讨论了居民食物消费需求变化特征，并从水足迹与土地足迹的角度探讨了食物消费结构变化带来的资源环境效应，探讨了居民膳食健康与农食系统自然资源可持续发展的平衡机制，讨论并模拟分析了价格变化对食物消费水土资源需求的影响，论证了从消费端运用价格机制实现水土资源有效管理和改善居民膳食结构双目标的可能性。

10.1　主要结论

第一，未来一段时间内，关系公众健康与支持农食系统资源可持续使用的膳食结构调整方向具有一致性，需求端存在改善膳食结构与降低农食系统资源需求的平衡机制，从消费端进行农食系统自然资源需求管理具有可行性。

城市居民家庭的膳食结构将持续发生以肉类以及水果消费占比上升为特征的变化。一方面，将进一步推升农食系统水土资源需求压力，另一方面，由于对当前消费占比本就偏低包括乳制品在内的其他食物的挤出，居民膳食结构的失衡程度将进一步加大，公众健康水平受到潜在影响。

第二，价格在平衡机制中作用的实证及模拟分析表明，价格工具在改善公众膳食结构与降低水资源需求两个方面的作用力具有一致性，对在家消费的肉类食品进行价格管理，可以在降低农食系统水土资源需求的同时，推动居民膳食结构的均衡化。

在家消费产品的价格变化所产生的食物消费水足迹变化幅度，明显大于对同类产品在外消费部分同等幅度的价格变化效果。虽然在外消费占比持续增加，但在家消费仍处于主导地位。从每千克食物消费水足迹下降的幅度为标准看，价格干预效果最好的为在家消费的蔬菜，其次为在家消费的肉类，对在家消费的水果的干预效果在三者中最差。进一步地，随着价格变化幅度的提高，上述三种方案之间的差距也逐渐加大，起初对在家肉类以及对在家蔬菜分别进行相同幅度的加价与降价，所获得的水足迹下降的百分比相接近，随着价格变化幅度的提高，二者之间的差距越来越明显，对蔬菜进行价格干预的效果凸显出来。对肉类消费的水足迹干预效果位于前五位的肉类是：在家消费的水产品、在家消费的牛羊肉、在家消费的猪肉、在外消费的牛羊肉以及在家消费的禽肉。其中，对在家消费的水产品价格进行干预对水足迹的影响最大，且随着价格干预幅度的提高与其他干预方案之间的差距也越大；另外，在价格变动幅度小于等于20%的时候对在家牛羊肉的价格干预效果要优于对在家消费的猪肉价格的干预效果，之后随着价格变动幅度的提高，对在家猪肉的价格干预效果优于前者，与该情况类似的，在价格变动幅度小于22%时，对在外消费的牛羊肉价格的干预效果要优于对在家消费的禽肉的干预效果，之后随价格变化幅度提高，对在家消费的禽肉进行价格干预的效果更优。

第三，收入增长、老龄化、家庭规模及结构对食物消费以及水土资源需求影响显著。

居民食物消费水足迹及农地足迹都随收入上升呈现递减式上升的发展趋势，收入的增长在不同阶段将对食物消费水需求和土地需求产生不同影响。另外，人口老龄化对食物消费水土资源需求有显著负影响，认识并利用这一自然趋势，将十分有助于更加科学动态地应对水资源压力。

随着收入水平的提高，居民食物消费将继续上升且表现出由在家消费向在外消费转移之变化，另外，收入增长对居民食物消费结构也将产生影响。食物消费的2-Step QUAIDS模型估计结果表明，随收入增长城市居民食物消费将表现出在家消费向在外消费转移之变化，且从消费结构上看，肉类以及水果消费支出占比将继续上升。对肉类消费的进一步研究表明，肉类消费习惯也会随着收入水平的提高发生向在外消费转移之变化，城市居民在外肉类产品消费占比将继续增加；另外，肉类消费结构也将随着收入增长以及家庭人口结构的变化而变化，其中畜肉产品消费占比有下降趋势，水产及禽肉占比将进一步增长。

有老人的家庭更倾向于在家消费食品，相反，有14岁以下儿童的家庭更愿意外出用餐；每消费一定重量的食品，有老人的家庭会消费较少的肉类及水产，而消费更多的禽蛋及蔬菜；有14岁以下儿童的家庭，单位质量的食品消费了更多的肉类，而消费更少的蔬菜；人均各种食物消费量随家庭规模的上升出现不同程度的下降，居民家庭食物消费存在规模经济，降低了人均食物消耗水平。

笔者基于城市居民家庭微观调研数据，考察了收入增长与人口老龄化对食物消费水足迹的影响。主要有以下几点结论：第一，40～59 岁中年人口比例与 60 岁以上老龄人口比例均与每千克食物消费水足迹呈反向相关关系，且比较系数可知，60 岁以上老年人口比例变化对每千克食物消费水足迹作用更大，老龄化的发展将会加速当前食物消费结构发展路径的转变。第二，对未来消费水足迹的预测显示，人均收入增长速度越高食物消费水足迹越早开始下降，且预测的水足迹峰值越低；第三，老龄化将抵消部分由收入增长带来的食物消费水需求，不考虑人口老龄化因素会导致对食物消费水足迹的高估。

对我国未来城市居民食物消费水足迹的预测结果表明：居民食物消费水足迹随收入上升呈现递减式上升的发展趋势，这意味着，随城镇居民收入的持续增长，由食物消费结构变化所带来的水资源供需压力将会进一步加大，在 2027 年左右逐渐缓解并达到水资源需求的最高点。与收入增长作用相反，我国人口老龄化对食物消费水足迹有显著负影响。

第四，在外消费已经成为家庭食物消费不可或缺的部分，一定程度上拉升并延长了居民食物消费水土资源需求的增长趋势。忽略在外消费将造成对食物消费水需求和农地需求的低估，并可能出现对未来食物消费农食系统资源需求变化趋势的误判。

模型回归结果表明，所有食品的在外收入以及支出弹性均大于在家消费部分，且随着市场经济的发展、收入水平和时间机会成本的快速上升，人们越来越多地选择在外食品消费，居民在外消费支出占比快速上升；另外，由于居民在外食物消费结构与在家消费部分差异显著，在对居民食物消费进行分析时，必须充分关注在外消费的详细信息，否则将无法保证相关研究结论的可靠程度。居民食物消费水足迹及在家食物消费水足迹随着收入水平呈现先升后降的发展趋势，但在外消费水足迹在未来一段时间内仍然表现出较强的增长态势。因此，忽略在外消费（包括消费量及其与在家消费结构上的差异）将造成对食物消费水需求的低估以及对未来食物消费水足迹变化趋势的误判。

第五，未考虑个体膳食模式的价格干预方案，极有可能在干预的过程中将居民食物消费构成向偏离平衡膳食的方向推进。

对在家消费的蔬菜的降价干预会带来食物消费水足迹更快速的下降，但是对在家蔬菜的价格干预也带来了水果以及其他食物消费占比的较大幅度下降，虽然也使得肉类消费占比出现下降，但下降幅度较小。对蔬菜的价格干预并不能够实现居民膳食模式的改善。相对而言，在家消费肉类的涨价不仅较大幅度地降低了肉类消费占比，且维持了蔬菜及水果的消费占比的合理水平，同时增加了城市居民其他食物消费，并在一定程度上降低了谷物消费占比。

第六，我国区域间水资源分布不均衡，水资源分布与农产品生产布局匹配度较低；生产与消费结构之间发展不协调，且越来越多地依赖外部水资源来满足国内不断上涨的总需求。

我国水资源分布呈现南丰北缺，东多西少的特点。华北以及东北地区在地表水资源相对缺乏的资源条件下，却又有着较高的用水需求，这两个地区对地下水开采利用率分别高达 61.8% 和 52.7%，其次为西北地区 17.8%，全国范围该比率为 13.7%。另外，由于地理环境因素，我国农业生产布局与水资源分布匹配度较低，水资源最为缺乏的华北地区用 2.9% 的水资源生产了全国 12.4% 的粮食、10.2% 的油料、10.7% 的猪牛羊肉以及 39.7% 的牛奶，农产品生产的水资源供需压力十分之大，对于水资源同样匮乏的东北地区来说，其水资源条件对于已有的农业产业布局来说面临巨大挑战。

全面推进供给侧产业结构调整，优化农产品贸易战略并统筹考虑虚拟水贸易对可持续发展的战略意义，推进虚拟水进口并优化虚拟水进口结构，以此满足国内居民不断增长的食物消费水需求，是缓解中国水资源压力的有效途径。

整体上我国生产结构与居民食物消费结构较为一致，但也不难发现，过去几十年中由于产业结构调整与人均消费需求之间的变化不同步、产业间结构优化升级、国际贸易阶段性变化等因素，生产与消费结构出现了一种很明显不协调的发展情况。一是居民粮食消费占比的下降幅度快于粮食生产占比的下降幅度；二是蔬菜、水果肉类以及包括蛋类、水产及乳制品在内的其他食物的居民食物消费占比的增长幅度也要快于对应产品产量占比的增长幅度。这在当前农业供给侧生产结构调整的大背景下，去研究农业生产如何满足人们日益增长的食物消费需求具有现实意义。

由于国内日益增长的消费需求以及生产与消费结构的不协调发展，支持我国内需求的外部水足迹占比快速上升。1999 年国内供给的农产品水足迹几乎全部来自于国内农产品的生产消费，十几年来外部水足迹占比不断上升，在 2013 年达到 15.2% 的水平，14 年间增长了 11.3 个百分点，年均增速达 10.2%。2013 年由于国内总需求及需求结构的变化，国内食品总供给水足迹达 2.19 万亿立方米，其中有 1.90 万亿立方米的水足迹来自国内生产消费，该年份通过国际贸易节约了国内 0.29 万亿立方米的水资源。另外，对水资源供求压力起主要作用的蓝水足迹的来源的分析得出，近年来外部蓝水足迹占全部蓝水足迹比例低于总的水足迹外部占比，且二者之间的差距有扩大趋势。仅从水足迹的角度考虑，这说明我国的贸易结构没有很好地向节约国内蓝水资源的方向发展。

第七，主要农产品产区变化对水土资源使用的影响显著。

近年来农产品产区布局以及生产结构的变化，导致了各地区农产品生产水需求的持续变化。华北地区以及东北地区生产单位质量农产品水足迹的增长原因，可归因于华北以及东北地区粮食作物占比增长以及蔬菜作物占比的大幅下降。其他五个地区生产单位质量农产品的水足迹出现了下降，其中华南地区和西北地区降幅最大。水足迹下降的五个地区都正在发生着粮食产量占比下降与蔬菜产量占比上升的特征。同时，要注意到，这种调整使得华北以及东北以外的地区蓝水足迹占比都有所下降，但也带来了灰水足迹占比的上升，这意味着随着产品结构的调整，生产方式也发生变化，最终农产品生产过程中形成的有害物质稀释到一定水质要求，所需要的水资源量提高。

另外，即使农产品产量构成不变，而产区发生了变化也会导致总体单位生产水足迹的变化。例如，如果河北的玉米转移到黑龙江生产，则生产每吨玉米的需水量（水足迹）将下降 111.1 立方米，降幅达 9.1 个百分点。再有，生产同种作物所需的水资源种类也存有差异，而这将直接影响水资源管理的方式方法与效果，同样以河北与黑龙江生产玉米为例，河北地区生产一吨的玉米分别需要 785.8 立方米的绿水资源、138.8 立方米的蓝水资源以及 292.7 立方米的灰水资源，而黑龙江相对河北地区来说，生产一吨的玉米则需要相当量的绿水与灰水资源（786.9 立方米、291.5 立方米）以及更少的蓝水资源（27.8 立方米）这也意味着如果河北的玉米转移到黑龙江生产将节约更多的蓝水资源，这对地下水本来就严重超采的河北地区来说重要性不言而喻。

基于不同视角及评价体系的水资源管理与评价差异明显。取用水测算的各地区农业用水量与对应年度水足迹标准下的主要农产品水资源占用情况还是有不小的差异。整体上，从取用水视角，农业用水压力正在从华东、华南、华北地区向东北以及西南地区转移；从水足迹视角看，全国水资源占用情况从华东、华南、西南地区向东北以及西北地区转移。对于蓝水足迹来说，全国蓝水占用正发生从华东、华南以及西南地区向华北、东北以及西北地区转移，然而，这三个地区正是我国淡水资源最为缺乏的地区，水资源占有量分别为全国的 2.92%、6.29% 和 9.25%，因而，蓝水资源占用的增长趋势势必加大当地的水资源需求压力，此三个区域的水资源管理面临不小的挑战。

10.2 政策启示

基于前面的研究结果，有以下几点政策启示：

第一，制定合理机制，拓宽农食系统自然资源管理的有效途径。引入科学研究工具并重视经济社会因素（收入增长以及老龄化）变化对我国未来食物消费水需求以及水资源压力的影响的动态预测。应将需求端影响机制及可行的经济策略，纳入水资源可持续管理体系，充分重视运用价格机制（对高水足迹产品的税收、对低水足迹产品的补贴等）通过对居民食物消费决策的影响，实现对农食系统自然资源需求的有效管理。例如，我们的研究显示，食物相对价格的变化将通过对居民食物消费的调节作用，最终影响食物消费水需求。在我国当前水资源与农地资源匹配度低、水资源管理难度大成本高的现实情况下，探索消费端的合理机制以实现水资源的有效管理意义重大。农业是食物供给的基础产业也是我国水资源使用最大的部门，食物消费直接关系到我国淡水资源的供需安全，把握食物需求变化路径及其与水资源需求之间的相关关系，对完善当前的水资源评价体系以及拓宽水资源管理的思路十分重要。

第二，科学地制定合理的农食系统自然资源管理与居民膳食健康平衡机制，至少有下面两个方面需要注意。一方面，在消费端制定相应的资源管理响应政策之前，应充分认识并合理利用相关的环境、社会、经济、文化以及制度因素。我国正处在收入高速增长与老龄化问题同样突出的社会环境之下，分析表明，收入增长与老龄化在未来一段时间对我国的食物消费水土足迹有着不同的影响路径，研究表明，老龄化将抵消部分由收入增长带来的食物消费农食系统自然资源需求，不考虑人口老龄化因素会导致对食物消费资源需求的高估。只有充分考虑社会经济因素的影响才能更为科学地对资源供需的长期趋势作出可靠预判，从而在可持续消费与可持续发展方面提出有效建议。另一方面，必须在"绿色消费"双重内涵的框架下，制定并评价居民食物消费农食系统自然资源需求的管理方案。制定以降低水土足迹为目标的食物消费管理方案时，必须深入考虑各个方案实现水土需求下降的作用机制，充分考察价格对居民食物消费结构的影响，必须将膳食健康纳入方案制定的主要参考依据，否则，极有可能在干预的过程中将居民食物消费构成向偏离平衡膳食的方案推进。

第三，积极倡导"绿色消费"观念，加强膳食健康以及资源保护相关知识的宣传工作，并充分把握食物消费在二者之间的关联性与统一性。当前人们对自身消费模式与生态系统之间的密切关系认识不足，如，少数人能意识到生产 1 千克牛肉与生产 1 千克新鲜蔬菜背后的水需求的巨大差异（在我国前者需要消耗的水资源量是后者的近 40 倍），有关部门对环保信息的供给对国民更好地践行"绿色消费"，实现发展的可持续性具有现实意义。

第四，优化并完善农产品贸易战略，统筹考虑虚拟水与虚拟耕地贸易的战略意义，加强虚拟水与虚拟耕地贸易管理。全面推进供给侧产业结构调整，优化农产品贸易战略并统筹考虑虚拟资源贸易对可持续发展的战略意义，推进虚拟资源进口并优化虚拟资源进口结构，以此满足国内居民不断增长的食物消费资源需求，是缓解中国农食系统资源压力的有效途径。在供给侧结构性改革的背景下，制定有效的虚拟资源贸易战略对加强国家农食系统资源管理意义重大。

参 考 文 献

[1] 白军飞，闵师，仇焕广，等．人口老龄化对我国肉类消费的影响 [J]．中国软科学，2014 (11)：17 – 26．

[2] 蔡威熙，周玉玺，胡继连．农业水价改革的利益相容政策研究——基于山东省的案例分析 [J]．农业经济问题，2020 (10)：32 – 39．

[3] 曹院平．基于生态足迹模型的广西农业可持续发展评价 [J]．中国农业资源与区划，2020，41 (5)：35 – 42．

[4] 柴盈，曾云敏．管理制度对我国农田水利政府投资效率的影响——基于我国山东省和台湾省的比较分析 [J]．农业经济问题，2012，33 (2)：56 – 64，111．

[5] 常明，王西琴，贾宝珍．中国粮食作物灌溉用水效率时空特征及驱动因素——以稻谷、小麦、玉米为例 [J]．资源科学，2019，41 (11)：2032 – 2042．

[6] 陈海燕，杨宝臣，李松臣．我国城镇居民消费结构的面板计量分析 [J]．统计与决策，2009 (24)：112 – 114．

[7] 陈红，王浩坤，秦帅．水足迹视角下黑龙江粮食生产用水绿色效率研究——基于三阶段 SBM-Malmquist 指数分析法 [J]．长江流域资源与环境，2020，29 (12)：2790 – 2804．

[8] 陈娇，钟甫宁．饮食结构优化与农业碳减排的协同路径研究——基于食物价格的分析 [J]．湖南农业大学学报（社会科学版），2024，25 (1)：16 – 24．

[9] 陈向南，吴凤平，李芳，等．高质量发展模式下内蒙古河套灌区的可交易水量 [J]．中国人口·资源与环境，2021，31 (2)：130 – 139．

[10] 陈萌山. 把加快发展节水农业作为建设现代农业的重大战略举措 [J]. 农业经济问题, 2011, 32 (2): 4-7.

[11] 陈义忠, 乔友凤, 郝灿, 等. 长江中游城市群生态足迹指标与社会经济发展的适配性 [J]. 资源科学, 2022, 44 (10): 2137-2152.

[12] 成诚, 王金霞. 灌溉管理改革的进展、特征及决定因素: 黄河流域灌区的实证研究 [J]. 自然资源学报, 2010, 25 (7): 1079-1087.

[13] 程广燕, 刘珊珊, 杨祯妮, 等. 中国肉类消费特征及 2020 年预测分析 [J]. 中国农村经济, 2015 (2): 76-82.

[14] 程国强, 陈良彪. 中国粮食需求的长期趋势 [J]. 中国农村观察, 1998 (3): 3-8, 13.

[15] 德内拉·梅多斯. 增长的极限 [M]. 北京: 商务印书馆, 1984.

[16] 邓光耀. 中国多区域水资源 CGE 模型的构建及其应用 [J]. 统计与决策, 2020, 36 (14): 157-161.

[17] 封志明, 杨艳昭, 闫慧敏, 等. 百年来的资源环境承载力研究: 从理论到实践 [J]. 资源科学, 2017, 39 (3): 379-395.

[18] 郜若素. 中国粮食研究报告 [M]. 北京: 农业大学出版社, 1993.

[19] 郜若素, 杨芳. 中国的粮食安全问题——自给自足还是自由贸易 [J]. 中国农村观察, 1997 (3): 31-37.

[20] 高杨, 郑志浩. 不同补贴方式对中国农村低收入家庭食物安全改善效果比较 [J]. 资源科学, 2021, 43 (10): 1990-2002.

[21] 顾景范.《中国居民营养与慢性病状况报告 (2015)》解读 [J]. 营养学报, 2016, 38 (6): 525-529.

[22] 郭爱君, 武国荣. 基于 AIDS 模型的我国农村居民消费结构的动态分析 [J]. 人口与经济, 2008 (2): 34-38.

[23] 郭华, 蔡建明, 杨振山. 城市食物生态足迹的测算模型及实证分析 [J]. 自然资源学报, 2013, 28 (3): 417-425.

[24] 郭晓东, 刘卫东, 陆大道, 等. 节水型社会建设背景下区域节水影响因素分析 [J]. 中国人口·资源与环境, 2013, 23 (12): 98-104.

[25] 韩金雨. 中国食物消费碳排放的全球背景及其演变趋势研究

［D］. 兰州：兰州大学，2022.

　　［26］贺晓丽. 我国城乡居民食品消费差异现状分析［J］. 农业经济问题，2001，22（5）：30－34.

　　［27］贺晓英，谷耀鹏. 基于不确定性理论的水期权交易及其定价研究——以引汉济渭工程为例［J］. 干旱区资源与环境，2020，34（7）：119－124.

　　［28］何艳虎，陈晓宏，林凯荣，等. 用水总量控制下行业配水权重不完全信息动态博弈［J］. 中国人口·资源与环境，2017，27（11）：209－214.

　　［29］洪顺发，郭青海，李达维. 基于生态足迹理论的中国生态供需平衡时空动态［J］. 资源科学，2020，42（5）：980－990.

　　［30］洪伟. 贸易开放、价格传导与农民福利［D］. 南京：南京农业大学，2009.

　　［31］胡继连，姜东晖，陈磊. 农业节水的微观困境与出路：山东的实证［J］. 农业经济问题，2006（12）：6－11，79.

　　［32］胡小平，郭晓慧. 2020年中国粮食需求结构分析及预测——基于营养标准的视角［J］. 中国农村经济，2010（6）：4－15.

　　［33］胡晓珍，张卫东，杨龙. 制度环境、技术效率与区域经济增长差异［J］. 公共管理学报，2010，7（2）：79－88，126.

　　［34］胡英泽，张力. 清代山西晋水流域的乡村地权与水利——以乾隆四十二年古城营《九渠地亩册》为中心［J］. 中国经济史研究，2017（1）：5－24.

　　［35］黄季焜. 社会发展、城市化和食物消费［J］. 中国社会科学，1999（4）：102－116.

　　［36］江金启，T. Edward Yu，黄琬真，等. 中国家庭食物浪费的规模估算及决定因素分析［J］. 农业技术经济，2018（9）：88－99.

　　［37］蒋乃华，辛贤，尹坚. 我国城乡居民畜产品消费的影响因素分析［J］. 中国农村经济，2002（12）：48－54.

　　［38］江文曲，李晓云，刘楚杰，等. 城乡居民膳食结构变化对中国水资源需求的影响——基于营养均衡的视角［J］. 资源科学，2021，43（8）：1662－1674.

[39] 靳雪，胡继连. 虚拟水视角下的农业区划研究——以黄淮海地区为例 [J]. 中国农业资源与区划，2011，32 (2)：53 -57.

[40] 康绍忠. 水安全与粮食安全 [J]. 中国生态农业学报，2014，22 (8)：880 -885.

[41] 李代鑫. 中国灌溉管理与用水户参与灌溉管理 [J]. 中国农村水利水电，2002 (5)：1 -3.

[42] 李国景，陈永福. 少子老龄化、家庭结构与城镇居民食物消费——基于成人等价尺度方法的实证研究 [J]. 南开经济研究，2018 (3)：83 -99.

[43] 李国祥，李学术. 我国城乡居民收入与食品消费 [J]. 中国农村经济，2000 (7)：40 -45.

[44] 李佳洁，于彤彤. 基于助推的健康饮食行为干预策略 [J]. 心理科学进展，2020，28 (12)：2052 -2063.

[45] 李鹏辉，张茹倩，徐丽萍. 基于生态足迹的土地资源资产负债核算 [J]. 自然资源学报，2022，37 (1)：149 -165.

[46] 李宇，李韬. 收入增长对脱贫农民家庭营养结构的影响——来自宁夏1026个农户的实证 [J]. 资源科学，2023，45 (10)：2064 -2075.

[47] 李振唐，王谊鹃，彭鹰. 我国肉类产品生产消费能力分析 [J]. 农业技术经济，2005 (3)：17 -21.

[48] 李志强，王济民. 我国畜产品消费及消费市场前景分析 [J]. 中国畜牧兽医文摘，2003 (1)：46 -51.

[49] 林永钦，齐维孜，祝琴. 基于生态足迹的中国可持续食物消费模式 [J]. 自然资源学报，2019，34 (2)：338 -347.

[50] 刘贝贝，青平，肖述莹，等. 食物消费视角下祖辈隔代溺爱对农村留守儿童身体健康的影响——以湖北省为例 [J]. 中国农村经济，2019 (1)：32 -46.

[51] 刘斌，杨国华，王磊. 水权制度与我国水管理 [J]. 水利规划与设计，2001 (1)：19 -20.

[52] 刘红梅，王克强，刘静. 虚拟水贸易及其影响因素研究 [J]. 经济经纬，2008 (2)：50 -53.

[53] 刘文玲，Gert Spaargaren. 可持续消费研究理论述评与展望 [J].

南京工业大学学报（社会科学版），2017，16（1）：84－91.

［54］刘晓洁，贺思琪，陈伟强，等. 可持续发展目标视野下中国食物系统转型的战略思考［J］. 中国科学院院刊，2023，38（1）：112－122.

［55］刘秀梅，秦富. 我国城乡居民动物性食物消费研究［J］. 农业技术经济，2005（3）：25－30.

［56］刘亚克，王金霞，李玉敏，等. 农业节水技术的采用及影响因素［J］. 自然资源学报，2011（6）：932－942.

［57］刘雁南，杜森，余扬，等. 美国内布拉斯加州农业水资源保护与可持续利用对中国的启示——基于自然资源区划的水资源管理模式［J］. 世界农业，2019（4）：20－24，64.

［58］刘一明，罗必良. 可交易的水权安排对农户灌溉用水行为的影响——基于农户行为模型的理论分析［J］. 数学的实践与认识，2014，44（5）：7－14.

［59］刘子兰，肖峰. 中国可持续消费水平测度及时空特征分析［J］. 统计与决策，2022，38（19）：40－44.

［60］罗必良. 农地确权、交易含义与农业经营方式转型——科斯定理拓展与案例研究［J］. 中国农村经济，2016（11）：2－16.

［61］罗芳，田苗，孙彩虹，等. 长江经济带农业水资源利用效率时空差异分析［J］. 人民长江，2020，51（2）：1－7，48.

［62］罗海平，余兆鹏，艾主河，等. 我国粮食主产区粮食产能与生态足迹的空间相关性研究［J］. 统计与决策，2019，35（19）：87－91.

［63］罗海平，朱勤勤，罗逸伦，等. 耕地生态足迹与生态承载力研究——基于中国粮食主产区2007—2016年面板数据［J］. 华东经济管理，2019，33（5）：68－75.

［64］罗海平，邹楠，潘柳欣，等. 基于生态安全的我国粮食安全评价与预警［J］. 统计与决策，2021，37（8）：94－97.

［65］罗其友，李建平，陶陶，等. 区域比较优势理论在农业布局中的应用［J］. 中国农业资源与区划，2002（6）：27－33.

［66］罗婷文，欧阳志云，王效科，等. 北京城市化进程中家庭食物碳消费动态［J］. 生态学报，2005，25（12）：3252－3258.

［67］罗屹，王鸿儒，苗海民，等．肥胖与中国农村家庭食物浪费——基于 1562 户农户调查数据的实证分析［J］．自然资源学报，2022，37（10）：2559 – 2571.

［68］马超，许长新，田贵良．中国农产品国际贸易中的虚拟水流动分析［J］．资源科学，2011，33（4）：729 – 735.

［69］马尔萨斯．人口原理：附人口原理概观［M］．北京：商务印书馆，1992.

［70］马海良，黄德春，张继国，等．中国近年来水资源利用效率的省际差异：技术进步还是技术效率［J］．资源科学，2012，34（5）：794 – 801.

［71］马静，汪党献，A. Y H．虚拟水贸易与跨流域调水［J］．中国水利，2004（13）：37 – 39.

［72］马丽，邬亮，齐晔．关于加快我国水土保持生态补偿制度建设的思考［J］．中国水土保持，2012（1）：17 – 20.

［73］马燕．水权与地权：清代以来后套地区的土地控制与权力体系［J］．宁夏社会科学，2020（4）：188 – 193.

［74］闵师，白军飞，仇焕广，等．城市家庭在外肉类消费研究——基于全国六城市的家庭饮食消费调查［J］．农业经济问题，2014，35（3）：90 – 95.

［75］潘争伟，邱莹莹，周戎星，等．基于 SE – DEA 模型的流域水资源利用效率时空分布及制约因素分析［J］．数学的实践与认识，2020，50（13）：16 – 24.

［76］潘忠文，李志献，徐承红．环境规制与区域绿色水资源效率提升——基于长江经济带的实证分析［J］．调研世界，2020（11）：10 – 17.

［77］潘忠文，徐承红．我国绿色水资源效率测度及其与经济增长的脱钩分析［J］．华中农业大学学报（社会科学版），2020（4）：1 – 9，173.

［78］彭新育，罗凌峰．基于外部性作用的取水权交易匹配模型［J］．中国人口·资源与环境，2017，27（S1）：74 – 79.

［79］钱文婧，贺灿飞．中国水资源利用效率区域差异及影响因素研究［J］．中国人口·资源与环境，2011，21（2）：54 – 60.

［80］全世文．食品可持续消费行为：动力机制与引导策略［J］．世

界农业，2020（6）：25 – 35，79，132.

[81] 屈小博，霍学喜. 农户消费行为两阶段 LES – AIDS 模型分析——基于陕西省农村住户的微观实证 [J]. 中国人口科学，2007（5）：80 – 87.

[82] 任玉芬，苏小婉，贺玉晓，等. 中国生态地理区城市水资源利用效率及影响因素 [J]. 生态学报，2020，40（18）：6459 – 6471.

[83] 尚旭东，李秉龙. 我国城乡居民畜产品消费特征与问题分析——基于消费结构与收入差距视角 [J]. 生态经济（中文版），2012（6）：45 – 52.

[84] 沈茂英. 长江上游农业水权制度现状与面临困境研究——以四川省为例 [J]. 农村经济，2021（3）：9 – 17.

[85] 石腾飞. 区域水权及其科层权力运作 [J]. 农业经济问题，2018（6）：129 – 137.

[86] 石玉波，张彬. 我国水权交易的探索与实践 [J]. 中国水利，2018（19）：4 – 6.

[87] 孙巍，苏鹏. 引入收入变迁因素的 AIDS 模型的扩展及实证检验 [J]. 数理统计与管理，2013，32（4）：658 – 668.

[88] 孙媛媛，贾绍凤. 水权赋权依据与水权分类 [J]. 资源科学，2016，38（10）：1893 – 1900.

[89] 谭涛，张燕媛，唐若迪，等. 中国农村居民家庭消费结构分析：基于 QUAIDS 模型的两阶段一致估计 [J]. 中国农村经济，2014（9）：17 – 31.

[90] 唐华俊，李哲敏. 基于中国居民平衡膳食模式的人均粮食需求量研究 [J]. 中国农业科学，2012，45（11）：2315 – 2327.

[91] 田贵良，李晓宇，印浩，等. 跨界水资源冲突协调的产权路径、博弈模型与案例仿真 [J]. 管理工程学报，2020，34（6）：173 – 182.

[92] 田贵良，盛雨，卢曦. 水权交易市场运行对试点地区水资源利用效率影响研究 [J]. 中国人口·资源与环境，2020，30（6）：146 – 155.

[93] 田贵良，胡雨灿. 市场导向下大宗水权交易的差别化定价模型 [J]. 资源科学，2019，41（2）：313 – 325.

[94] 童昌华，马秋燕，魏昌华. 水资源管理与可持续发展 [J]. 水土保持学报，2003，17（6）：98 – 101.

[95] 王浩，王建华. 中国水资源与可持续发展 [J]. 中国科学院院

刊，2012，27（3）：352 – 358.

[96] 王浩，王建华，秦大庸．流域水资源合理配置的研究进展与发展方向［J］．水科学进展，2004，15（1）：123 – 128.

[97] 王金霞，黄季焜，Scott Rozelle．地下水灌溉系统产权制度的创新与理论解释——小型水利工程的实证研究［J］．经济研究，2000（4）：66 – 74，79.

[98] 王克强，李国军，刘红梅．中国农业水资源政策一般均衡模拟分析［J］．管理世界，2011（9）：81 – 92，188.

[99] 王建明，赵婧．数字时代信息嵌入式监管工具对线上绿色消费行为的推进效应——绿色购买场景模拟和监管工具设计实验［J］．管理世界，2022，38（4）：142 – 162.

[100] 王建明，赵婧．消费者对绿色消费监管政策的选择偏好和政策组合效果模拟［J］．中国人口·资源与环境，2021，31（12）：104 – 115.

[101] 王军英，朱晶．贸易开放、价格传导与农户消费［J］．农业技术经济，2011（1）：111 – 120.

[102] 王灵恩，倪笑雯，李云云，等．中国消费端食物浪费规模及其资源环境效应测算［J］．自然资源学报，2021，36（6）：1455 – 1468.

[103] 王玲玲，戴淑芬，王琛．城镇化水平与我国居民食物消费生态足迹：变化与影响［J］．广东财经大学学报，2021，36（3）：77 – 92.

[104] 王蔷．农业水价综合改革：进展、挑战与效应评价——基于四川省武引灌区的案例数据［J］．农村经济，2020（3）：102 – 109.

[105] 王昕，陆迁．中国农业水资源利用效率区域差异及趋同性检验实证分析［J］．软科学，2014，28（11）：133 – 137.

[106] 王秀鹃，胡继连．中国农业空间布局与农业节水研究［J］．山东社会科学，2019（2）：130 – 136.

[107] 王亚华．水权解释［M］．上海：上海三联书店、上海人民出版社，2005.

[108] 王亚华，舒全峰，吴佳喆．水权市场研究述评与中国特色水权市场研究展望［J］．中国人口·资源与环境，2017，27（6）：87 – 100.

[109] 王亚华，胡鞍钢．中国水利之路：回顾与展望（1949—2050）

[J]. 清华大学学报（哲学社会科学版），2011，26（5）：99 –112，162.

[110] 王哲，赵帮宏. 农业高效节水模式研究——以河北省张北县为例 [J]. 农业经济问题，2014，35（10）：41 –45.

[111] 王哲，陈煜. 技术进步一定会带来一个区域农业用水总量下降吗——基于河北省面板数据实证分析 [J]. 农业技术经济，2020（6）：81 –89.

[112] 王祖力，王济民. 我国畜产品消费变动特征与未来需求预测 [J]. 农业展望，2011，7（8）：55 –59.

[113] 魏巍. 京津冀视角下北京农业水价改革主要问题简要分析及未来协同发展构想 [J]. 经济研究导刊，2021（16）：26 –28.

[114] 问锦尚，韩昕儒，郑志浩. 中国农村居民食物消费的习惯形成效应及其对超重肥胖的影响 [J]. 农业技术经济，2024（4）：18 –38.

[115] 温忠麟，叶宝娟. 中介效应分析：方法和模型发展 [J]. 心理科学进展，2014，22（5）：731 –745.

[116] 吴蓓蓓，陈永福，于法稳. 基于收入分层 QUAIDS 模型的广东省城镇居民家庭食品消费行为分析 [J]. 中国农村观察，2012（4）：59 –69.

[117] 吴兆丹，Upmanu LALL，王张琪，等. 基于生产视角的中国水足迹地区间差异："总量 – 结构 – 效率"分析框架 [J]. 中国人口·资源与环境，2015，25（12）：85 –94.

[118] 吴兆丹，赵敏，Upmanu Lall. 全球农作物生产水利用效率地区差异分析及建议 [J]. 中国人口·资源与环境，2013，23（7）：55 –62.

[119] 夏莲，石晓平，冯淑怡，等. 农业产业化背景下农户水资源利用效率影响因素分析——基于甘肃省民乐县的实证分析 [J]. 中国人口·资源与环境，2013，23（12）：111 –118.

[120] 夏晓平，李秉龙，隋艳颖. 收入变动与城镇居民畜产品消费的实证分析 [J]. 消费经济，2010（5）：17 –20.

[121] 向晶. 人口变迁对粮食消费的影响 [D]. 南京：南京农业大学，2012.

[122] 谢慧明，吴应龙，沈满洪. 水制度量化研究进展：对象、方法与框架 [J]. 城市与环境研究，2019（3）：83 –97.

[123] 许长新，马超，田贵良，等. 虚拟水贸易对区域经济的作用机理及贡献份额研究 [J]. 中国软科学，2011 (12)：110 – 119.

[124] 许长新，杨李华. 中国水权交易市场中的信息不对称程度分析 [J]. 中国人口·资源与环境，2019，29 (9)：127 – 135.

[125] 许朗，凌玉，耿献辉，等. 农田水利投资与农业经济增长的动态关系——基于全国省级面板 VAR 模型 [J]. 江苏农业科学，2016，44 (3)：458 – 461.

[126] 许菲，白军飞，张彩萍. 中国城市居民肉类消费及其对水资源的影响——基于一致的 Two-step QUAIDS 模型研究 [J]. 农业技术经济，2018 (8)：4 – 16.

[127] 许菲，张彩萍，白军飞. 收入增长与老龄化对城镇居民食物消费水足迹的影响 [J]. 资源科学，2018，40 (1)：104 – 116.

[128] 许菲，白军飞，李雷. 食物价格对改善居民膳食结构及降低水资源需求的作用机制 [J]. 资源科学，2021，43 (12)：2490 – 2502.

[129] 许婷婷. 基于时空特性的水市场交易机制研究 [D]. 北京：清华大学，2018.

[130] 严予若，万晓莉，伍骏骞，等. 美国的水权体系：原则、调适及中国借鉴 [J]. 中国人口·资源与环境，2017，27 (6)：101 – 109.

[131] 杨贵羽，汪林，王浩. 基于水土资源状况的中国粮食安全思考 [J]. 农业工程学报，2010，26 (12)：1 – 5.

[132] 阳眉剑，吴深，于赢东，等. 农业节水灌溉评价研究历程及展望 [J]. 中国水利水电科学研究院学报，2016，14 (3)：210 – 218.

[133] 杨霞. 我国畜产品消费分析及预测 [J]. 中国食物与营养，2007 (5)：28 – 30.

[134] 于水，陈迪桃，黄法融，等. 中亚农业水资源脆弱性空间格局及分区研究 [J]. 中国农业资源与区划，2020，41 (4)：11 – 20.

[135] 余志刚，孙子烨，崔钊达. 收入及其不确定性对城乡居民膳食健康的影响研究 [J]. 农业经济与管理，2023 (2)：35 – 47.

[136] 余慧容，杜鹏飞. 城乡居民膳食结构变迁对耕地资源的影响——基于 1981—2019 年中国城乡居民食物消费数据 [J]. 中国土地科学，

2022，36（8）：98 - 108.

［137］袁木. 实事求是 深化改革 扩大开放——关于增加农民收入问题的思考［J］. 调研世界，2001（11）：3 - 6.

［138］袁野，胡聃. 基于投入产出方法的中国居民虚拟水消费研究［J］. 中国人口·资源与环境，2011，21（127）：415 - 418.

［139］约瑟夫·费尔德，李政军. 科斯定理 1 - 2 - 3［J］. 经济社会体制比较，2002（5）：72 - 79.

［140］臧旭恒，孙文祥. 城乡居民消费结构：基于 ELES 模型和 AIDS 模型的比较分析［J］. 山东大学学报哲学社会科学版，2003（6）：122 - 126.

［141］张翠玲，强文丽，牛叔文，等. 基于多目标的中国食物消费结构优化［J］. 资源科学，2021，43（6）：1140 - 1152.

［142］张国基，吴华清，刘业政，等. 中国水资源综合利用效率测度及其空间交互分析［J］. 数量经济技术经济研究，2020，37（8）：123 - 139.

［143］张昊，冯永晟，陈丽芬，等. 如何推动绿色消费升级？——电商策略性调价行为与节能产品需求特征［J］. 管理世界，2024，40（7）：103 - 128.

［144］张津瑞，施国庆. 长江中游城市群生态承载力差异的比较研究［J］. 长江流域资源与环境，2020，29（8）：1694 - 1702.

［145］张少春，闵师，马瑞. 城市化、食物消费转型及其生态环境影响［J］. 城市发展研究，2018，25（3）：13 - 20.

［146］张文彬，郝佳馨. 生态足迹视角下中国能源效率的空间差异性和收敛性研究［J］. 中国地质大学学报（社会科学版），2020，20（5）：76 - 90.

［147］张燕媛. 基于 QUAIDS 模型的中国农村居民医疗消费支出分析［D］. 南京：南京农业大学，2014.

［148］张宗利，徐志刚. 中国居民家庭食物浪费的收入弹性、效应解析及模拟分析［J］. 农业经济问题，2022（5）：110 - 123.

［149］赵良仕，冷明祥. 辽宁省全要素水资源绿色效率测算与提升路径分析——基于 DEA-Tobit 模型［J］. 资源开发与市场，2020，36（5）：456 - 461.

[150] 赵昕东, 汪勇. 食品价格上涨对不同收入等级城镇居民消费行为与福利的影响——基于 QUAIDS 模型的研究 [J]. 中国软科学, 2013 (8): 154 – 162.

[151] 赵殿钰, 方非凡, 韩昕儒. 收入质量对农户膳食质量的影响——基于陕西省农户调查的实证分析 [J]. 资源科学, 2023, 45 (8): 1546 – 1559.

[152] 郑志浩, 高颖, 赵殿钰. 收入增长对城镇居民食物消费模式的影响 [J]. 经济学: 季刊, 2015 (4): 263 – 288.

[153] 智静, 高吉喜. 中国城乡居民食品消费碳排放对比分析 [J]. 地理科学进展, 2009, 28 (3): 429 – 434.

[154] 钟甫宁, 向晶. 人口结构、职业结构与粮食消费 [J]. 农业经济问题, 2012a (9): 12 – 16.

[155] 钟甫宁, 向晶. 城镇化对粮食需求的影响——基于热量消费视角的分析 [J]. 农业技术经济, 2012b (1): 4 – 10.

[156] 钟甫宁, 向晶. 人口结构、职业结构与粮食消费 [J]. 农业经济问题, 2012 (9): 12 – 16.

[157] 钟淑如, 王龙杰, 徐雨晨, 等. 可持续饮食系统的尺度逻辑——基于中国、巴西、南非的案例 [J]. 地理学报, 2022, 77 (8): 2097 – 2112.

[158] 中华人民共和国国家统计局. 中国统计年鉴 2019 [M]. 北京: 中国统计出版社, 2020.

[159] 中华人民共和国水利部. 中国水利统计年鉴 2019 [M]. 北京: 中国水利水电出版社, 2020.

[160] 周大杰, 董文娟, 孙丽英, 等. 流域水资源管理中的生态补偿问题研究 [J]. 北京师范大学学报 (社会科学版), 2005 (4): 131 – 135.

[161] 周津春. 农村居民食物消费的 AIDS 模型研究 [J]. 中国农村观察, 2006 (6): 17 – 22.

[162] 周晓时, 李谷成. 对农村居民 "食物消费之谜" 的一个解释——基于农业机械化进程的研究视角 [J]. 农业技术经济, 2017 (6): 4 – 13.

[163] 朱达, 唐亮, 谢启伟, 等. 基于数据包络分析方法的城市水资源利用效率研究 [J]. 生态学报, 2020, 40 (6): 1956 – 1966.

[164] 朱晶, 洪伟. 贸易开放对我国工农产品贸易条件及农民福利的

影响 [J]. 农业经济问题, 2007, 28 (12): 9 – 14.

[165] 朱启荣, 孙雪洁, 杨媛媛. 虚拟水视角下中国农产品进出口贸易节水问题研究 [J]. 世界经济研究, 2016 (1): 87 – 98.

[166] Aldaya M M, Allan J A, Hoekstra A Y. Strategic importance of green water in international crop trade [J]. Ecological Economics, 2010, 69 (4): 887 – 894.

[167] Aldaya M M, Martínez-Santos P, Llamas M R. Incorporating the water footprint and virtual water into policy: reflections from the mancha occidental region, Spain [J]. Water Resources Management, 2010, 24 (5): 941 – 958.

[168] Arnade C, Gopinath M. The dynamics of individuals' fat consumption [J]. American Journal of Agricultural Economics, 2006, 88 (4): 836 – 850.

[169] Bai J, Wahl T I, Lohmar B T, et al. Food away from home in Beijing: effects of wealth, time and "Free" meals [J]. China Economic Review, 2010, 21 (3): 432 – 441.

[170] Balke N S, Fomby T B. Threshold cointegration [J]. International Economic Review, 1997, 38 (3): 627 – 645.

[171] Banks J, Blundell R, Lewbel A. Quadratic Engel Curves and Consumer Demand [J]. The Review of Economics and Statistics, 1997, 79 (4): 527 – 539.

[172] Behrman J R, Deolalikar A B. Will developing country nutrition improve with income? A case study for rural south india [J]. Journal of Political Economy, 1987, 95 (3): 492 – 507.

[173] Bicknell K B, Ball R J, Cullen R, et al. New methodology for the ecological footprint with an application to the New Zealand economy [J]. Ecological Economics, 1998, 27 (2): 149 – 160.

[174] Bouis H E, Eozenou P, Rahman A. Food prices, household income, and resource allocation: socioeconomic perspectives on their effects on dietary quality and nutritional status [J]. Food & Nutrition Bulletin, 2011, 32 (1 Suppl): 14 – 23.

［175］Brown L R. Who will feed China? Wake-up call for a small planet ［M］. London England Earthscan Publications, 1995.

［176］Brown L R, Halweil B. China's water shortage could shake world food security ［J］. World Watch, 1998, 11 (4): 10 – 21.

［177］Browne D, O'Regan B, Moles R. Use of carbon footprinting to explore alternative household waste policy scenarios in an Irish city-region ［J］. Resources Conservation & Recycling, 2009, 54 (2): 113 – 122.

［178］Capone R. Water Footprint in the Mediterranean food chain: implications of food consumption patterns and food wastage ［J］. International Journal of Nutrition and Food Sciences, 2014, 3 (2): 26 – 36.

［179］Carlsson-Kanyama A, Gonzalez A D. Potential contributions of food consumption patterns to climate change ［J］. American Journal of Clinical Nutrition, 2009, 89 (5): 1704S – 1709S.

［180］Chapagain A K, Hoekstra A Y. The water footprint of coffee and tea consumption in the Netherlands ［J］. Ecological Economics, 2007, 64 (1): 109 – 118.

［181］Chapagain A K, Hoekstra A Y. The blue, green and grey water footprint of rice from production and consumption perspectives ［J］. Ecological Economics, 2011, 70 (4): 749 – 758.

［182］Chapagain A K, Hoekstra A Y, Savenije H H G, et al. The water footprint of cotton consumption: An assessment of the impact of worldwide consumption of cotton products on the water resources in the cotton producing countries ［J］. Ecological Economics, 2006, 60 (1): 186 – 203.

［183］Chapagain A K, Orr S. An improved water footprint methodology linking global consumption to local water resources: a case of Spanish tomatoes ［J］. J Environ Manage, 2009, 90 (2): 1219 – 1228.

［184］Chen D D, Gao W S, Chen Y Q, et al. Ecological footprint analysis of food consumption of rural residents in China in the latest 30 years ［J］. Agriculture and Agricultural Science Procedia, 2010 (1): 106 – 115.

［185］Chen D D. Ecological footprint analysis of food consumption of Chinese rural households in the latest 30 years [J]. Scientia Agricultura Sinica, 2010, 1 (1): 106 – 115.

[186] Chen G Q, Li J S. Virtual water assessment for Macao, China: highlighting the role of external trade [J]. Journal of Cleaner Production, 2015, 93: 308 – 317.

[187] Chen J. Rapid urbanization in China: A real challenge to soil protection and food security [J]. Catena, 2007, 69 (1): 1 – 15.

[188] Chen Z M, Chen G Q. Virtual water accounting for the globalized world economy: National water footprint and international virtual water trade [J]. Ecological Indicators, 2013, 28 (5): 142 – 149.

[189] Chouchane H, Hoekstra A Y, Krol M S, et al. The water footprint of Tunisia from an economic perspective [J]. Ecological Indicators, 2015, 52: 311 – 319.

[190] Christensen L R, Jorgenson D W, Lau L J. Transcendental logarithmic production frontiers [J]. Review of Economics & Statistics, 1973, 55 (1): 28 – 45.

[191] Coase R. The problem of social cost [J]. Journal of Law and Economics, 2013, 56 (4): 837 – 877.

[192] Collins A, Fairchild R. Sustainable food consumption at a sub-national level: An Ecological Footprint, Nutritional and Economic Analysis [J]. Journal of Environmental Policy & Planning, 2007, 9 (1): 5 – 30.

[193] Curtis K R, McCluskey J J, Wahl T I. Consumer preferences for western-style convenience foods in China [J]. China Economic Review, 2007, 18 (1): 1 – 14.

[194] Dalin C, Hanasaki N, Qiu H, et al. Water resources transfers through Chinese interprovincial and foreign food trade [J]. Proceedings of the National Academy of Sciences, 2014, 111 (27): 9774 – 9779.

[195] Dalin C, Qiu H, Hanasaki N, et al. Balancing water resource conservation and food security in China [J]. Proceedings of the National Academy of Sciences of the United States of America, 2015, 112 (15): 4588 – 4593.

[196] Davis J, Zong P. Household own-consumption and grain marketable surplus in China [J]. Applied Economics, 2002, 34 (8): 969 – 974.

[197] Deaton A. Quality, quantity, and spatial variation of price [J]. American Economic Review, 1988, 78 (3): 418 – 430.

[198] Deaton A, Muellbauer J. An almost ideal demand system [J]. American Economic Review, 1980, 70 (3): 312 – 326.

[199] Deckers J. Should the consumption of farmed animal products be restricted, and if so, by how much? [J]. Food Policy, 2010, 35 (6): 497 – 503.

[200] Djanibekov N, Frohberg K, Djanibekov U. Income-based projections of water footprint of food consumption in Uzbekistan [J]. Global and Planetary Change, 2013, 110: 130 – 142.

[201] Dong G, Mao X, Zhou J, et al. Carbon footprint accounting and dynamics and the driving forces of agricultural production in Zhejiang Province, China [J]. Ecological Economics, 2013, 91: 38 – 47.

[202] Druckman A, Jackson T. The carbon footprint of UK households 1990 – 2004: a socio-economically disaggregated, quasi-multi-regional input-output model [J]. Ecological Economics, 2009, 68 (7): 2066 – 2077.

[203] Du B, Zhang K, Song G, et al. Methodology for an urban ecological footprint to evaluate sustainable development in China [J]. International Journal of Sustainable Development & World Ecology, 2006, 13 (4): 245 – 254.

[204] Edgerton D L. Weak separability and the estimation of elasticities in multistage demand systems [J]. American Journal of Agricultural Economics, 1997, 79 (1): 62 – 79.

[205] Eisler M C, Mrf L, Tarlton J F, et al. Steps to sustainable livestock [J]. Nature, 2014, 507 (7490): 32 – 34.

[206] Elliott J, Deryng D, Muller C, et al. Constraints and potentials of future irrigation water availability on agricultural production under climate change [J]. Proceeding of the National Academy of Science, 2014, 111 (9): 3239 – 3244.

[207] Elobeid A, Jensen H H, Smith L C. The geography and causes of food insecurity in developing countries [J]. Agricultural Economics, 2000, 22 (2): 199 – 215.

[208] Ercin A E, Mekonnen M M, Hoekstra A Y. Sustainability of national consumption from a water resources perspective: The case study for France [J]. Ecological Economics, 2013, 88: 133 – 147.

[209] Fan J, Guo X, Marinova D, et al. Embedded carbon footprint of Chinese urban households: structure and changes [J]. Journal of Cleaner Production, 2012, 33: 50 – 59.

[210] Fan M, Shen J, Yuan L, et al. Improving crop productivity and resource use efficiency to ensure food security and environmental quality in China [J]. Journal of Experimental Botany, 2011, 63 (1): 13 – 24.

[211] Fan S, Wailes E J, Cramer G L. Household demand in rural China: A two-stage LES-AIDS model [J]. American Journal of Agricultural Economics, 1995, 77 (1): 54 – 62.

[212] Fang C, Beghin J C. Urban demand for edible oils and fats in China: Evidence from household survey data [J]. Journal of Comparative Economics, 2002, 30 (4): 732 – 753.

[213] Feng K, Siu Y L, Guan D, et al. Assessing regional virtual water flows and water footprints in the Yellow River Basin, China: A consumption based approach [J]. Applied Geography, 2012, 32 (2): 691 – 701.

[214] Ferng J J. Local sustainable yield and embodied resources in ecological footprint analysis—a case study on the required paddy field in Taiwan [J]. Ecological Economics, 2005, 53 (3): 415 – 430.

[215] Flysjö A, Cederberg C, Henriksson M, et al. The interaction between milk and beef production and emissions from land use change-critical considerations in life cycle assessment and carbon footprint studies of milk [J]. Journal of Cleaner Production, 2012, 28: 134 – 142.

[216] Foley J A, Ramankutty N, Brauman K A, et al. Solutions for a cultivated planet [J]. Nature, 2011, 478 (7369): 337 – 342.

［217］Froot K A, Obstfeld M. Stochastic process switching: Some simple solutions ［J］. Econometrica, 1991, 59 (1): 241 – 250.

［218］Fuller F, Huang J, Ma H, et al. Got milk? The rapid rise of China's dairy sector and its future prospects ［J］. Food Policy, 2006, 31 (3): 201 – 215.

［219］Galloway J N, Winiwarter W, Leip A, et al. Nitrogen footprints: past, present and future ［J］. Environmental Research Letters, 2014, 9 (11): 115003.

［220］Garnett T. Where are the best opportunities for reducing greenhouse gas emissions in the food system (including the food chain)?［J］. Food Policy, 2011, 36: S23 – S32.

［221］Ge L, Xie G, Zhang C, et al. An evaluation of China's water footprint ［J］. Water Resources Management, 2011, 25 (10): 2633 – 2647.

［222］Gerbens-Leenes P W, Nonhebel S. Consumption patterns and their effects on land required for food ［J］. Ecological Economics, 2002, 42 (1 – 2): 185 – 199.

［223］Gerbensleenes P W, Nonhebel S, Wpmf I. A method to determine land requirements relating to food consumption patterns ［J］. Agriculture Ecosystems & Environment, 2002, 90 (1): 47 – 58.

［224］Gerbensleenes W, Hoekstra A Y, Th V D M. The water footprint of bioenergy ［J］. Proceedings of the National Academy of Science, 2009, 106 (25): 10219.

［225］Gheewala S H. Water footprint and impact of water consumption for food, feed, fuel crops production in Thailand ［J］. Water, 2014, 2014 (6): 1698 – 1718.

［226］Gould B W. Household composition and food expenditures in China ［J］. Agribusiness, 2002, 18 (3): 387 – 407.

［227］Grafton R Q. Responding to the 'Wicked Problem' of water insecurity ［J］. Water Resources Management, 2017, 31 (1): 1 – 19.

［228］Grafton R Q, Chu L, Kompas T. Optimal water tariffs and supply augmentation for cost-of-service regulated water utilities [J]. Utilities Policy, 2015, 34: 54 – 62.

[229] Grafton R Q, Daugbjerg C, Qureshi M E. Towards food security by 2050 [J]. Food Security, 2015, 7 (2): 179 – 183.

[230] Grafton R Q, Kompas T. Pricing sydney water [J]. Australian Journal of Agricultural & Resource Economics, 2010, 51 (3): 227 – 241.

[231] Grafton R Q, Kompas T, To H, et al. Residential water consumption: A cross country analysis [J]. Environmental Economics Research Hub Research Reports, 2009, 28 (2): 365 – 380.

[232] Grunert K G. Future trends and consumer lifestyles with regard to meat consumption [J]. Meat Science, 2006, 74 (1): 149 – 160.

[233] Gu Y, Li Y, Wang H, et al. Gray Water Footprint: Taking quality, quantity, and time effect into consideration [J]. Water Resources Management, 2014, 28 (11): 3871 – 3874.

[234] Guo X G, Mroz T A, Popkin B M, et al. Structural change in the impact of income on food consumption in China, 1989 – 1993 [J]. Economic Development and Cultural Change, 2000, 48 (4): 737 – 760.

[235] Haddeland I, Heinke J, Biemans H, et al. Global water resources affected by human interventions and climate change [J]. Proc Natl Acad Sci U S A, 2014, 111 (9): 3251 – 3256.

[236] Harvey M. The new competition for land: food, energy, and climate change [J]. Food Policy, 2011, 36 (Supplement 1): 40 – 51.

[237] Heien D, Wessells C R. Demand systems estimation with microdata: A censored regression approach [J]. Journal of Business & Economic Statistics, 1990, 8 (3): 365 – 371.

[238] Hess T, Andersson U, Mena C, et al. The impact of healthier dietary scenarios on the global blue water scarcity footprint of food consumption in the UK [J]. Food Policy, 2015, 50: 1 – 10.

[239] Hoekstra A Y. Human appropriation of natural capital: A comparison of ecological footprint and water footprint analysis [J]. Ecological Econom-

ics, 2009, 68 (7): 1963 – 1974.

[240] Hoekstra A Y. The hidden water resource use behind meat and dairy [J]. Animal Frontiers, 2012, 2 (2): 3 – 8.

[241] Hoekstra A Y, Chapagain A K. Water footprints of nations: Water use by people as a function of their consumption pattern [J]. Water Resources Management, 2006, 21 (1): 35 – 48.

[242] Hoekstra A Y, Chapagain A K. The water footprints of Morocco and the Netherlands: Global water use as a result of domestic consumption of agricultural commodities [J]. Ecological Economics, 2007, 64 (1): 143 – 151.

[243] Hoekstra A Y, Chapagain A K, Aldaya M M, et al. The water footprint assessment manual [J]. Social & Environmental Accountability Journal, 2012: 181 – 182.

[244] Hoekstra A Y, Mekonnen M M. The water footprint of humanity [J]. Proc Natl Acad Sci U S A, 2012, 109 (9): 3232 – 3237.

[245] Hole A R. A discrete choice model with endogenous attribute attendance [J]. Economics Letters, 2011, 110 (3): 203 – 205.

[246] Huang J, David C C, Duff B. Rice in Asia: is it becoming an inferior good? comment [J]. American Journal of Agricultural Economics, 1991, 73 (2): 515 – 521.

[247] Huang J, Rozelle S, Rosegrant M W. China's food economy to the twenty-first century: supply, demand, and trade [J]. Economic Development and Cultural Change, 1999, 47 (4): 737 – 766.

[248] Hubacek K, Guan D, Barrett J, et al. Environmental implications of urbanization and lifestyle change in China: Ecological and Water Footprints [J]. Journal of Cleaner Production, 2009, 17 (14): 1241 – 1248.

[249] Imhoff M L, Bounoua L, Ricketts T, et al. Global patterns in human consumption of net primary production [J]. Nature, 2004, 429 (6994): 870 – 873.

[250] Ito S, Grant W R. Rice in Asia: Is It Becoming an Inferior Good?

[J]. American Journal of Agricultural Economics, 1989, 71 (1): 32 –42.

[251] Ito S, Peterson E W F, Grant W R. Rice in asia: is it becoming an inferior good? Reply [J]. American Journal of Agricultural Economics, 1991, 73 (2): 528 –532.

[252] Jiang B, Davis J. Household food demand in rural China [J]. Applied Economics, 2007, 39 (3): 373 –380.

[253] Jiang L, Seto K C, Bai J. Urban economic development, changes in food consumption patterns and land requirements for food production in China [J]. China Agricultural Economic Review, 2015, 7 (2): 240 –261.

[254] Johnson D G. The growth of demand will limit output growth for food over the next quarter century [J]. Proceedings of the National Academy of Sciences of the United States of America, 1999, 96 (11): 5915.

[255] Johnson J A, Runge C F, Senauer B, et al. Global agriculture and carbon trade-offs [J]. Proceedings of the National Academy of Sciences, 2014, 111 (34): 12342 –12347.

[256] Just R E, Pope R D. Stochastic specification of production functions and economic implications [J]. Journal of Econometrics, 1978, 7 (1): 67 –86.

[257] Kastens T L, Brester G W. Model selection and forecasting ability of theory-constrained food demand systems [J]. American Journal of Agricultural Economics, 1996, 78 (2): 301 –312.

[258] Khan S, Hanjra M A, Mu J. Water management and crop production for food security in China: A review [J]. Agricultural Water Management, 2009, 96 (3): 349 –360.

[259] Khan S, Khan M A, Hanjra M A, et al. Pathways to reduce the environmental footprints of water and energy inputs in food production [J]. Food Policy, 2009, 34 (2): 141 –149.

[260] Kim B, Neff R. Measurement and communication of greenhouse gas emissions from U. S. food consumption via carbon calculators [J]. Ecological Economics, 2009, 69 (1): 186 –196.

［261］Krugman P R. Target zones and exchange rate dynamics ［J］. Quarterly Journal of Economics, 1991, 106 (3): 669 – 682.

［262］Kushman J. Welfare evaluations in contingent valuation experiments with discrete responses: comment ［J］. American Journal of Agricultural Economics, 1987, 69 (1): 182 – 184.

［263］LaFrance J T, Beatty T K M, Pope R D, et al. Information theoretic measures of the income distribution in food demand ［J］. Journal of Econometrics, 2002, 107 (1 – 2): 235 – 257.

［264］Lagioia G, Calabrò G, Amicarelli V. Empirical study of the environmental management of Italy's drinking water supply ［J］. Resources, Conservation and Recycling, 2012, 60: 119 – 130.

［265］Lancaster K J. A new approach to consumer theory ［J］. Journal of Political Economy, 1966, 74 (2): 132 – 157.

［266］LaRiviere J, Czajkowski M, Hanley N, et al. The value of familiarity: Effects of knowledge and objective signals on willingness to pay for a public good ［J］. Journal of Environmental Economics and Management, 2014, 68 (2): 376 – 389.

［267］Larson W, Liu F, Yezer A. Energy footprint of the city: Effects of urban land use and transportation policies ［J］. Journal of Urban Economics, 2012, 72 (2 – 3): 147 – 159.

［268］Lee L F, Pitt M M. Microeconometric demand system with binding nonnegativity constraints: The dual Approach ［J］. Econometrica, 1986, 54 (5): 1237 – 1242.

［269］Li G J, Wang Q, Gu X W, et al. Application of the componential method for ecological footprint calculation of a Chinese university campus ［J］. Ecological Indicators, 2008, 8 (1): 75 – 78.

［270］Lin J Y. Rural reforms and agricultural growth in China ［J］. American Economic Review, 1992, 82 (1): 34 – 51.

［271］Liu C, Kroeze C, Hoekstra A Y, et al. Past and future trends in grey water footprints of anthropogenic nitrogen and phosphorus inputs to major world rivers [J]. Ecological Indicators, 2012, 18: 42 – 49.

[272] Liu J. A GIS-based tool for modelling large-scale crop-water relations [J]. Environmental Modelling & Software, 2009, 24 (3): 411 – 422.

[273] Liu J, Fritz S, van Wesenbeeck C F A, et al. A spatially explicit assessment of current and future hotspots of hunger in Sub-Saharan Africa in the context of global change [J]. Global and Planetary Change, 2008, 64 (3 – 4): 222 – 235.

[274] Liu J, Hhg S. Food consumption patterns and their effect on water requirement in China [J]. Hydrology & Earth System Sciences, 2008, 5 (1): 27 – 50.

[275] Liu J, Wiberg D, Zehnder A J B, et al. Modeling the role of irrigation in winter wheat yield, crop water productivity, and production in China [J]. Irrigation Science, 2007, 26 (1): 21 – 33.

[276] Liu J, Williams J R, Zehnder A J B, et al. GEPIC-modelling wheat yield and crop water productivity with high resolution on a global scale [J]. Agricultural Systems, 2007, 94 (2): 478 – 493.

[277] Liu Q P, Lin Z S, Feng N H, et al. A modified model of ecological footprint accounting and its application to cropland in Jiangsu, China [J]. Pedosphere, 2008, 18 (2): 154 – 162.

[278] Loeve R, Dong B, Hong L, et al. Transferring water from irrigation to higher valued uses: a case study of the Zhanghe irrigation system in China [J]. Paddy & Water Environment, 2007, 5 (4): 263 – 269.

[279] Lotze-Campen H, von Lampe M, Kyle P, et al. Impacts of increased bioenergy demand on global food markets: an AgMIP economic model intercomparison [J]. Agricultural Economics, 2014, 45 (1): 103 – 116.

[280] Ma J. Virtual versus real water transfers within China [J]. Philosophical Transactions of the Royal Society B Biological Sciences, 2006, 361 (1469): 835 – 842.

[281] Mamouni Limnios E A, Ghadouani A, Schilizzi S G M, et al. Giving the consumer the choice: A methodology for Product Ecological Footprint

calculation [J]. Ecological Economics, 2009, 68 (10): 2525 – 2534.

[282] Marlow H J, Hayes W K, Soret S, et al. Diet and the environment: does what you eat matter? [J]. The American Journal of Clinical Nutrition, 2009, 89 (5): 1699S – 1703S.

[283] Martins C I M, Conceição L E C, Schrama J W. Feeding behavior and stress response explain individual differences in feed efficiency in juveniles of Nile tilapia Oreochromis niloticus [J]. Aquaculture, 2011, 312 (1 – 4): 192 – 197.

[284] Martins C I M, Schrama J W, Verreth J A J. The relationship between individual differences in feed efficiency and stress response in African catfish Clarias gariepinus [J]. Aquaculture, 2006, 256 (1 – 4): 588 – 595.

[285] Matson P A. Agricultural intensification and ecosystem properties [J]. Science, 1997, 277 (5325): 504 – 509.

[286] Mekonnen M M, Hoekstra A Y. A global and high-resolution assessment of the green, blue and grey water footprint of wheat [J]. Hydrology and Earth System Sciences, 2010, 14 (7): 1259 – 1276.

[287] Mekonnen M M, Hoekstra A Y. The green, blue and grey water footprint of farm animals and animal products [M]. UNESCO-IHE Institute for Water Education, 2010.

[288] Mekonnen M M, Hoekstra A Y. The green, blue and grey water footprint of crops and derived crop products [J]. Hydrology and Earth System Sciences, 2011, 15 (5): 1577 – 1600.

[289] Moore J. Ecological footprints and lifestyle archetypes: Exploring dimensions of consumption and the transformation needed to achieve urban sustainability [J]. Sustainability, 2015, 7 (4): 4747 – 4763.

[290] Nguyen T L T, Hermansen J E, Mogensen L. Environmental costs of meat production: the case of typical EU pork production [J]. Journal of Cleaner Production, 2012, 28: 168 – 176.

[291] Nijdam D, Rood T, Westhoek H. The price of protein: Review of land use and carbon footprints from life cycle assessments of animal food products

and their substitutes [J]. Food Policy, 2012, 37 (6): 760 – 770.

[292] O'Neil C E, Nicklas T A, Zanovec M, et al. Whole-grain consumption is associated with diet quality and nutrient intake in adults: the national health and nutrition examination survey, 1999 – 2004 [J]. Journal of the American Dietetic Association, 2010, 110 (10): 1461 – 1468.

[293] Park J L, Holcomb R B, Raper K C, et al. A demand systems analysis of food commodities by U. S. households segmented by income [J]. American Journal of Agricultural Economics, 1996, 78 (2): 290 – 300.

[294] Pierer M, Winiwarter W, Leach A M, et al. The nitrogen footprint of food products and general consumption patterns in Austria [J]. Food Policy, 2014, 49: 128 – 136.

[295] Pimentel D, Whitecraft M, Scott Z R, et al. Will limited land, water, and energy control human population numbers in the Future? [J]. Human Ecology, 2010, 38 (5): 599 – 611.

[296] Popp A, Lotze-Campen H, Bodirsky B. Food consumption, diet shifts and associated non-CO_2 greenhouse gases from agricultural production [J]. Global Environmental Change, 2010, 20 (3): 451 – 462.

[297] Rees W E. Ecological footprints and appropriated carrying capacity: what urban economics leaves out [J]. Environment and Urbanization, 1992, 4 (2): 121 – 130.

[298] Ress W E, Wackernagel M. Ecological footprints and appropriated carrying capacity: Measuring the natural capital requirements of the human economy [J]. Focus, 1994, 6 (1): 600 – 610.

[299] Reynolds C J, Piantadosi J, Buckley J D, et al. Evaluation of the environmental impact of weekly food consumption in different socio-economic households in Australia using environmentally extended input-output analysis [J]. Ecological Economics, 2015, 111: 58 – 64.

[300] Richards T J, Ispelen P V, Kagan A. A Two-Stage Analysis of the effectiveness of promotion programs for U. S. apples [J]. American Journal of Agricultural Economics, 1997, 79 (4): 825 – 837.

［301］Ridoutt B G. The water footprint of food waste: case study of fresh mango in Australia ［J］. Journal of Cleaner Production, 2010, 18 (16 – 17): 1714 – 1721.

［302］Röös E, Karlsson H. Effect of eating seasonal on the carbon footprint of Swedish vegetable consumption ［J］. Journal of Cleaner Production, 2013, 59: 63 – 72.

［303］Röös E, Sundberg C, Tidåker P, et al. Can carbon footprint serve as an indicator of the environmental impact of meat production? ［J］. Ecological Indicators, 2013, 24: 573 – 581.

［304］Rosegrant M W, Cline S A. Global food security: challenges and policies ［J］. Science, 2003, 302 (5652): 1917 – 1919.

［305］Rozelle S, Huang J, Zhang L. Poverty, population and environmental degradation in China ［J］. Food Policy, 1997, 22 (3): 229 – 251.

［306］Sanderson E W, Jaiteh M, Levy M A, et al. The Human Footprint and the Last of the Wild ［J］. BioScience, 2002, 52 (10): 891 – 904.

［307］Seale J L. Changes in the structure of global food demand ［J］. American Journal of Agricultural Economics, 1998, 80 (5): 1042 – 1050.

［308］Seidl A. Economic issues and the diet and the distribution of environmental impact ［J］. Ecological Economics, 2000, 34 (1): 5 – 8.

［309］Senauer B, Sahn D, Alderman H. The Effect of the Value of Time on Food Consumption Patterns in Developing Countries: Evidence from Sir Lanka ［J］. American Journal of Agricultural Economics, 1986, 68 (4): 920 – 927.

［310］Seriño M N V, Klasen S. Estimation and determinants of the Philippines' household carbon footprint ［J］. The Developing Economies, 2015, 53 (1): 44 – 62.

［311］Shang H Y, Ding Y, Liu Z H. A study of low water consumption patterns from the perspective of water footprint: A case of residents' food consumption in Zhangye City ［J］. Ecological Economy, 2015, 4: 332 – 341.

［312］Shigetomi Y, Nansai K, Kagawa S, et al. Changes in the carbon footprint of Japanese households in an aging society ［J］. Environ Sci Technol,

2014, 48（11）: 6069 – 6080.

[313] Shonkwiler J S, Yen S T. Two-Step estimation of a censored system of equations [J]. American Journal of Agricultural Economics, 1999, 81（4）: 972 – 982.

[314] Song G, Li M, Semakula H M, et al. Food consumption and waste and the embedded carbon, water and ecological footprints of households in China [J]. Science of the Total Environment, 2015, 529: 191 – 197.

[315] Steen-Olsen K, Weinzettel J, Cranston G, et al. Carbon, land, and water footprint accounts for the European Union: consumption, production, and displacements through international trade [J]. Environmental Science & Technology, 2012, 46（20）: 10883 – 10891.

[316] Story M, Kaphingst K M, Robinson-O'Brien R, et al. Creating healthy food and eating environments: Policy and environmental approaches [J]. Annual Review of Public Health, 2008, 29（1）: 253 – 272.

[317] Tan R R, Foo D C Y, Aviso K B, et al. The use of graphical pinch analysis for visualizing water footprint constraints in biofuel production [J]. Applied Energy, 2009, 86（5）: 605 – 609.

[318] Tian X, Chang M, Lin C, et al. China's carbon footprint: A regional perspective on the effect of transitions in consumption and production patterns [J]. Applied Energy, 2014, 123: 19 – 28.

[319] Tilman D, Balzer C, Hill J, et al. Global food demand and the sustainable intensification of agriculture [J]. Proceedings of the National Academy of Sciences of the United States of America, 2011, 108（50）: 20260 – 20264.

[320] Tombe T, Winter J. Environmental policy and misallocation: The productivity effect of intensity standards [J]. Journal of Environmental Economics and Management, 2015, 72: 137 – 163.

[321] Turner K, Lenzen M, Wiedmann T, et al. Examining the global environmental impact of regional consumption activities — Part 1: A technical note on combining input-output and ecological footprint analysis [J]. Ecological

Economics, 2007, 62 (1): 37 - 44.

[322] Unnevehr L, Eales J, Jensen H, et al. Food and consumer economics [J]. American Journal of Agricultural Economics, 2010, 92 (2): 506 - 521.

[323] Valin H, Sands R D, van der Mensbrugghe D, et al. The future of food demand: understanding differences in global economic models [J]. Agricultural Economics, 2014, 45 (1): 51 - 67.

[324] Vanham D, Mekonnen M M, Hoekstra A Y. The water footprint of the EU for different diets [J]. Ecological Indicators, 2013, 32: 1 - 8.

[325] Velázquez E, Madrid C, Beltrán M J. Rethinking the concepts of virtual water and water footprint in relation to the production-consumption binomial and the water-energy Nexus [J]. Water Resources Management, 2010, 25 (2): 743 - 761.

[326] Wackernagel, Mathis. Our ecological footprint: reducing human impact on the earth [M]. New Society Publishers, 1996.

[327] Wackernagel M, Onisto L, Bello P, et al. National natural capital accounting with the ecological footprint concept [J]. Ecological Economics, 1999, 29 (3): 375 - 390.

[328] Wales T J, Woodland A D. Estimation of consumer demand systems with binding non-negativity constraints [J]. Journal of Econometrics, 1983, 21 (3): 263 - 285.

[329] Wang M, Zhao J, Bhattacharya J. Optimal health and environmental policies in a pollution-growth nexus [J]. Journal of Environmental Economics and Management, 2015, 71: 160 - 179.

[330] Wansink B. Environmental factors that increase the food intake and consumption volume of unknowing consumers [J]. Annual Review of Nutrition, 2004, 24: 455 - 479.

[331] Westhoek H, Lesschen J P, Rood T, et al. Food choices, health and environment: Effects of cutting Europe's meat and dairy intake [J]. Global Environmental Change, 2014, 26 (1): 196 - 205.

［332］ White T. Diet and the distribution of environmental impact ［J］. Ecological Economics, 2000, 34 (1): 145 –153.

［333］ Wichelns D. The role of 'virtual water' in efforts to achieve food security and other national goals, with an example from Egypt ［J］. Agricultural Water Management, 2001, 49 (2): 131 –151.

［334］ Wiedmann T. A review of recent multi-region input-output models used for consumption-based emission and resource accounting ［J］. Ecological Economics, 2009, 69 (2): 211 –222.

［335］ Wiedmann T, Lenzen M, Turner K, et al. Examining the global environmental impact of regional consumption activities—Part 2: Review of input-output models for the assessment of environmental impacts embodied in trade ［J］. Ecological Economics, 2007, 61 (1): 15 –26.

［336］ Williams H, Wikström F. Environmental impact of packaging and food losses in a life cycle perspective: a comparative analysis of five food items ［J］. Journal of Cleaner Production, 2011, 19 (1): 43 –48.

［337］ Wirsenius S, Azar C, Berndes G. How much land is needed for global food production under scenarios of dietary changes and livestock productivity increases in 2030? ［J］. Agricultural Systems, 2010, 103 (103): 621 –638.

［338］ Wolf O, Pérez-Domínguez I, Rueda-Cantuche J M, et al. Do healthy diets in Europe matter to the environment? A quantitative analysis ［J］. Journal of Policy Modeling, 2011, 33 (1): 8 –28.

［339］ Wang Y H. A simulation of water markets with transaction costs ［J］. Agricultural Water Management, 2012, 103: 54 –61.

［340］ Wu Y, Wu H X. Household grain consumption in China: Effects of income, price and urbanization ［J］. Asian Economic Journal, 1997, 11 (3): 325 –342.

［341］ Yang C, Cui X. Global changes and drivers of the water footprint of food consumption: A historical analysis ［J］. Water, 2014, 6 (5): 1435 – 1452.

［342］ Yen S T, Fang C, Su S J. Household food demand in urban China: a censored system approach [J]. Journal of Comparative Economics, 2004, 32 (3): 564 – 585.

[343] Yen S T, Lin B-H, Davis C G. Consumer knowledge and meat consumption at home and away from home [J]. Food Policy, 2008, 33 (6): 631 – 639.

[344] Yu X, Associate. Productivity, efficiency and structural problems in Chinese dairy farms [J]. China Agricultural Economic Review, 2012, 4 (2): 168 – 175.

[345] Yu Y, Hubacek K, Feng K, et al. Assessing regional and global water footprints for the UK [J]. Ecological Economics, 2010, 69 (5): 1140 – 1147.

[346] Zhang C, Anadon L D. A multi-regional input-output analysis of domestic virtual water trade and provincial water footprint in China [J]. Ecological Economics, 2014, 100: 159 – 172.

[347] Zhang Z, Yang H, Shi M. Analyses of water footprint of Beijing in an interregional input-output framework [J]. Ecological Economics, 2011, 70 (12): 2494 – 2502.

[348] Zhen L, Cao S, Cheng S, et al. Arable land requirements based on food consumption patterns: Case study in rural Guyuan District, Western China [J]. Ecological Economics, 2010, 69 (7): 1443 – 1453.

[349] Zhiying G, Cuiyan L. Empirical analysis on ecological footprint of household consumption in China [J]. Energy Procedia, 2011, 5: 2387 – 2391.

[350] Zhou D, Yu X, Herzfeld T. Dynamic food demand in urban China [J]. China Agricultural Economic Review, 2015, 7 (1): 27 – 44.

附　录

附表1　　　　　　　　　　　主要农产品信息及水足迹

产品名称、分类及对应代码						我国各产品水足迹（立方米/吨）		
第一层	第二层	第三层	FAO编码	产品编码（HS）	水足迹计算最终使用的产品编码（HS）	绿水	蓝水	灰水
谷物	小麦	小麦	15	100110, 100190	100110, 100190	821	466	311
		小麦粉	16	110100, 110311, 110320	110100	830	471	315
	水稻	水稻（精米，研磨）	30	100630	100630	792	355	310
	其他谷物	大麦	44	100300	100300	556	28	142
		燕麦	75	100400	100400	707	13	178
		高粱	83	100700	100700	952	42	113
		麦芽	49	110710, 110720	110710	761	39	194
		早餐谷物	41	190410, 190420, 190490	= J16	1459	21	204
		谷物，不包括大麦和燕麦，不论是轧制，剥落，珍珠，切片或粗磨	113	110419, 110423, 110429	110419	1459	21	204
		谷物粉	111	110290, 110319, 110320	110290	1083	16	152

续表

产品名称、分类及对应代码						我国各产品水足迹（立方米/吨）		
第一层	第二层	第三层	FAO编码	产品编码（HS）	水足迹计算最终使用的产品编码（HS）	绿水	蓝水	灰水
肉类	猪肉	猪内脏	1036	020630, 020641, 020649, 050400	020630	1153	89	148
		剔骨猪肉	1038	020319, 020329	020319	5153	419	661
		带骨猪肉	1035	020311, 020312, 020319, 020321, 020322, 020329	020311	5050	405	648
		猪肉/含肉量20%以上	1042	160241, 160242, 160249	020630	1153	89	148
	牛肉	剔骨牛肉	870	020130, 020230	020120	12795	495	398
		牛内脏	868	020610, 020621, 020622, 020629, 050400	010210	7422	289	231
		带骨牛肉	867	020110, 020120, 020210, 020220	020110	9085	350	282
		牛肉/含肉量20%以上	875	160250	020610	4478	173	139
	羊肉	肉羊	977	020410, 020421, 020422, 020423, 020430, 020441, 020442, 020443	020421	4277	342	11
		羊内脏	978	020680, 020690, 050400	020690	1601	127	4
		羊肉	1017	20450	020450	2958	312	0
	禽肉	鸡肉	1058	020711, 020712, 020713, 020714, 020732, 020733, 020735, 020736	010599	2212	209	666
		鸡肉罐头	1061	160231, 160232, 160239	160239	2836	281	854
		火鸡肉	1080	020724, 020725, 020726, 020727	010599	2212	209	666
		鸭肉	1069	020732, 020733, 020735, 020736	010599	2212	209	666
蛋类		鸡蛋/带壳	1062	40700	040700	2211	217	666
		其他禽蛋/带壳	1091	40700	040700	2211	217	666

续表

产品名称、分类及对应代码						我国各产品水足迹（立方米/吨）		
第一层	第二层	第三层	FAO编码	产品编码（HS）	水足迹计算最终使用的产品编码（HS）	绿水	蓝水	灰水
蔬菜	根茎类	土豆，冷冻	118	71010	071010	430	15	160
		土豆	116	070110，070190	070190	215	7	80
		土豆粉	117	110510，110520	110510	1074	37	399
		萝卜	426	70610	070610	144	3	143
	蔬菜豆类	豆类蔬菜	176	071331，071332，071333，071339	071332	1896		804
		干豌豆	187	071310	071310	2023		859
	其他蔬菜	甜玉米准备或保存（腌制保存非冷冻保存）	448	200580	071040	565	12	335
		甜玉米冷冻	447	71040	071040	565	12	335
		卷心菜等菜类	358	070420，070490	070490	237	4	131
		生菜和菊苣	372	070511，070519，070521，070529	070511	171	6	116
		花椰菜和西兰花	393	70410	070410	185	6	116
		其他鲜菜	463	070690，070940，070990	070990	218	4	143
		洋葱，包括在成熟阶段的洋葱，但不是脱水的洋葱	403	70310	071220	220	8	134
		其他新鲜或去水蔬菜	460	121299	121299	218	4	143
		去皮西红柿	392	200210	070200e	228	4	123
		西红柿	388	70200	070200	182	3	99
		蔬菜，脱水	469	071220，071290	071290	624	13	409
		蔬菜，暂时保存	474	071140，071151，071159，071190	071190	218	4	143
		大蒜	406	70320	070320	306	11	196
		冷冻保存的蔬菜	475	200410，200490	071090	218	4	143
		蔬菜，冷冻	473	071021，071022，071029，071030，071080，071090	071080	312	6	204
		腌制的蔬菜	472	200520，200540，200551，200559，200560，200591，200599	071290	624	13	409

续表

产品名称、分类及对应代码						我国各产品水足迹（立方米/吨）		
第一层	第二层	第三层	FAO编码	产品编码（HS）	水足迹计算最终使用的产品编码（HS）	绿水	蓝水	灰水
水果、干果及坚果	鲜果	香蕉	486	80300	080300	495	16	120
		葡萄	560	80610	080610	357	0	206
		橘子	490	80510	080510	920	44	407
		苹果	515	80810	080810	796	30	284
		西瓜	567	80711	080711	138	4	80
		梨	521	80820	080820	877	28	308
		葡萄柚（包括柚子）	507	80540	080540	738	35	327
		奇异果	592	81050	081050			
		柑橘	495	80520	080520	666	32	295
		其他鲜果	619	81090	081090	2860	90	999
		新鲜热带水果	603	080450，81060，081090	080450_ b	2225	105	665
		其他水果/果酱等加工过的水果	623	081110，081120，081190，081210，081290，081400，200190，200791，200799，200830，200840，200850，200860，200870，200880，200891，200892，200899	081110	354	85	220
	干果/坚果	开心果	223	80250	080250	3260	182	609
		核桃，带壳	222	80231	080231	4006	163	607
		其他坚果	234	080260，080290	080290	2403	98	364
		杏仁/带壳	231	80212	080212	6279	207	1125
		处理过的坚果	235	081190，081290，200190，200799，200819		3457	141	581
		板栗	220	80240	080240	1335	54	202
		水果干	620	081330，081340，081350	081340	11439	362	3994
		葡萄干	561	80620	080620	1428	0	822
		李子干（梅干）	537	81320	081320	6736	212	2353

续表

产品名称、分类及对应代码						我国各产品水足迹（立方米/吨）		
第一层	第二层	第三层	FAO编码	产品编码（HS）	水足迹计算最终使用的产品编码（HS）	绿水	蓝水	灰水
	乳制品	奶粉	897	040221，040229	040221	4309	674	975
		脱脂奶粉	898	40210	040210	4309	674	975
		新鲜牛奶	882	040120，040130	040120	958	150	217
		全奶奶酪	901	040610，040620，040630，040640，040690	040610	2886	451	653
		黄油/牛	886	040510，040520	040510	5044	789	1141
		奶油	894	040291	040291	1433	224	324
		牛奶，全面浓缩	889	40299	040299	1724	275	390
		酪乳，凝乳，酸化的牛奶	893	40390	040390	1452	227	329
		酸奶，浓缩与否	892	40310	040310	1077	169	244
植物油及油料作物	植物油	棕榈油	257	151110，151190	151110	2111		316
		菜籽油	271	151411，151419，151491，151499	151410	2575		908
		大豆油	237	150710，150790	150710	4880	477	418
		棕榈仁油	258	151321，151329	151321	2294		343
		花生油	244	150810，150890	150890	3742	231	699
		其他植物油	340	150990，151590		4498	160	674
		芝麻油	290	151550	151550	9920	120	1639
		葵花油	268	151211，151219	151211	5967	293	397
	油料作物	油菜籽	270	120510，120590	120500	1387		489
		黑芝麻	289	120740	120740	8460	509	403
		葵花籽	267	120600	120600	2254	341	465
		花生，去壳	243	120220	120220	1975	122	369
		其他油籽	339	120799	12079ak	3519	243	431
大豆	大豆	大豆	236	120100	120100	2549	249	218

续表

产品名称、分类及对应代码						我国各产品水足迹（立方米/吨）		
第一层	第二层	第三层	FAO编码	产品编码（HS）	水足迹计算最终使用的产品编码（HS）	绿水	蓝水	灰水
饲草产品		玉米（多用于动物饲养以及工业淀粉提取）	56	100510，100590	1005	791	74	295
		饲料作物	651	121490		2461		105
		大豆油残渣	238	230400	230400	2114	207	181
		饲料，蔬菜制品	652	230800		218	4	143
		棉籽油残渣	332	230610	230610	308	53	139
		菜籽油饼	272	230641，230649	230640	681		240
		棕榈仁油饼	259	230660	230660	361		54

附表 2　　　　　　　　　　调研数据食物分组情况

第一层	第二层	第三层
谷物	水稻	大米
		米粉/米皮/米线
		米饭/米糕/蒸饭/年糕
		粥/米汤/稀饭/泡饭
	小麦粉	面粉
		面条/切面/抻面/拉面/馄饨皮/饺子皮/面片/面皮/面疙瘩
		馒头/花卷/馍
		饼/烧饼/火烧/煎饼
		蛋糕/面包/发糕/吐司
		挂面/方便面
		油条/油饼/烤麸
		面筋
		饼干/酥饼
	其他谷物	直接原料类：糯米/玉米/荞麦/薏米等
		粉丝/粉条/粉皮
		窝窝头/杂粮馒头
		粥/糊类/杂粮稀饭
		糯米饭、糙米饭、年糕、糯米团、等杂粮饭

续表

第一层	第二层	第三层
肉类	猪肉	不带骨：鲜肉/猪肉/五花肉/肉馅/肉丝/肉片/肉末/绞肉/肉松
		猪肉排骨/排骨/尾骨/肘子/猪蹄/筒骨/棒骨/腔骨/脊骨/大排/肋骨
		肉丸子/圆子
		猪肉肠/午餐肉/火腿/腊肠/香肠
	牛肉	不带骨：鲜肉/猪肉/五花肉/肉馅/肉丝/肉片/肉末/绞肉/肉松
		牛肉排骨/牛排/牛尾骨/牛肘子/牛筒骨/牛棒骨/牛腔骨/牛脊骨/牛肋骨
		牛肉丸子/牛肉圆子
		牛肉肠/午餐牛肉/牛肉火腿/牛肉腊肠/牛肉香肠
	羊肉	不带骨：鲜肉/猪肉/五花肉/肉馅/肉丝/肉片/肉末/绞肉/肉松
		羊肉排骨/羊排/羊尾骨/羊肘子/羊筒骨/羊棒骨/羊腔骨/羊脊骨/羊肋骨
		羊肉丸子/羊肉圆子
		羊肉肠/午餐羊肉/羊肉火腿/羊肉腊肠/羊肉香肠
	禽肉	不带骨：禽肉/胸肉/鸡肉/鸭肉/鹅肉/禽肉丁/脯肉
		翅类/腿类/烧禽/烤禽
		禽肉丸/禽肉圆子
		禽肉肠/午餐禽肉/禽肉火腿/禽肉腊肠/禽肉香肠
	内脏	不带骨：心/肝脏等
		脖子/禽头/爪子/蹄/头/尾
	其他肉类	所有没有归类肉类或肉类制品
蛋类	禽蛋	鲜蛋类
	其他蛋类制品	松花蛋/腌制蛋品/皮蛋
		日本豆腐/鸡蛋羹
水产	鱼类	鱼肉/鱼/各种鱼
		鱼丸/鱼肉肠
	虾类	虾肉/虾/各种虾
		虾丸/虾肉肠
	其他水产	不带壳：牛蛙/泥鳅/黄鳝/鱿鱼/八爪鱼/乌贼/海蜇
		甲鱼/牡蛎/贝类/蟹
		鱼杂、鱼翅、鱼肠、鱼籽

续表

第一层	第二层	第三层
蔬菜	根茎类蔬菜	土豆
		芋头/豆薯（凉薯/地瓜等）/山药等
		萝卜/胡萝卜/大头菜（根用芥菜）/芜菁/根用甜菜/茭白/藕/慈姑/菱角/笋/姜/洋姜（菊芋）等
	深色蔬菜	豆角（白）/龙豆/豌豆尖/豌豆苗/番茄/奶柿子/辣椒（红/小）/甜椒（脱水）/葫子/南瓜等
	浅色蔬菜	其他不属于深色及另外四类的蔬菜
	泡菜等	雪菜/榨菜/腌菜/泡菜/酱菜等
	菌藻类	草菇/大红菇/地衣/冬菇/猴头菇/黄蘑/金针菇/口蘑/发菜/海带/海冻菜/琼脂/苔菜/紫菜
水果	新鲜水果	苹果
		梨
		葡萄/提子
		橘子/橙子/柑
	新鲜水果	香蕉/芭蕉
		西瓜/哈密瓜/木瓜/香瓜/甜瓜
		火龙果/菠萝/龙眼/柿子/桃/柚子/水果黄瓜
	干果/果脯	干果/板栗/枣/腰果/花生米/松子瓜籽类
	其他水果制品	莲蓉/枣泥
乳制品	液态奶	液态奶
	酸奶	酸奶
	其他乳制品	奶粉
		奶油/奶酪/奶昔/黄油
豆类及制品	豆腐	豆腐/油豆腐/老豆腐/豆腐脑/冻豆腐
	豆汁/奶	豆浆/豆奶/豆汁
	豆子	各种非蔬菜类豆子，毛豆，绿豆，青豆，红豆
	其他豆制品	豆干/豆皮/腐竹/香干/干丝/素鸡/千张/豆粉

附表3 　　　　　　　　　　　主要农产品能量产出 　　　　　　　　　单位：10¹²千焦

年份	油料热量	蔬菜热量	水果热量	水产热量	畜禽产品热量	粮食热量
1978	3382.96	529.38	108.08	236.82	1816.58	31999.23
1983	5693.35	722.54	153.09	282.23	2809.40	40070.30
1988	6313.53	1167.34	261.64	542.92	4400.05	40933.30
1993	8099.48	1631.45	457.23	893.59	6174.18	47455.49
1998	9652.54	2394.49	796.82	1488.64	8294.29	53424.80
2003	12050.29	3865.00	1117.69	1719.60	9940.69	44507.42
2008	14148.98	4715.16	1576.17	2052.17	11819.29	56631.30
2009	14659.66	4813.27	1682.30	2131.48	12261.07	56737.78
2010	15633.63	4894.03	1744.14	2162.33	12942.45	67289.12
2015	17008.26	5631.28	2178.61	2577.97	14028.47	83569.99
2016	16618.95	5723.49	2216.62	2626.93	13778.61	83203.05
2017	17500.40	5871.20	2264.10	2652.18	13781.15	83309.33
2018	17781.40	5998.41	2306.71	2654.96	13837.56	82677.23
1978~1988 年均增速（%）	6.44	8.23	9.24	8.65	9.25	2.49
1988~1998 年均增速（%）	4.34	7.45	11.78	10.61	6.54	2.70
1998~2008 年均增速（%）	3.90	7.01	7.06	3.26	3.61	0.58
2010~2015 年均增速（%）	1.70	2.85	4.55	3.58	1.62	4.43
2015~2018 年均增速（%）	1.49	2.13	1.92	0.99	-0.46	-0.36
1978~2018 年均增速（%）	4.24	6.26	7.95	6.23	5.21	2.40

附表4 　　　　　　　　　　　水足迹系数的选取及说明 　　　　　　　　单位：立方米/千克

年份	水足迹	绿水足迹	蓝水足迹	灰水足迹	说明
谷物	1.52	0.84	0.38	0.30	
豆类	2.88	2.02		0.86	取豌豆水足迹

续表

年份	水足迹	绿水足迹	蓝水足迹	灰水足迹	说明
油料作物	2.74	2.26	0.19	0.29	取大豆与花生的水足迹均值
植物油	5.18	4.27	0.35	0.55	取大豆油与花生油水足迹均值
蔬菜	0.38	0.23	0.00	0.15	
薯类	0.30	0.22	0.01	0.08	取土豆水足迹
水果	1.11	0.80	0.03	0.28	取苹果水足迹
坚果	4.83	3.99	0.16	0.68	取开心果、核桃、杏仁以及其他坚果水足迹均值
猪肉	6.10	5.05	0.41	0.65	
牛肉	13.69	12.80	0.50	0.40	
羊肉	4.63	4.28	0.34	0.01	
禽肉	3.09	2.21	0.21	0.67	
其他畜禽肉（包括动物内脏）	6.10	5.05	0.41	0.65	取猪肉水足迹
蛋类	3.13	2.23	0.22	0.67	
乳制品	1.33	1.07	0.17	0.24	
水产品	1.22	1.22			

附表 5　　　　　　　　　　**其他描述性统计**

变量名称	单位	均值	标准差	最小值	最大值
家庭人均可支配收入	元/月	1705.45	942.85	118.04	7667.91
家庭人口数	人	2.84	0.87	1	6
在家谷物支出	元/周	44.07	44.32	0	721.89
在家肉类支出	元/周	94.24	74.92	0	474.80
在家蔬菜支出	元/周	35.59	22.84	0	212.51
在家水果支出	元/周	31.62	30.00	0	216.53
在家其他食品支出	元/周	26.73	23.69	0	299.73
在外谷物支出	元/周	21.09	23.68	0	178.77
在外肉类支出	元/周	49.10	63.29	0	520.12
在外蔬菜支出	元/周	13.00	16.50	0	155.07
在外水果支出	元/周	2.43	6.95	0	86.17
在外其他食品支出	元/周	7.77	11.20	0	106.41

续表

变量名称	单位	均值	标准差	最小值	最大值
在家猪肉支出	元/周	39.38	29.68	0.00	218.56
在家牛羊肉支出	元/周	11.12	20.91	0.00	210.95
在家禽肉支出	元/周	13.29	20.09	0.00	126.91
在家其他畜禽肉类支出	元/周	5.69	12.34	0.00	109.51
在家水产支出	元/周	24.76	42.66	0.00	417.64
在外猪肉支出	元/周	17.81	22.70	0.00	218.96
在外牛羊肉支出	元/周	10.65	20.96	0.00	180.46
在外禽肉支出	元/周	7.21	15.62	0.00	136.69
在外其他畜禽肉类支出	元/周	3.03	8.16	0.00	78.78
在外水产支出	元/周	10.42	24.91	0.00	296.96
人均在家谷物消费量	千克/周	2.11	0.91	0	5.98
人均在家肉类消费量	千克/周	1.24	0.79	0	4.82
人均在家蔬菜消费量	千克/周	2.77	1.36	0	12.89
人均在家水果消费量	千克/周	2.22	2.25	0	22.68
人均在家其他食品消费量	千克/周	1.19	0.82	0	5.54
人均在外谷物消费量	千克/周	0.54	0.67	0	11.56
人均在外肉类消费量	千克/周	0.40	0.52	0	5.11
人均在外蔬菜消费量	千克/周	0.39	0.49	0	4.53
人均在外水果消费量	千克/周	0.06	0.16	0	2.28
人均在外其他食物消费量	千克/周	0.26	0.39	0	4.52
人均在家猪肉消费量	千克/周	0.58	0.40	0	3.08
人均在家牛羊肉消费量	千克/周	0.10	0.19	0	1.99
人均在家禽肉消费量	千克/周	0.16	0.22	0	1.75
人均在家其他畜禽肉类消费量	千克/周	0.07	0.13	0	0.94
人均在家水产消费量	千克/周	0.32	0.41	0	3.10
人均在外猪肉消费量	千克/周	0.18	0.25	0	2.93
人均在外牛羊肉消费量	千克/周	0.06	0.14	0	2.27
人均在外禽肉消费量	千克/周	0.06	0.20	0	4.77
人均在外其他畜禽肉类消费量	千克/周	0.02	0.07	0	0.86
人均在外水产消费量	千克/周	0.07	0.15	0	1.39

N = 1591

附表6　　　　　　　　　　历年单位面积热能产出变化

年份	粮食	油料作物	蔬菜	瓜果	园林水果	肉类饲粮用地	肉类饲牧草用地	渔业饲粮空间
1978	2653.6	5436.8	1589.3	887.3	434.9	181.4	1880.5	465.1
1979	2882.7	5122.8	1658.2	843.7	447.3	200.9	1887.3	505.2
1980	2807.0	5183.6	1647.0	872.9	434.7	184.2	1900.4	491.9
1981	2910.2	5366.6	1730.0	911.5	484.8	182.6	1896.8	510.0
1982	3214.7	5800.7	1650.2	885.5	438.3	199.7	1904.6	563.4
1983	3513.5	6785.7	1761.6	1051.8	506.6	216.6	1888.0	615.8
1984	3762.0	7451.9	1893.1	869.5	480.0	238.5	1894.1	659.3
1985	3600.6	5514.7	1862.7	675.8	454.4	255.6	1904.8	631.0
1986	3662.4	5513.2	1959.4	618.8	382.7	260.8	1898.7	641.9
1987	3727.8	6052.6	1957.3	819.9	382.5	244.4	1889.1	653.3
1988	3717.1	5945.6	1935.3	797.8	344.3	218.5	1878.7	651.4
1989	3758.0	5700.4	1882.0	1036.1	354.2	197.6	1887.3	658.6
1990	4149.3	6487.0	1915.8	1339.2	372.6	206.8	1895.7	727.2
1991	4051.2	6342.8	1900.0	1451.5	417.1	201.4	1902.8	710.0
1992	4161.3	6271.2	1983.1	1285.3	420.1	205.6	1897.6	729.3
1993	4294.3	7269.1	2018.1	1356.9	473.9	198.4	1898.0	752.6
1994	4220.7	7220.6	2002.9	1561.0	482.0	189.2	1916.0	739.7
1995	4417.9	6813.5	2024.7	1889.8	514.5	173.0	1918.3	774.3
1996	4700.9	7100.0	2048.8	1898.5	534.0	197.0	1907.0	823.8
1997	4554.4	7517.3	2042.8	1916.4	577.4	169.8	1902.4	798.2
1998	4695.1	7471.5	1947.8	1652.7	622.4	167.8	1900.1	822.8
1999	4680.0	7190.8	1997.7	1720.8	700.4	160.1	1903.6	820.2
2000	4340.1	7275.1	2175.8	1498.9	686.0	148.8	1891.3	760.6
2001	4381.8	7941.0	2155.1	1444.7	724.6	150.1	1883.9	767.9
2002	4530.0	8290.3	2193.9	1455.0	753.2	152.0	1892.6	793.9
2003	4477.1	8038.9	2152.8	1582.7	789.6	148.4	1895.6	784.6
2004	4756.3	9170.5	2243.4	1915.5	842.0	156.1	1906.6	833.6
2005	4843.0	9431.2	2306.4	1949.3	857.7	161.9	1909.7	848.8
2006	5081.6	11451.2	2557.3	2045.6	907.8	194.2	1913.4	890.6
2007	5076.9	10573.7	2554.8	2277.5	972.1	186.7	1901.7	889.8

续表

年份	粮食	油料作物	蔬菜	瓜果	园林水果	肉类饲粮用地	肉类饲牧草用地	渔业饲粮空间
2008	5265. 8	10692. 6	2640. 2	2452. 8	1028. 1	195. 1	1896. 7	922. 9
2009	5146. 0	10903. 8	2701. 4	2610. 6	1072. 8	191. 2	1890. 1	901. 9
2010	6024. 3	11415. 2	2807. 6	2610. 3	1088. 6	225. 1	1897. 3	1055. 8
2011	6249. 2	11905. 9	2823. 2	2849. 9	1160. 7	238. 4	1898. 8	1095. 2
2012	6397. 0	12309. 9	2775. 5	3118. 2	1223. 9	250. 5	1897. 5	1121. 1
2013	6456. 7	12120. 3	2778. 5	3213. 8	1265. 7	253. 3	1897. 2	1131. 6
2014	6428. 8	12603. 4	2784. 0	3338. 8	1245. 4	249. 1	1900. 7	1126. 7
2015	7024. 9	12774. 3	2871. 2	3309. 5	1295. 4	262. 4	1903. 5	1231. 1
2016	6978. 4	12598. 6	2927. 1	3486. 7	1353. 7	248. 7	1909. 0	1223. 0
2017	7060. 8	13234. 7	2938. 4	3571. 9	1353. 9	246. 8	1881. 3	1237. 4
2018	7064. 1	13813. 6	2934. 8	3631. 7	1295. 0	247. 7	1884. 2	1238. 0
2019	7161. 9	13562. 1	2921. 5	3778. 7	1303. 3	219. 2	1881. 1	1255. 2
2020	7148. 8	13897. 6	2872. 9	3726. 3	1247. 7	209. 5	1879. 8	1252. 9

附表7　　　　　　　1978~2020 年我国各类农食系统用地均衡因子

年份	粮食	油料	蔬菜	瓜果	畜牧粮	果园	草场	水产粮
1978	1. 601	3. 280	0. 959	0. 535	0. 109	0. 262	1. 134	0. 281
1979	1. 668	2. 963	0. 959	0. 488	0. 116	0. 259	1. 092	0. 292
1980	1. 797	3. 318	1. 054	0. 559	0. 118	0. 278	1. 216	0. 315
1981	1. 837	3. 388	1. 092	0. 575	0. 115	0. 306	1. 198	0. 322
1982	1. 834	3. 310	0. 942	0. 505	0. 114	0. 250	1. 087	0. 321
1983	1. 803	3. 481	0. 904	0. 540	0. 111	0. 260	0. 969	0. 316
1984	1. 803	3. 571	0. 907	0. 417	0. 114	0. 230	0. 908	0. 316
1985	1. 875	2. 872	0. 970	0. 352	0. 133	0. 237	0. 992	0. 329
1986	1. 892	2. 848	1. 012	0. 320	0. 135	0. 198	0. 981	0. 332
1987	2. 006	3. 258	1. 054	0. 441	0. 132	0. 206	1. 017	0. 352
1988	2. 256	3. 608	1. 174	0. 484	0. 133	0. 209	1. 140	0. 395
1989	2. 452	3. 720	1. 228	0. 676	0. 129	0. 231	1. 232	0. 430
1990	2. 472	3. 865	1. 141	0. 798	0. 123	0. 222	1. 129	0. 433
1991	2. 611	4. 088	1. 225	0. 935	0. 130	0. 269	1. 226	0. 458

续表

年份	粮食	油料	蔬菜	瓜果	畜牧粮	果园	草场	水产粮
1992	2.709	4.082	1.291	0.837	0.134	0.273	1.235	0.475
1993	2.851	4.826	1.340	0.901	0.132	0.315	1.260	0.500
1994	3.074	5.259	1.459	1.137	0.138	0.351	1.395	0.539
1995	3.403	5.248	1.559	1.456	0.133	0.396	1.477	0.596
1996	3.164	4.779	1.379	1.278	0.133	0.359	1.284	0.555
1997	3.525	5.818	1.581	1.483	0.131	0.447	1.472	0.618
1998	3.708	5.901	1.538	1.305	0.133	0.492	1.501	0.650
1999	3.885	5.969	1.658	1.428	0.133	0.581	1.580	0.681
2000	4.152	6.960	2.082	1.434	0.142	0.656	1.809	0.728
2001	4.177	7.569	2.054	1.377	0.143	0.691	1.796	0.732
2002	4.260	7.795	2.063	1.368	0.143	0.708	1.780	0.746
2003	4.560	8.188	2.193	1.612	0.151	0.804	1.931	0.799
2004	4.439	8.558	2.094	1.788	0.146	0.786	1.779	0.778
2005	4.380	8.530	2.086	1.763	0.146	0.776	1.727	0.768
2006	3.916	8.826	1.971	1.577	0.150	0.700	1.475	0.686
2007	4.080	8.497	2.053	1.830	0.150	0.781	1.528	0.715
2008	4.029	8.180	2.020	1.876	0.149	0.787	1.451	0.706
2009	4.068	8.620	2.136	2.064	0.151	0.848	1.494	0.713
2010	3.894	7.379	1.815	1.687	0.146	0.704	1.226	0.682
2011	3.744	7.134	1.692	1.708	0.143	0.695	1.138	0.656
2012	3.696	7.113	1.604	1.802	0.145	0.707	1.096	0.648
2013	3.688	6.922	1.587	1.835	0.145	0.723	1.084	0.646
2014	3.728	7.309	1.615	1.936	0.144	0.722	1.102	0.653
2015	3.653	6.643	1.493	1.721	0.136	0.674	0.990	0.640
2016	3.740	6.753	1.569	1.869	0.133	0.726	1.023	0.655
2017	3.762	7.052	1.566	1.903	0.132	0.721	1.002	0.659
2018	3.767	7.367	1.565	1.937	0.132	0.691	1.005	0.660
2019	3.821	7.235	1.559	2.016	0.117	0.695	1.003	0.670
2020	3.915	7.611	1.573	2.041	0.115	0.683	1.029	0.686

附表 8　　　　不同食物产品单位重量食物消费农食系统
　　　　　　　　生产性土地足迹　　　　　　　　　单位：公顷/吨

年份	整体	粮食	蔬菜	瓜果	油料	园林水果	饲养肉类	饲养水产	牧养肉类
1978	0.509	0.486	0.056	0.083	0.073	0.083	0.985	0.447	45.379
1979	0.525	0.499	0.053	0.080	0.079	0.080	0.974	0.442	43.672
1980	0.590	0.542	0.059	0.088	0.104	0.088	0.986	0.447	48.656
1981	0.591	0.556	0.058	0.087	0.110	0.087	0.991	0.446	47.901
1982	0.546	0.510	0.053	0.079	0.104	0.079	0.912	0.404	43.467
1983	0.486	0.460	0.047	0.071	0.092	0.071	0.839	0.370	38.747
1984	0.463	0.442	0.044	0.066	0.094	0.066	0.809	0.364	36.307
1985	0.497	0.481	0.048	0.072	0.112	0.072	0.844	0.387	39.677
1986	0.490	0.487	0.048	0.071	0.119	0.071	0.849	0.384	39.232
1987	0.500	0.494	0.050	0.074	0.128	0.074	0.822	0.370	40.673
1988	0.553	0.564	0.056	0.084	0.147	0.084	0.836	0.379	45.603
1989	0.608	0.608	0.060	0.090	0.177	0.090	0.838	0.380	49.266
1990	0.579	0.574	0.055	0.082	0.172	0.082	0.791	0.357	45.179
1991	0.616	0.611	0.059	0.089	0.190	0.089	0.800	0.360	49.056
1992	0.600	0.610	0.060	0.090	0.190	0.090	0.770	0.351	49.405
1993	0.580	0.610	0.061	0.092	0.202	0.092	0.737	0.343	50.405
1994	0.616	0.675	0.067	0.101	0.244	0.101	0.754	0.358	55.817
1995	0.626	0.707	0.071	0.106	0.253	0.106	0.720	0.342	59.099
1996	0.552	0.619	0.062	0.093	0.225	0.093	0.687	0.326	51.345
1997	0.639	0.727	0.071	0.107	0.268	0.107	0.736	0.342	58.897
1998	0.644	0.725	0.073	0.109		0.109	0.701	0.326	60.029
1999	0.654	0.757	0.076	0.115	0.292	0.115	0.702	0.323	63.209
2000	0.699	0.836	0.088	0.132	0.348	0.132	0.726	0.330	72.377
2001	0.690	0.840	0.088	0.132	0.357	0.132	0.727	0.322	71.829
2002	0.667	0.825	0.087	0.130	0.381	0.130	0.702	0.301	71.185
2003	0.728	0.890	0.094	0.141	0.434	0.141	0.708	0.291	77.234
2004	0.675	0.833	0.086	0.129	0.380	0.129	0.686	0.266	71.172
2005	0.677	0.826	0.083	0.125	0.407	0.125	0.687	0.261	69.085
2006	0.641	0.765	0.071	0.106	0.408	0.106	0.711	0.261	58.989
2007	0.664	0.791	0.074	0.111	0.439	0.111	0.709	0.257	61.130

续表

年份	整体	粮食	蔬菜	瓜果	油料	园林水果	饲养肉类	饲养水产	牧养肉类
2008	0.604	0.752	0.070	0.106	0.383	0.106	0.676	0.250	58.041
2009	0.629	0.776	0.073	0.109	0.450	0.109	0.688	0.255	59.768
2010	0.541	0.668	0.060	0.089	0.297	0.089	0.617	0.237	49.058
2011	0.491	0.623	0.055	0.083	0.269	0.083	0.593	0.230	45.509
2012	0.473	0.607	0.053	0.080	0.263	0.080	0.581	0.227	43.857
2013	0.470	0.603	0.053	0.079	0.273	0.079	0.578	0.231	43.342
2014	0.484	0.616	0.053	0.080	0.300	0.080	0.586	0.232	44.091
2015	0.444	0.566	0.048	0.072	0.286	0.072	0.551	0.227	39.596
2016	0.464	0.583	0.049	0.074	0.304	0.074	0.557	0.231	40.927
2017	0.466	0.578	0.049	0.074	0.301	0.074	0.551	0.228	40.099
2018	0.465	0.575	0.049	0.074	0.312	0.074	0.545	0.226	40.194
2019	0.483	0.577	0.049	0.074	0.311	0.074	0.550	0.224	40.140
2020	0.506	0.592	0.050	0.076	0.334	0.076	0.554	0.222	41.176